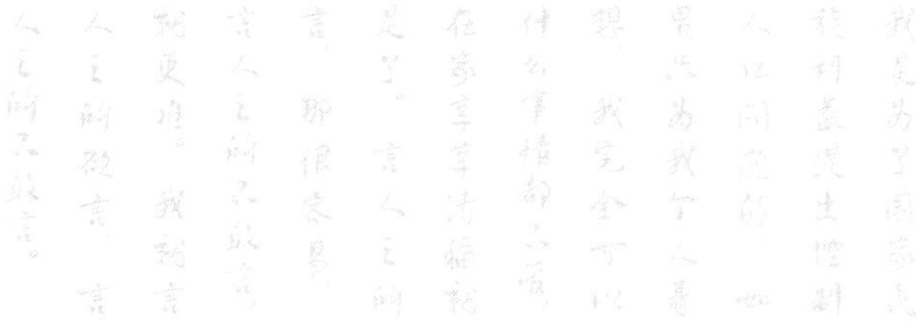

浙江文化名人
传记丛书

天地良知

马寅初传

徐斌——著

浙江人民出版社

图书在版编目（CIP）数据

天地良知 ：马寅初传 / 徐斌著. —杭州 ：浙江人民出版社，2021.8

（浙江文化名人传记丛书）

ISBN 978-7-213-10232-5

Ⅰ. ①天… Ⅱ. ①徐… Ⅲ. ①传记文学-中国-当代 Ⅳ. ①I25

中国版本图书馆CIP数据核字(2021)第145005号

天地良知：马寅初传

徐 斌 著

出版发行：浙江人民出版社（杭州市体育场路347号 邮编 310006）
市场部电话：(0571)85061682 85176516

责任编辑：尚 婧

营销编辑：陈雯怡 陈芊如

责任校对：姚建国

责任印务：刘彭年

封面设计：毛勇梅 杨荣明 陈耀辉

电脑制版：杭州天一图文制作有限公司

印 刷：浙江海虹彩色印务有限公司

开 本：880毫米×1230毫米 1/32 印 张：13.375

字 数：265千字 插 页：6

版 次：2021年8月第1版 印 次：2021年8月第1次印刷

书 号：ISBN 978-7-213-10232-5

定 价：98.00元

目 录

第一章　启蒙岁月

浦口镇的传奇小子

1882年6月24日（清光绪八年农历五月初九）午后，一桩奇闻在浦口镇不胫而走："树记"酒坊老板马棣生的继室为他生了个老五，出生的辰光了不得，马年、马月、马日、马时，合了相书上的"大吉"之相——"四马齐全"。"四马"者，驷也，乃拜相封侯之兆。此子生于马家，更是"五马齐全"。"五马"者，《汉官仪注》曰：驷马，加左骖右騑。二千石有左骖，以为五马。[①]这是要出"千里马"了，至少也是个太守的官命。

夫人临产，"四马"已然明朗，马棣生心里喜悦。正午时分，家人急报：主母生了一位小公子。马棣生为新生儿取名"元善"，字尹初（后更名"寅初"，以寅初之名考入北洋大学），

---

① 据许顗《彦周诗话》引，后一句《渔隐丛话前集》卷一三与《山堂肆考》卷七三所引为"汉朝臣出使为太守，增一马，故为五马"。

乳名阿元。“元”为状元，亦为首善，利苍生也。“尹”与“元”呼应，又与“五马”配，含出将入相意。100多年过去了，“五马齐全”的佳话，至今为浦口人津津乐道。

浦口镇位于浙江省绍兴府嵊县（今浙江省绍兴嵊州市）城关镇东侧。嵊县古属越地，秦以后属会稽郡管辖。会稽郡地处东南沿海，物华天宝，素有“山水国”佳誉，嵊县正是绝妙处。会稽山、四明山、天台山，群峰绵延，剡溪自南而北贯通全境。城关镇上下5千米的河段内，新昌江、长乐江、黄泽江三条支流依次汇入，水光山色，透碧一片。东晋永嘉后，南渡的衣冠大族为剡溪风光迷醉，纷纷置田兴园，王羲之、支遁、许询等把退隐居所选在了黄泽江畔的金庭。谢安再起的“东山”，坐落于小舜江流入剡溪的交汇口。风流才子谢灵运，把心爱的“始宁墅”安放于“东山”与金庭之间。名士领袖的到来，文化巨匠的驻足，使这里成为六朝山水诗的发祥地，儒、道、释三教交融的第一块平台。至唐代，名流接踵而至，留下佳句无数。李白放歌：“此行不为鲈鱼脍，自爱名山入剡中。”“此中久延伫，入剡寻王许。”杜甫沉吟：“剡溪蕴秀异，欲罢不能忘。”裴通赞曰：“越中山水奇丽者，剡为之最。”嵊县风光，是历代文人墨客心中

浦口镇马寅初故居，马寅初就出生在这里

的挚爱，因此筑就了深厚的文化底蕴。千百年来，此地经济繁荣，人文鼎盛，人才辈出。

秀美山水养育的不仅仅是人文气质、审美情趣，古越人在与海侵搏斗求生存的过程中，也锤炼出尚武好勇、务实争胜的习性。《汉书》作者班固谓："吴越之君皆好勇，故其民至今好有剑，轻死易发。"此种传统，在嵊县人身上打下倔强、认死理不拐弯的烙印，每逢乱世，多有揭竿而起者。

马家并非土生土长的浦口人，但老家亦地属浙东文化圈——绍兴小皋埠。根据《效学楼述文》和马氏宗谱记载，浦口马氏的远祖为虞姓，是舜的后代。五代十国间，唐大书法家虞世南九世孙虞天佑的第四子虞团，入续马氏，赐名马继宗，字湘水，旧谱称"团公"，拜后周大学士。

元朝时，团公十一世孙马方，字卓峰，号乐古，游会稽至唐大诗人、大学士吴融故里（今绍兴孙端镇吴融村），见此间山清水秀、俗厚风淳，遂举族徙居。马方即为吴融马氏始祖。吴融民风好文艺，马方亦喜诗词、好音律，崇尚诗书传家，在吴融建书堂，藏书数千卷。

马氏繁衍茂盛，明代时已为绍兴三大姓氏之一。谱载，马方生六子（《绍兴县志》记载为七子），名德润、德祥、德良、德常、德亨、德明。德祥"文英堂"下二十三世孙马子明，清乾隆初年生于吴融，迁居绍兴小皋埠，是为浦口马氏小皋埠的始祖。

绍兴人有句俗话，叫"麻雀、豆腐、绍兴人"，意思是绍兴人的足迹遍及各地。绍兴人崇陶朱之学，重商业、手工业。马氏在绍兴历十余代，从耕读、行医转而重视商业，至马子明、马文燮两世以善酿致富。马子明的孙辈分家时，留在小皋埠居住地的分为前马家和后马家。兄弟20人中唯老八继续读书行医，创“延寿堂”，浙江名中医马福康、马寿康即是八房一脉。余皆以酿酒为业，分散在绍兴、萧山、上虞、嵊县各地，开设了数十家酿酒作坊。绍兴名酒“香雪”“善酿”“加饭”“谷粹”皆源自马氏酒坊。

道光年间，“文英堂”二十三世孙马子道从吴融迁居浦口，创立“马万兴”商行。马子道侄子马大良、马大敬也相继迁居浦口，创“马茂记”和“马坤记”酒坊。咸丰五年（1855），小皋埠马氏分家，“文英堂”二十六世孙马赓良亦移居此间，创立“马钰记”，营业大盛，名闻四方。咸丰十一年（1861），太平军进入浦口，“马万兴”“马茂记”“马钰记”房子被烧光，从此一蹶不振。

分家后的绍兴马氏酒坊风光不再。同治年间，“文英堂”下二十六世孙、16岁的马棣生也追随堂兄马赓良迁居浦口。马棣生，名庆长，字棣生，以善酿著称。到浦口后，先以卖米卖盐为生，后办酒坊。因酒坊建在柏树林下，名之“马树记”。后又有“马文记”，还兼营丝茧，生意颇为兴隆，俨然浦口镇上有头有脸的人物。

浦口历史悠久，农耕桑种，民风淳朴。北魏郦道元《水经注》载：“浦口有六里，有五百人家，并夹浦而居，列门向水，甚有良田。”晚清时，经历“长毛之乱”折腾后，又在“同治中兴”恢复元气，经历着传统农业社会最后的辉煌。东部四明山一带出产的蚕茧、茶叶，顺着黄泽江下至浦口汇聚，再发往杭州、绍兴、宁波乃至上海，浦口成为远近闻名的商品集散地和水陆码头，商贾云集，樯帆相连，货物吞吐不息，卸下食盐、白糖、布匹等日用品，运走粮食、木柴、蚕茧、绍酒等土特产。农历双日为集市，各路商贾涌向浦口。老街上，南货店、百货店、过堂行、酒作坊、点心店、茧行一应俱全。这繁盛的商业大多为马氏所营，即所谓“五马闹浦口”。马棣生是为其中的一匹“健马”。

马棣生生意发达，家口也不弱，先后育五子：师善，字孟希；鹰善，字仲复；植善，字叔培；积善，字季余；元善，字尹初（寅初）。有二女：锦霞、锦文。

马棣生发家不忘造福乡里，在屠家埠至浦口的路上铺石桥、造凉亭，还置办了水车、水桶、水枪以备救火之用。这些设施，方便乡亲近百年。嵊县人称乐善好施者为“好人家”，因此“马树记”在浦口被上年纪的人尊称为“好人家”。

马棣生原配夫人中年早逝，留下四个儿子。马寅初的生母王氏，是马棣生的继室，忠厚贤惠、精明能干，善于家政，相夫教子。王太夫人爱莲，常常在院子的花缸里养一些荷花，以荷花“入夏始开，不与百花争春；退居池水，不与群芳争艳”的谦德和“出淤泥而不染，濯清涟而不妖”的超凡脱俗的品性，熏陶着自己的爱子。

阿元在众人的关注中一天天长大，牙牙学语时，便显露出过人的聪慧。家里宽敞而别致的庭院，是他多彩的世界。

“马树记”酒以外销为主，镇中酒店分两处。一处在柏树下黄泽江的码头旁，屋檐上飘着“树记”酒旗。因地处江边，交通便利，船工舟子、客商游人，都喜欢在“树记”酒店喝上几盅上好老酒。另一处坐落在老街的中心地段，五间门面三进宅院，占地700多平方米，房屋为两层木楼，建筑面积有1000多平方米。前院一排临街房，为酒店营业场所，镇上的好饮人家及闲散人等时来光顾，从早到晚，熙熙攘攘，人声喧嚣；第二进面阔四间，其前方两侧各有厢房一间，与门厅围成一小天井，马家将其作为会客之所；第三进院落最大但很安静，是家眷的住处，面阔六楹，两侧各有厢房三间，分布着卧室、书房、祠堂、灶房、餐厅等。前后院间以二层高的走马楼贯通，既为家人的活动场所，也是发大水时的避难处。中进堂前楼上供奉着观音菩萨，廊下左右各挂文武财神。

防范和应对水患，乃是当时浦口人的必做功课。浦口之地四江交汇，每逢梅雨秋涝，常常漫灌全镇，远近泽国一片。通常的对策只能是逃至楼上，等待水退。为了保护财产安全，马家特地在二楼设了几间酒库，以加粗的木梁、立柱和石基加固。

阿元学会跑来跑去时，立显顽童本色，总要溜出家门，到马家的几处产业里玩耍。出“树记”酒店，沿一条卵石小径行走里许，便是黄泽江畔，酿坊、码头、库房都建在此间，还有一排平房，住着店员与伙计。经营与劳作的因子，细雨润物般地播入阿元幼小的心田。

随着年齿增长，阿元更把家门外长约两里的老街当作百逛不厌的去所。父母宠爱这个“小人精”，常给他点铜钿。阿元吃遍街上的各种小吃，不时买些小玩意儿，买卖中毫厘不爽，令店家瞠目结舌。镇里的人都喜欢这个圆头圆脑的小家伙，视为稀罕，议论不已。日后马寅初主动选择经济学为终身专业，成就卓然，与儿时生活中的商业氛围也许有些关系。

阿元7岁开始在家中启蒙识字。先生只教《百家姓》《千字文》《三字经》，这些对当个店铺掌柜是够了，然马棣生对聪慧的小儿子还有更高的企望。他对阿元要求极严，必须在早晨五更前起床，先到父母床前请安，然后早读，读书声要让大人听见。

过了一年，马棣生听邻村黄先生说，他家开办的私塾请来了远近驰名的前岗贡生俞桂轩先生授业。此公名佩柯，字一枝，号桂轩，系七品文林郎（翰林）陈先佑的高足，学识渊博，书法精湛，品行俱佳。马棣生喜出望外，连忙托黄氏带阿元去拜先生。俞先生高兴地收下了这个悟性不凡的小弟子。一番调教，阿元的学识日新月异，不但“四书”背得滚瓜烂熟，更对传统文化的精微要义心领神会，奠定了良好的国学功底。

马寅初写得一手好字，也得自俞桂轩的真传。俞氏擅柳体，工隶、楷，是嵊县书法名家，授业文不离书，书不离文。马寅初在他的指导下，形随意走，纵横自如，特以隶楷见长：隶书笔法遒劲，质朴浑厚；楷书端华圆融，刚柔兼备，洋洋呈大家之风。

俞桂轩对马寅初品行人格的熏染更是烙印深刻、地久天长。俞氏仰慕英烈人物，岳飞、文天祥、于谦、海瑞是他挂在嘴边的话题，尤其对于谦的名作《石灰吟》心往神追："千锤万凿出深山，烈火焚烧若等闲。粉骨碎身浑不怕，要留清白在人间。"马寅初铭刻在心，一生中多次书写"碎身粉骨不必怕，只留清白在人间"，将之视为座右铭。他的一生，也是对此诗的诠释。

俞先生对这位可遇不可求的天才少年偏爱有加，从中牵线的黄家也看上了这个读书种子，在马寅初8岁时，将自己的女儿许配给他，结了一门娃娃亲。惜乎，黄家女天不假年，芳龄14岁便不幸凋谢。但马寅初还是遵守约定，于16岁时将黄女的牌位迎回家中，一生中对黄家人也多有接济与照应。

俞先生打开了马寅初的眼界，点燃了他求学的心火。马寅初曾向其侄辈讲过，他13岁后即转至绍兴读书。邵力子先生的侄子、原绍兴稽山中学校长邵鸿书先生的母亲出自马家，邵鸿书先生回忆："绍兴城区水澄巷王家是马寅初母亲王太夫人的娘家，马寅初幼时曾在绍兴生活、读书。"马寅初在绍兴外婆家住过两三年，在哪个小学读的书已无从考证。

1895年《马关条约》签订后，变法图强、保国保教保种的呼声成为时代最强音。马寅初因年少，尚不能完全理解其中道理，但维新志士们那种"天下兴亡、匹夫有责"的气质风范深深地感染了他。

其时西学东渐，东南沿海一带率先兴办起新式学堂。绍兴学堂除了国学教育外，还开设有数学、物理、博物等课程。马寅初最大的渴望便是于彼处求知。他晚年回忆，“余喜学数学，尔时同乡支先生即今日于工业界有成就的支秉渊先生之父，精深数学，余欲从之。后闻支先生在绍兴学校执教，欲束装投考”①。所云支先生即当时的数学教师支宝楠先生，系中国近代数学家，以学博善教著称。但马寅初的这一愿望没有实现。

父亲对他的未来有着更实际的考虑。

马棣生身体一年不如一年，维系家业常感力不从心，前边四个儿子早早参与了经营，老大孟希经营酒作坊并兼营蚕茧收购业务，老二仲复经管钱柜账房，老三叔培和老四季余跑外揽生意。但世道不古，几个儿子都胸无大志，且能力平平、体弱多病，难以支撑起“树记”产业。五子聪慧具大气，也有学识，虽是“大贵”（当官）的命相，却逢清末乱世，读书做官之路混沌不清，难以预期。马家乃生意之家，看重的是实利，振兴家业的唯一指靠就是小儿子。

马棣生的第一步就失算了，“主掌账房”这个最为诱人的条件被小儿子弃如敝屣，父亲的愿望遭到了意想不到的抵抗。马棣生以“家中生意不好，无钱供应”为由要挟，小子竟顶撞道：“你抽大烟有钱，给我读书倒没钱。”父子俩一时势同水火，要么不相见，相见就是打骂逼迫。马寅初一度心境渺茫，既然前

---

①《在今日的中国，何以学非所用，用非所学》，马寅初著，田雪原主编：《马寅初全集》第十二卷，浙江人民出版社1999年版，第445页。

程无望，便沉迷于赌博之中，背着家人去“掷骰子”“推牌九”。马寅初上手甚快，不久便胜多负少，先是以打手心奖赢罚输，慢慢发展为出入钱财。

马寅初的“劣迹”，终在一天为父亲察觉，遂以家法处置。马家祖传教子之法，一个孩子犯了规矩，其他几个孩子都要连带受罚，俗称“连坐”。兄长们早已成年，甚至娶妻生子，也不免同受斥责。一顿痛打之后，马寅初又受到四位哥哥的轮番责怪和劝导。父兄的严责让马寅初猛醒过来，下决心戒赌，同时“命令”小伙伴们罢手。这件事很能反映马寅初的性格，认准的事，遂以最大的决心、最强的毅力坚持到底。马寅初在学生和亲友间，常常讲他这一段“浪子回头”的经历：“赌钱是坏习惯，是坏事。坏习惯容易学不容易改，和抽烟一样，抽上了就很不容易戒。”他还说：“不论做什么事情，只要下决心，有毅力，持之以恒地坚持下去，没有不成功的。”

父亲要他学生意、承家业的主意并未改变，冷战、冲突交替上演。一次，马棣生用竹篾追打，因为打得太狠，马寅初先是爬到床下，父亲还不罢手，他只好逃之夭夭，跑到镇口的黄泽江码头上，想离家出走。家里的长工找到他时，看到他脸色青白，吓了一大跳，扶回家来，对主人说道：小主人要投江了，不能再打了。马棣生本也是爱之深恨之切，知道自己下手太狠，儿子要有个三长两短，自己也是受不了的，同时也看清了小儿子“宁折不弯”的犟性子，遂不再逼迫，只是不准他出门乱跑。正在这时，来了“救星”：父亲的好友张绛声先生。

张绛声是上海瑞纶丝厂的经理，马家蚕茧生意上的大主顾。马家在乡间收的茧子，都是批发给他。张先生与马棣生交厚，两人早年就有联手做大、把生意发展到外国去的共同心志。业务往来时，他常到马家走动，对智力超凡的马寅初十分喜欢。

这一次，看到父子两人僵在求学一事上，张先生便建议认马寅初为义子，把他带到上海进洋学堂，学费也由他解决。马寅初欢天喜地，马棣生也没有话说：读了英文，就能做洋人生意，自然是再好不过了。

求学沪上

1898年，17岁的马寅初跨出了人生转折的第一步。他晚年回忆："（我）随家父的挚友湖州张绛声先生来沪，入虹口昆山路之教会学校中西书院，后归并于苏州东吴大学，即今日东吴法学院之旧址，法学院大礼堂内立有石碑一块纪念此校。此四十余年前之事也。七年之后，英文程度很高，但于数学，似无心得。"①

19世纪60年代，基督教新教监理会决定在中国创办英华教育集团，在美国注册了"英华书院"。60年代末，监理会林乐知在苏州创办博习书院，1881年夏在上海法租界复创立中西书院。博习书院1895年移至上海法租界，招收学生百人，1899年并入

①《在今日的中国，何以学非所用，用非所学》，马寅初著，田雪原主编：《马寅初全集》第十二卷，浙江人民出版社1999年版，第446页。

中西书院。1900年东吴大学创立，校董事会推选孙乐文为第一任校长。1911年中西书院并入东吴大学，为东吴大学第二中学，派兰金综理校务。马寅初回国后曾受聘为东吴大学教授，1929年，东吴大学授予马寅初“东吴大学‘二五’纪念名誉博士”殊荣。由于中西书院前前后后有这么一个复杂演变的身世，所以马寅初在上海所读中学，便出现了英华书院、博习书院、中西书院等多种说法。

中西书院学生以显贵子弟为主，分为初级、中级和高级三档，初级二年，中级四年，高级二年。学校以英语为主要学业，同时开设代数、几何、国文、伦理、舆地（地理）、格致（物理）、体操、测绘等课程。学生毕业后多在海关、邮政、电报、商界和政界任职。19世纪后半叶，兴起于中国的教会学校，虽有宗教背景，但更把传播科学知识、培养学术精神视为办学首要目标。中西书院也不例外，学校章程规定：学生“每逢礼拜日放学，诸生中愿进堂听讲圣经固属有益，总以各随自便，毋稍勉强也”。学校追求纯洁、质朴和自由，没有禁止看的书报。英国思想家密尔的一段话被该校师生们视为箴言：“在广泛思想钳制的环境里，过去出现过，将来也可能出现个别伟大的思想家。但是，在这样的环境里，过去没有出现过，将来也绝对不会出现一个智力上积极进取的民族。”该校培养了吴经甫、吴经熊、谈家桢、顾维钧、马寅初等一大批杰出英才。一些军政要员、商界巨子纷纷送其子弟入该校读书。

在这样一所名牌中学里，马寅初却处境艰难，两道难关考验着他的意志和能力。

马氏的家境日渐衰落，大哥孟希以经营蚕茧生意为主，酒坊交予二兄仲复与四兄季余打理。此时的中国，官吏如狼似虎，借口“树记”偷税漏税，竟开出万元罚单。是年又遭天灾，洪水泛滥，马家数以千计的酒坛被冲走。最后的打击是蚕茧生意，本来马家只是收茧卖给张绛声的瑞纶丝厂，最多是亏空一些，但随着沪上做洋生意的越来越多，马家也卷了进去，中国丝茧在东洋丝厂的挤压下很快败北，一大批商家倒闭。马孟希又染上了鸦片恶习，坠入深渊不能自拔，更使马家雪上加霜。

义父张绛声也是举步维艰，只能安排马寅初住进瑞纶丝厂的宿舍，给他一点零用钱。马寅初十分珍惜这学习的机缘。大上海早已有了电灯，但他晚间读书只点一根灯芯的小油灯。张绛声看他太苦了，加之他天天诵读英文，时间长、声音高，有时不免影响室友的休息，就让他搬到家里和儿子张熙麟同住。张熙麟比马寅初小三岁，很佩服义兄，马寅初也很喜欢这个心地善良的义弟。新中国成立时，张熙麟已去世多年，马寅初到上海之际，常常叫上义弟的儿子张伯容一起出游，借以怀念张家父子早年对他的深情厚谊。

在张绛声的帮助下，马寅初以吃苦精神挨过了生活难关，学习的难关则全靠自己努力。国文、代数有基础，但主课英文却是从头起步。中西书院的课本为商务印书馆的《华英初阶》，这是上海中华基督教青年会谢洪赉牧师的译注本。谢洪赉，浙江绍兴人，他不但编著了影响巨大的《华英初阶》《华英进阶》

系列课本，还是西方解析几何的最早传授者及基督教青年会《学生青年报》的主笔。马寅初从乡间来，连ABC都不认识，嵊县口音又佶屈聱牙，初念英语，没少被同学嘲笑。马寅初望着手里谢前辈编的课本，下定决心，用嵊县人的犟脾气克服嵊县人的口音。他苦诵英文的劲头，一度在四邻间传为佳话，由此练就了扎实的童子功，以致他在百岁之年神志不甚清醒时，与人说话常常本能地使用英语。天道酬勤，他头一年英文考试不及格，第二年就在全班拔得头筹，其他各科也都名列前茅。

马寅初在中西书院读了近七年书，打下了坚实的新学基础。虽然这所学院以教学严格著称，但并非一座世外桃源。在清末的动荡时代，用马寅初的话讲，“就是和尚、尼姑亦不能置身事外”，何况从小就立志报国的血性青年呢？近半个世纪间，外国的商品涌入中国市场，传统手工业崩溃，农耕经济瓦解，马家产业破产，连张绛声的民族丝绸业也难以为继。马寅初认为，中国的事情还是要从“实业救国”做起，他毅然报考北洋大学。

北洋大学的高才生

1904年秋季，23岁的马寅初北上天津，迈进当时学子心目中的最高学府——北洋大学。

北洋大学创建于清光绪二十一年（1895），初名天津北洋西学学堂，是中国最早培养工程技术人才的一所现代大学。清光绪皇帝曾颁诏：“在北洋大学毕业即具有高深的学问……享进士出身。”清光绪二十六年（1900），因义和团运动，北洋大学校务中断；二十八年（1902），义和团运动风波已过，直隶总督兼北洋大臣袁世凯于西沽武库旧址将北洋大学重建（又俗称“西沽大学堂”），招收正科新生，二十九年（1903）四月一日重新开课。

北洋大学以西方一流大学为参照，师资延聘国内外名流，新生录取数十者选一，着重生员知识结构的新颖与全面，如考试内容中就有严复翻译的《天演论》和《群己权界论》。教学考核更以严格著称：学校明文规定，主课一门补考不及格者留级，留级累积即退学，淘汰率高达50%以上。严格的制度，保证了毕业生的质量，使其成为当时中国唯一本科学历为美国各名校承认、可以经考试直接进入研究院的学府。学制规定，正科四年，工科三年；当升入第二班（三年级）时，习专门课程，为法律、采矿、土木、机械四门。马寅初主选采矿专业，“自然科学功课如数学、化学、物理学、天文学、地质学、测量学等等”①，同时辅修文科，课程有“理财富国学”，这是他最早接触经济学。

北洋大学的学生为了避免淘汰，完成学业，无不投入百分之百的精力，以致坚持体育锻炼的时间都被挤掉了，不少体质差的同学身患痨病（肺结核），严重者竟赴黄泉。马寅初当时的身体也属羸弱，好在意志坚强、心绪达观，挺了过来。

---

①《在今日的中国，何以学非所用，用非所学》，马寅初著，田雪原主编：《马寅初全集》第十二卷，浙江人民出版社1999年版，第446页。

采矿专业在中国是初建，学生跟着先生一起创制，属于诸学科中最苦的一门，除了课堂教学，还必须通过生产实习考核，课目包括探矿、测绘、下井采掘等。学校选定的实习地点，是北京宣化府的怀来煤矿。怀来坐落在燕山山脉的群峰之间。马寅初和同学一起，背着地质包，肩扛平板仪，攀岩穿谷，风餐露宿，探矿苗、采标本、测地形，乃至下井挖煤。这段经历，马寅初印象深刻："那时北洋大学的学生也有生产实习。宣化府的怀来县矿区，即现在官厅水库一带的矿区都有我的足迹。那时煤矿开采的方法都很陈旧，上下矿坑非弯身曲背不可，不但吃力，而且出坑时差不多不像个人样子了。出矿坑后又要背着测量器具和三脚架等到高山顶上画画。那时我是体弱的，担当不了这样一个工作。"[①]几十年后说起也还心有余悸："地质学是主课，但校内无标本可资研究，只读死书，有何用处？即在校外做实习工作，深入矿穴，测量矿藏，因该时矿藏多用土法开掘，不用机器，毫无保险设备，时有爆炸惨案发生，死伤无数。且穴中人，粪与穴中之煤，因光亮不足，无法辨别。出穴之后，蓬首垢面，臭不可当。尔时，余对自己曰，此路走不通也。"[②]话虽如此，马寅初的成绩在同届学生中还是优等。

万幸的是，马寅初无心继续的矿学专业提前结束了。起因

①《谈谈我锻炼身体的体会》，马寅初著，田雪原主编：《马寅初全集》第十五卷，浙江人民出版社1999年版，第26页。

②《在今日的中国，何以学非所用，用非所学》，马寅初著，田雪原主编：《马寅初全集》第十二卷，浙江人民出版社1999年版，第446页。

是，北洋大学总办丁惟鲁和教务提调美国人丁家立不和，相互攻讦，诉之于北洋大学督办袁世凯。“项城以丁家立创办北洋大学，成绩斐然，厥功甚伟，若因私人之间稍有意见，即解除其职务，亦非持平之道。于是想出一个使三方面（即总办、教务提调与学生）满意的办法，其法维何？即派送学生赴美留学，以丁家立为留学生监督，款由津海关道台梁敦彦氏筹措。三方面闻之皆大欢喜，而余亦随之赴美留学矣。这真是余一生之转折点。余之留学资格，并非由留学考试及格取得，亦非因余办事成绩优良而取得，乃因师长闹意见而成为幸运儿。”①

1906年，复校后的第一届学生未待毕业即全班送出，有刘瑞恒、赵天麟、王宠惠等34人。次年又有第二届学生冯熙运、马寅初等12人以优秀生身份被选送美国留学。1907年，北洋大学第一、二批赴美学生出洋后，丁家立亦于翌年辞去留美学生监督一职。后北洋大学又有第三、四两届学生共9人出洋留学，其中赴日者6人，赴比者2人，赴英者1人。再往后，学生出国留学，北洋大学只给予证明，取消了助学金。

这时的马家债台高筑，债主从上海赶到浦口催迫。好在马家族内有高人支了一招：把“树记”房产全部过卖给“钰记”，又付了一些现银打发债主，才留下了一座无名分的居所，不致全家流落街头。

---

①《在今日的中国，何以学非所用，用非所学》，马寅初著，田雪原主编：《马寅初全集》第十二卷，浙江人民出版社1999年版，第446页。

留学生离校时，袁世凯亲自召见，给他们每人颁发了一张由其署名的“留学证书”，加盖大红关防。马寅初揣着“留学证书”回乡辞行。马棣生得知儿子要出国留学，欣喜若狂，亲自出门迎接，按中举方能用的仪式，在“树记”门前竖起旗杆，燃放鞭炮，连日办席，大宴宾客，还在总管庙唱了几天戏，比中了状元还要隆重，轰动了乡里。坊间自然少不了一番“五马齐全”初显灵验的议论，后来更把马寅初称为“末代举人”和“末代状元”，马家很是风光了一阵。

马寅初19岁在家乡奉母命娶妻。妻子张桂君，出自大户人家，贤淑仁慧，能勤俭持家，对公婆极尽孝道。婚后不久，生有一子，早夭。马寅初赴天津之时，张桂君又生下一个女儿，因慕东汉才女班昭，马寅初为之取名马仰班，此时已长到3岁，秀美伶俐，招人疼爱。马寅初赴美8年，张氏仰侍俯养，帮助全家度过了艰难岁月。离开了老父和妻女，马寅初怀着求索真理以拯国民的志向，走向了大洋彼岸。

第二章　负笈西洋

新学科新天地

1907年秋天，26岁的马寅初跟着丁家立漂洋过海，开始了长达8年的留学生涯。他踏上的第一块平台乃是全球名校——耶鲁大学。耶鲁大学位于纽约与波士顿之间的纽黑文市中心，系美国第一所有资格授予博士学位的大学，有“常春藤大学”“美国学院之母”之称，全美最大的图书馆就坐落于耶鲁优雅的校园中。耶鲁大学遵奉“教授治校、学术自由”，特别强调自由的学术氛围。“自由教育”的原则使耶鲁能够包容各种思想流派，保持勃勃生机。学校注重培养学生的领导才能，支持各种学生社团和竞赛，特别是演讲和辩论。这种文化背景和学术氛围，让马寅初既陌生又兴奋！很快，他就意识到，学术自由乃是科学昌明、社会公平的前提条件，他在耶鲁校园里尽情地呼吸自由的空气，陶冶境界，筑造信念，奠定了贯穿一生的学术情怀。回国服务的半个多世纪间，福亦由之，祸亦由之。

1910年，马寅初在美国耶鲁大学留影

初入耶鲁，马寅初便抛开了北洋大学所学专业的升学路径，用他的话来说，“我就改行了，转学经济学”。一个原因是体弱，不适合从事采矿工作，更重要的，他一到美国，便敏锐地感觉到经济发展中的枢要所在：经济学。怀着救国利民之心的马寅初，对美国经济缘何发达，而中国又最缺少的是什么，很快领悟。表面上看，是实业强大，然一个企业的活跃，它的背后必然有更强大的社会支撑。美国式的企业不能在中国立足，就因为中国不具备支持实业发展的经济结构及与之配套的法规体系、管理制度。中国的现实与这种西方模式相差甚远，这是国内“实业救国”步履蹒跚、无处托命的根源所在。实业兴旺的基础不仅仅在于资源、技术、劳力等要素，更要紧的条件是有一只让以上要素有效配置的“看不见的手”：建设一个规范的、充满活力的市场经济体制。这，正是经济学所要研究解决的课题。国家民族的最大需求，便是自己的最高志向，马寅初深感“经济学富有内容和生命”，强烈的追求难以自已，“遂选经济学为主课，选自然科学为副课”，尽管这样的调整，许多课程要从头学起，然科学都有相通之处，文理交叉，也不失为自己的优势，“在北洋大学时所习之自然科学功课如数学、化学、物理学、天文学、地质学、测量学等等，于余之学经济学，有不少帮助”[1]。

现代化名校的教育理念，不独让马寅初受到自由探索精神的熏陶，在人格完善、体质强健方面，亦得益良多。中国传统读书人，并不在乎体魄，有书生弱不禁风之说。至于摘冠脱衣、袒胸露体而疾走奔跑，便会招致“不雅”和“有辱斯文”的讥评，文人拘泥于“非礼勿动”。在耶鲁，马寅初惊奇地发现，体育在西方教育中不可或缺。耶鲁大学规定，游泳为必修课，不能游泳者，纵然各种功课都是优等，亦不能毕业。学校设有室内游泳池，常年保持恒温，数天换水一次，游泳者泳前泳后须以冷水淋浴净身。马寅初虽生长于江河岸边，因为是富家子，有“坐不垂堂”的古训，连屋檐下都不能坐，遑论泳水登山！面对这些现代体育设施，马寅初好动的天性被激发，天天下水，风雨无阻，得到优秀成绩不说，还从此养成了对运动的喜好，终身受益。西子湖畔、黑海之滨，处处留下他劈波斩浪的英姿。

马寅初迷上游泳后还发展出一个“副产品”——冷水浴。50年后，他向社会讲述了自己健身之道的由来：

> 我进了美国的耶鲁大学。当时游泳是它的必修课，不能游泳的，虽然各种功课都考最优等，亦不能毕业。游泳池设在体育馆内，保持一定温度，每星期换水两次。游泳

① 《在今日的中国，何以学非所用，用非所学》，马寅初著，田雪原主编：《马寅初全集》第十二卷，浙江人民出版社1999年版，第446页。

前，必先经过沐浴，借以保持池水的清洁。淋浴是用冷水的，因此，我就习惯了冷水浴。同时在当时我也看到一位90多岁的美国医生，身体很健康，我就问他强身的秘诀，他很愿结识中国留学生，与我甚相友善，故将他所用的养身之道告诉我，并嘱我先试用几个月，如身体觉得舒适不妨继续使用。他的秘诀就是洗冷水澡，这恰合我的心愿，因为我在校内学习游泳时已习惯于冷水澡。他每天晚上在就寝前洗浴一次，其法：先用热水洗，水热的程度以身体能够忍受为限，洗好后就在热水中睡15分钟。出浴后，必能出一身大汗。过三四分钟，再进了冷水盆，无冷水盆设备时，可用沐浴，用冷水浇，使体温与冷水程度相当。这样洗法的好处：（一）用热水洗澡时，毛管孔涨大，出身大汗，身体里面的脏东西，可以排挤出去；（二）血脉流通，促进新陈代谢的作用，精神爽快；（三）全身血管因洗热水澡而涨大，又因洗冷水澡而收缩，一涨一缩，渐有弹性，就不会硬化。血管不硬化，血压不会高，也不会得中风症。我的低血压经常在七十五至八十五之间，高血压在一百三十至一百四十五之间，爬山时可能到一百五十，经常早晨均在一百三十五至一百三十七之间。血脉流通，血压不高，血管不硬化，新陈代谢快，使人不容易衰老，精神爽快舒服。我学了他的养身之术，继续不断地使用，已有五十年了。结果很好。我现年七十六岁，记忆力与年轻时一样，七十二岁开始学习俄文，现在虽不能操俄语，但能阅读俄文书报，也能进行科学研究，都是得力于冷水浴。[1]

马寅初坚持冷水浴到80岁高龄，一生身强体健、精力旺盛。

远渡重洋，在校苦读固然是主业，但马寅初并未因此而忽略全面感知美国的经济、社会和文化。他利用各种各样的机会，考察政府机构、企业组织，了解商业运作、市民心理……并与东方的祖国进行全方位的比较，思考着如何借鉴西方文明、振兴中国的大课题。这种思考，对他日后设计中国经济改造方案甚有帮助。

1910年，马寅初获得耶鲁大学学士学位后，继续向经济学的纵深钻研，考入美国哥伦比亚大学攻读财政、金融。

哥大深造

哥伦比亚大学为一所私立综合大学，创立于1754年，由英国国王批准建立，原名“国王学院”。学校拥有文、理、工、医等16个学科性学院，是美国最早的研究生院中心之一，每年开设5500余门专门课程，以培养政治、经济高级专门人才为办学目标。美国政、商两界的高层人物，出身哥大者不计其数。

学校位于纽约市中心的曼哈顿，是个典型的都市大学。硕士学位的学制为期一年，主要是完成一篇学位论文。这期间，马寅初的兴奋点在于用西方经济学的方法和视角分析中国政府

---

①《谈谈我锻炼身体的体会》，马寅初著，田雪原主编：《马寅初全集》第十五卷，浙江人民出版社1999年版，第26—27页。

的税收状况，发现诸多亟待改革的弊端。论文题目定为《中国的国家税收》（*Public Revenues in China*）。这是中国学子最早用现代经济学理论研究中国税收的成果。当时中国尚处于封建王权的体制之中，税收的功用主要在于供养皇室和官府的各种开销，远不具备西方工业国家的税收调节经济节奏、平衡不同阶层利益、提供公共服务的功能。收取方面也缺乏法制程序，以致成为百姓永无止境的负担。而百姓也决然没有纳税人的权利意识，更不会监督税收的使用。这些，用西方税收眼光看去，都是值得关注，并需给予说明的新问题。1911年，马寅初获得哥伦比亚大学经济学硕士学位。

辛亥革命爆发后，1912年新成立的民国政府中断了留学公费补助，同学们纷纷返国。在耶鲁时与马寅初同住“467Fayerweather”房间的好友王正廷（后任民国政府外交总长），力劝马寅初同行：“国内爆发革命，正是我辈回国效力的好时机。”马寅初认为，“了解美国的财政经济管理来整理中国混乱情形，比做官要有一点贡献”，决意攻完博士学业再回国。哥伦比亚大学实行半年学制，学年自9月至次年5月，马寅初在假期中便去餐厅、码头做工，半工半读坚持学业。“咬定青山不放松”的顽强意志，使他坚持下来，成绩十分优异。马寅初旺盛的求知欲本就被师长们喜爱，当得知他的生活费及学费都是靠繁重的体力劳动挣到的，他们就更为感动。深爱他的导师、美国著名财经专家萨里格曼教授，决定个人资助这位得意弟子，助其心无旁骛地完成学业，还计划安排《丛刊》出版马寅初的博士论文，并负担其中80%的费用。

萨里格曼的帮助，解除了马寅初的后顾之忧。接着便是另一个难题：确定博士论文选题。当时大多数文科留学生，因为接触新学科的程度尚浅，对美国社会的了解也有限，为顺利完成论文，一般采取以西学方法研究中国问题的捷径，便捷之处是对研究对象比较熟悉，也节省了查文献、选资料的笨功夫。马寅初的硕士论文，因时间紧迫，也选择了这一套路。而读到博士阶段的马寅初，开始追求学术的更高境界：不走捷径，直面难题；瞄准美国经济与财政的核心区域，在前人成果的基础上再进一步。如此者，方能获得真才实学，吃透西方经济学的精髓，明了现代市场经济体制运行的内在机理。在多方观察、反复思考的过程中，一个经济亮点吸引了马寅初的目光。

当时美国纽约市维护信用价值的财政改革非常成功，得到美国联邦政府的肯定，纽约市的财政政策在美国大行其道。马寅初认为，纽约市的财政可谓美国财政的一个缩影，其最新进展，代表了西方社会财政管理的最高成果，目前尚未有学者深入、系统地展开研究，不失为绝佳的博士论文选题。何况对纽约市财政收支情况的各个方面作一深入细致的透析，了解纽约市财政如何得以维持，又如何从一种乱境进入治境，可为新生的民国政府提供借鉴。他知道让中国来效仿美国并非易事，所以尽量深入研习一些有实践可能的学理。他认为，西方社会维持财政平衡的经验，将对中国当局有极高的价值，希望能为更多的中国人所认知。

博士论文的题目最终定为《纽约市的财政》（*The Finances*

of City of New York）。这是一项浩大的工程，不光要有文字资料，还要深入其中了解具体的运作情况。萨里格曼十分欣赏弟子的眼光，这种用理论印证实践的治学方法，在当时的学术界还是一种创新，使用的人很少。马寅初选择这样艰辛的写作方式，就是因为心中有一个改造中国的宏愿。数年间，纽约的大街小巷、角角落落里经常出现一个小个子中国人的忙碌身影。除了到图书馆查资料，马寅初频频出入市政府的财税部门，奔走于公办、私立的各种事务所和审计机构之间，还深入公务员与市民中，了解他们对财税问题的切身感受。

在充分汲取前人成果和广泛占有资料的基础上，马寅初深入思考，精心构思，耗费了“许多光阴与脑力”。1914年年初，他终于完成了博士论文《纽约市的财政》。答辩委员会的专家们均难以相信，一位中国留学生能写出该研究领域中具有前沿水准的论文，一致给予“杰出”的评价。马寅初顺利获得博士学位，成为中国历史上最早的经济学博士之一。

经典教材：《纽约市的财政》

获得答辩委员会“杰出”评价的《纽约市的财政》，同年被列入“哥伦比亚大学研究系列丛书”在纽约出版，作为哥大一年级学生的教材，一直沿用到1968年。

一部经济类的教材，在美国名校中沿用半个多世纪，是相当少见的。从第一次世界大战到第二次世界大战，再到战后巨变，美国经济日新月异，经济管理体制与时俱进，本国的经济学家亦层出不穷，著作迭出，教材随时代更替，推陈出新，实属情理之中。《纽约市的财政》能够在这样的背景下久受推崇，除了学理深湛、体系完备外，从人本出发思考财政体制运行的基本原理和基本结构，探索其中的规律性，在同行眼中，有着不可替代的前瞻性，是一部不可多得的具有原创价值的著作。

马寅初一生著作等身，《马寅初全集》有15卷之多，还续出《补编》。其中内容多为针对不同历史时期经济问题的建言与对策，潜心著述具有框架体系的代表性专著当为这样三部：《纽约市的财政》《中国经济改造》《农书》。惜乎，百多万字的《农书》手稿毁于“文化大革命”之中，《中国经济改造》因种种原因久遭湮没，而《纽约市的财政》则因一直没有译成中文，在1999年《马寅初全集》出版前，国内人士罕有谋面者。所以，近50年中马寅初的经济理论建树没有留给人们多少印象。细读《纽约市的财政》，不能不为马寅初深厚的现代经济学功底所叹服。这种功底，不独在于宏观、微观经济学，更涵盖了财政学、金融学、货币学、会计学、审计学、土地学、人口学、税务学、保险学等市场经济体制的方方面面。马寅初日后能对中国经济问题发表那样多的真知灼见，并在不同的逆境和压力下坚持己见不动摇，盖得自这深厚的功底、科学的头脑，以及由此而成的良知。

了解马寅初的治学风范，《纽约市的财政》是个基点，值得详加介绍。

这部专著近17万字，共4个部分、12章。

第一部分，用科学方法编制预算。包括第一、二、三章：

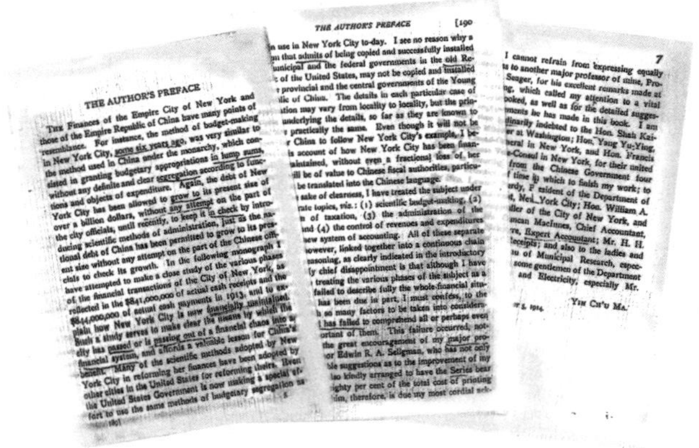
THE AUTHOR'S PREFACE

THE Finances of the Empire City of New York and those of the Empire Republic of China have many points of resemblance. For instance, the method of budget-making in New York City, some six years ago, was very similar to the method used in China under the monarchy, which consisted in granting budgetary appropriations in lump sums, without any definite and clear segregation according to functions and objects of expenditure. Again, the debt of New York City has been allowed to grow to its present size of over a billion dollars, without any attempt on the part of the city officials, until recently, to keep it in check by introducing scientific methods of administration, just as the national debt of China has been permitted to grow to its present size without any attempt on the part of the Chinese officials to check its growth. In the following monograph I have attempted to make a close study of the various phases of the financial transactions of the City of New York, as reflected in the $841,000,000 of actual cash receipts and the $844,000,000 of actual cash payments in 1913, and to explain how New York City is now financially maintained. Such a study serves to make clear the means by which the city has passed or is passing out of a financial chaos into a financial system, and affords a valuable lesson for China's benefit. Many of the scientific methods adopted by New York City in reforming her finances have been adopted by other cities in the United States for reforming theirs. Even the United States Government is now making a special effort to use the same methods of budgetary segregation as

5

THE AUTHOR'S PREFACE [190

in use in New York City to-day. I see no reason why a system that admits of being copied and successfully installed in the municipal and the federal governments in the old Republic of the United States, may not be copied and installed in the provincial and the central governments of the Young Republic of China. The details in each particular case of application may vary from locality to locality, but the principles underlying the details, so far as they are known to me, are practically the same. Even though it will not be possible for China to follow New York City's example, I believe this account of how New York City has been financially maintained, without even a fractional loss of her credit, will be of value to Chinese fiscal authorities, particularly if it be translated into the Chinese language.

For the sake of clearness, I have treated the subject under four separate topics, viz.: (1) scientific budget-making, (2) the system of taxation, (3) the administration of the debt, and (4) the control of revenues and expenditures under the new system of accounting. All of these separate topics are, however, linked together into a continuous chain of reasoning, as clearly indicated in the introductory chapter. My chief disappointment is that although I have succeeded in treating the various phases of the subject as a whole, I have failed to describe fully the whole financial situation. This has been due in part, I must confess, to the fact that so many factors to be taken into consideration, and I has failed to comprehend all or perhaps even the most important of them. This failure occurred, notwithstanding the great encouragement of my major professor, Professor Edwin R. A. Seligman, who has not only made valuable suggestions as to the improvement of my work, but also kindly arranged to have the Series bear eighty per cent of the total cost of printing. To him, therefore, is due my most cordial ack-

7

I cannot refrain from expressing equally my thanks to another major professor of mine, Professor Seager, for his excellent remarks made at ...ng, which called my attention to a vital ...ooked, as well as for the detailed suggestions he has made in this book. I am extraordinarily indebted to the Hon. Shah Kai-...er at Washington; Hon. Yang Yu-Ying, ...eral in New York, and Hon. Francis ...-Consul in New York, for their united ... from the Chinese Government four ... of time in which to finish my work; to ...rdy, President of the Department of ..., New York City; Hon. William A. ...ller of the City of New York, and ...ncan MacInnes, Chief Accountant, ...re, Expert Accountant; Mr. H. H. ... Receipts; and also to the ladies and ...u of Municipal Research, especially some gentlemen of the Department ... and Electricity, especially Mr.

...r 5, 1914. YIN CH'U MA.

1914年，由美国哥伦比亚大学政治学院出版的马寅初博士论文《纽约市的财政》书影

预算、估算的分类；预算、估算的准备与检验；预算的听证、表决、筹资和执行。

第二部分，税收制度。包括第四至第五章：不动产税；其他税收。

第三部分，城市债务。包括第六、七、八章：城市债务的由来、分类、界限和计算；市政债务；新的筹资方法。

第四部分，新会计制度下收入和支出的控制。包括第九、十、十一、十二章：新会计制度对应计收入的审计；新会计制度对水费的审计；新会计制度下供应品、材料和设备开支的审计；新会计制度对工资性开支的审计。

在这样的框架和纲目里，马寅初治学的风格初露端倪。

其一，胸怀大局，视野开阔。善于从宏观经济学的角度观照现实，把握问题，选择关乎国计民生的重要问题。课题的重

心不在于探寻经济学原理，而是以深厚的学理透视经济现象，剖析实际问题。宏观的整体把握与微观的实际运行有机结合，浑然一体，处处闪射着理性的智慧。

其二，方法科学，资料翔实。对研究对象的内涵与外延，界限明确，分类清晰，逻辑严密，展开到事物的各个侧面。每个问题的提出以及论点的证明，无不支撑以具有说服力的详尽资料，深得西学实证方法思维真谛。注重多学科的交叉与综合，金融学、会计学等学科知识融会贯通，运用自如。

其三，探幽发微，理论创新。研究现实问题，在以往成果的基础上大胆探索，深入前辈未及的领域里探幽发微，进而突破陈见，整合、提炼出严谨完备的理论见解，新意迭出，创造性思维展露无遗。

其四，学以致用，便于操作。求学问道，不尚空谈理论，束之高阁，而是致力于总结成果，改进现状。其中特有一种东方思维化繁为简的诉求，善于将各种复杂的经济关系梳理清楚，力图制度、政策的有效可行，易于操作。

这篇论文具有如此优秀的品质，以致一经面世，就得到美国学界的关注，佳评如潮。

1915 年 5 月，《政治经济学杂志》（*The Journal of Political Economy*）①发表书评，指出："书名没有清楚指出该研究的主

① 该杂志被当今国际学术界列为最权威的七本经济学杂志之一。参见林毅夫、胡书东：《中国经济学百年回顾》，《经济学（季刊）》第 1 卷第 1 期，2001 年 10 月。

题，主题是：在最近10年引进新的财政方法后，纽约市管理预算的历史。作者的目的，正如在他的绪论里指出，是揭示新方法在多大程度上消除了城市财政的腐败和低效。”

评者特别关注第一部分“用科学方法编制预算”，“城市预算改革的第一步是从政府首脑和他的部下那里获取准确和诚实的支出估计，要做到这点，有必要摒除旧的‘总额’预算和拨款。因如此拨款导致公众金钱的误用和浪费。它们同样不能够让公众发现金钱的支出和回报之间的关系。为了摆脱这些恶果，预算项目的‘双重分类’（职能和目的）以及精心分类的会计被采用。然而，新的预算编制的方法比防止无规则的支出基金有更多的作用，它使控制者能够呈现城市财政运作的清晰概况。在这些运作方面，结果已有非常宽广的利益”。对于新方法的经济效果，评者引用了马寅初原话：“纽约市政府50个部门1914年得到的钱少于1913年，而这种缩减被认为是得到更多和更好的服务的最好方法。”

1915年11月，《美国政治与社会科学学会年报》（*Annals of the American Academy of Political and Social Science*）发表的书评指出：“纽约人也许不会赞成马博士将以前的纽约市财政与中国对比。但是，他们会在某种程度上欣赏他努力分析现在的纽约市财政实践。”“作者非常清楚和有效地强调预算估计分类的必要性，即‘作为履行职能和支出目的’分离，揭示了它的众多好处。”“在不动产税是城市税收最好的简单措施部分已引起评论者的注意。”“该书第一和最后一部分是最好的。在这些部分，主题材料的收集是有价值的，且分析是清楚的和令人信服的。同样能如此评价的也许是不动产部分，尽管在这里作者非常容易地采纳了州和地方财政必须分离的观点。对于城市债务部分，该书清楚地描述了两种主导公债，揭示了过去借债方法的恶果并且叙述了新的财政方法。然而，给出的措施却是不对称的，比如：纽约城市债券在投资市场达到高水平以及决定债券价格的因素均有相当大的空间。当参考文献的出处将会更加令人信服时，全书经常给出随后的注释。”①

以上美国经济学界的评价，指出了马寅初经济学术思想的特点，即重视实际材料的收集整理，强调应用经济学的研究，主张学以致用。其贡献在于对经济实务的透彻分析，对经济学理论贡献不大。有意思的是，马寅初回国后，中国经济学界也得出了与美国学界几乎相同的结论。朱通九指出：“关于经济理论方面，马氏以忠实介绍外国经济学说者居多，不过马氏提出解决各项经济问题之建议，均颇切实而甚易付诸实施。此为马氏之最大优点。”②夏炎德也认为：“马于中国经济实况十分娴熟，每于谈理论后牵至实务，且有时题名理论，内容仍论实务，此殆其整个之思维方式如斯。故余谓马寅初先生之贡献在经济实务而不在经济理论也。”③马寅初一生重视经济实务的学术思

---

① Reviews, Finances of the city of New York, *Annals of the American Academy of Political and Social Science*, Vol.62, Public Budget.(Nov.1915), pp.290—291.

② 朱通九:《近代我国经济学进展之趋势》,《财政评论》第5卷第3期,1941年3月。

③ 夏炎德著:《中国近百年经济思想》,上海商务印书馆1948年版,第177页。

想特点，在其博士论文时期就已奠定。

《纽约市的财政》的学术水准和良好反响，让马寅初得到哥伦比亚大学的高度评价，亦成为前母校耶鲁大学的骄傲，被吸收为“美国耶鲁大学荣誉会委员”。中国留学生能获得如此荣誉者，凤毛麟角。

马寅初留学期间，心系祖国命运，关注政局演变。中华民国成立，让他看到希望，认为孙中山领导的国民党，代表了中华民族走向现代社会的方向，遂于1913年在美国加入国民党。①

以马寅初的学习成绩，及其对美国经济社会的洞悉，毕业后留美求职易如反掌，许多高校、大公司及政府部门，都向他发出邀请。导师萨里格曼亦希望他留在哥大当自己的助手。这些于个人发展皆不失为天赐良机，但马寅初坚持初衷，决意以所学知识报效在苦难中挣扎、求索的祖国。萨里格曼见马寅初归意已决，怀着殷切的希望对他说：“你在财政学方面成绩显著，听说中国财政搞得很糟，你回国以后，希望能在研究改革中国财政方面作出贡献。”②

---

① 参见1936年8月《四川经济月刊》“经济名人汇志”中之马寅初略历。马寅初，民国2年(1913)在美国纽约入国民党，浙江省党部登记补字第〇〇二〇四号。

② 吴绪彬：《坎坷的历程　珍贵的情谊》，见浙江大学1981年编：《百年大寿——马寅初先生百岁寿辰庆祝会文集》，第153页。

第三章　京师传道

沙滩名教授

1914年年底，怀着强国富民梦的马寅初回到了祖国。第一件事便是返家乡探望亲人。离乡多年，父亲马棣生已归道山，只能到墓前告慰；母亲王太夫人苍老了许多，好在身体还健朗；妻子张氏精心侍奉老母，抚养两个女儿，令马寅初感念；大女儿别时只有3岁，如今10岁出头，亭亭玉立了；二女儿是第一次见到父亲，8年前临别之际，妻子含泪执手，让丈夫为即将出生的孩子取名，马寅初说，“生子取名本寅（‘本’是辈分），生女就取仰曹（班昭又称曹大姑，与大女儿仰班相应）”。难得的团聚让全家喜极而泣。

安顿好家事，马寅初北上赴民国政府财政部报到。留洋八载，国内革命风云激荡，告别了延续数千年的封建体制，民国政府建立，不少耶鲁学友进入政府占据要职。这些都让马寅初心怀期待，所学的经济学及财政、金融专长，正可一展身手。

然而，无情的现实给了马寅初当头一盆冷水。封建王朝结束了，名称更新了，社会的各个方面却大抵风貌依旧。袁大总统视议会为玩物还嫌不过瘾，正忙着上演重披龙袍的登基大典，搞得官场乌烟瘴气，正义荡然无存。民国政府的财政部几乎就是前清度支部的翻版，无非是维持政府收支，说得更不好听些，就是帮政府搂钱花的账房，远不具备调控社会经济的功能，欲在财政上管理国家的理想，只是纸上谈兵。而整个中国的工业经济刚刚起步，市场要素了无系统，如荒漠中的绿洲，不成气候。西方成熟的财政管理套路无从依托，就是局部的借用，也十分困难。

最让马寅初无奈和痛苦的是，几乎无人懂得什么叫现代经济，无论周边的同事还是社会民众，听到经济学上的名词不但满脸茫然，还窃以为笑谈，麻木无知到极点。在这样的处境中，一个财政部的普通职员，又能对社会发挥什么作用呢？虽然此间是拿薪水、升官阶、享受荣华富贵的金窝窝。马寅初感到，当务之急，也是最基础的事情，在于用现代理念育新人、启民智，否则再好的东西，无人理解、无人响应，也是白搭。

反复思量后，马寅初揖别从政救国梦，确立新的追求——教育救国。他对外发表公开声明“一不做官，二不发财”，不顾许多朋友的好意相劝，辞去财政部职位，于1916年年初应邀到北京大学担任经济门（系）教授，主讲应用经济学，月薪为大洋280元。同时，他还在位于干面胡同的湖南明德大学兼课。这两份收入，让一家人过上了体面的生活。

北京大学的前身为京师大学堂，成立于1898年，开始阶段很有些封建的官僚习气，教师中旧式人物居多，于新学不甚了了，学生进校“为升官发财之阶梯”，重科学、求学术的精神相当匮乏，还算不上一所现代大学。马寅初就职时，法科教员多为政府官员兼任，高车驷马，昂扬过市，是一拨老派人物。

1916年年底，蔡元培出任北京大学校长，大刀阔斧地着手改造，在“思想自由，兼容并包”方针指导下，主施两条，一曰学术自由，二曰教授治校。这与耶鲁、哥伦比亚大学出身的马寅初志同道合。首要之务是“广延积学与热心的教员，认真教授，以提起学生研究学问的兴会”。陈独秀、钱玄同、刘半农、吴稚晖、辜鸿铭、梁漱溟、章士钊、陶孟和、刘师培、李大钊、高一涵、周作人等文科名师接踵而至，李四光、彰任光、任鸿隽、李石曾、李书华等理工巨子纷至沓来，一时俊彦云集，声动京华。北大名流，尤其文科中的新派人物胡适、陈独秀等人颇有呼风唤雨的本领，很快掀起了一场影响中国命运的新文化运动，也推动着北大改革挺入纵深。

作为“教授治校”的载体，学校成立大学评议会，评议会从各学科学长和教授中选举产生，各门成立教授会，规划本门的教学工作。年轻的经济门教授马寅初热情地投身其中，不时建言，为最活跃分子之一。1917年2月18日，马寅初致函蔡校长，就学校评议会关于本校教授在校外兼职的一项决议，发表不同意见：“（一）凡有兼职者，无论在教育机关与非教育机关一律改为讲师。（二）凡愿做教授者，须受一种极严之考试，由各系学生会同与本系有关系之各界人士（如经济系须会同商会银行公会教育部以及各校之代表）妥商试题，以口试之方法实验之，一面并请各界人士莅校观考，如外国之博士试验然。以三小时为限，但得延长一小时，及格者得充教授。”并声称：“寅初已向经济系学生声明，无一不表示赞成。实行此种主张请自经济系起，而经济系请自寅初起。如此办理非特可以杜流弊，亦且可以提高教授之人格。其不愿受试之教授，虽本校予以教授之名，而学生仍以讲师称之；其以受试而及格者，本校虽不肯予以教授之名，学生当以教授称之，而本人亦当以教授自居。此层经济系学生已全体赞成矣。教授两字即英文之professor，在外国非真有学问者，不得称教授，不料在中国竟为一群无耻之徒所盗用，何怪大学奄奄无生气。”[①]

马寅初的学识与德行，以及对公共事务的热心，很快得到同人的认可。1917年10月，蔡元培提议设立教授评议会，以为学校最高立法和权力机构，落实“教授治校”，马寅初被选为评议委员。11月，马寅初当选北大编译会评议员。1918年又被推举为经济门研究所主任，兼经济、商学门主任。为此，马寅初撰写了致法科经济门教员函：“诸君雅爱，被选为经济门主任，惭感莫名，自问才识浅薄，恐难胜任，曾向学长面辞，未获允准，既承学长暨诸君雅爱，何也过于推辞，自当勉从事，以期

---

①《致蔡元培函》，孙大权、马大成编注：《马寅初全集补编》，上海三联书店2007年版，第465页。

无负诸君之雅意。”[①]同年参加蔡元培发起组织的进德会，为甲种会员。

当时经济门、商学门设在法科之下，到了1919年，北大进而将文、理、法三科改为第一院、第二院和第三院，原科下属各门更名为系。经济系归属北大三院，位于沙滩与东华门之间的北河沿处。

参与北大改造，让马寅初“教育救国”的理想在更大的平台上得到实践。教授的立身之本乃是传道、授业、解惑，北大“思想自由”的方针，充分体现于课堂之间。蔡元培曾论：“计学（经济学）之干涉论与放任论，……常樊然并峙于其中，此思想自由之通则，而大学之所以为大也。”[②]“人才至为难得，若求全责备，则学校殆难成立。”对于教员中不同的学派，只要“言之成理，持之有故”，就允许自由争鸣，让学生自由选择。

此等理念甚得马寅初之心。他把自己广博的学识客观而清晰地展现于学生面前：古典经济学、当代经济学、马克思经济学……无不通晓易懂，精彩纷呈。还有多门应用经济学课程，货币学、银行学、财政学、保险学、交易理论、汇兑论，等等。他本就平易开放，浑身散发着睿智和朝气，加上在耶鲁练就的演讲家的气质和口才，很快成为学生景仰的名师。马寅初讲课很少翻讲义，讲得激动时，便走下讲台，挥动胳膊，言辞密集，

---

①《马寅初致法科经济门教员函》，《北京大学日刊》1918年3月28日。

②《北京大学月刊发刊词》，《北京大学月刊》1918年11月10日。

如同阵雨。一些坐在前排的学生说："听马先生上课，须撑雨伞。"凡他所上课程的考试，学生高度自觉，从不作弊。

作为系主任，马寅初以创造性的方法打造着学生的真才实学。法科根基甚薄，它的前身是官僚兼讲，学生也多为做官人家的子弟送来镀金的，高车驷马出入校园，对经济学知之甚少，更遑论研究心得，与文、理、工科相比，就更显老旧了。要改革法科，必先导引研究风气。正在此时，马寅初承接了教育部审定译名的课题，而北大法科研究所只有三五研究员，还散在各省，人手不够。他立即想到法科的改革可借此而行。本来，法科的学生离校前只需提供一篇不知所云的毕业论文，写也罢、抄也罢，全为混文凭。马寅初上书，要求照文、理、工的成例，废止毕业论文。第一步，所有第四年级学生照原定研究所章程，准其入所研究，帮同研究员审定译名。"所有译本，仿前清学部译名馆办法，概以研究所与译者之名义出版，以资鼓励而期风行。如是则学生中之勤者无向隅之叹，惰者无侥幸之心，大学有成效可收，社会有译本可考，诚一举而数善备也。"第二步，上述译事完成后，"苟以译书继之……每三个合译名著一部，每年便可出四十部之多。其有益于社会者，较诸现在之毕业论文，岂可同日而语哉"[①]。学生按照这样的办法参与其中，学识和动手能力皆大有提升。

---

①《论法科应废止毕业论文》，马寅初著，田雪原主编：《马寅初全集》第一卷，浙江人民出版社1999年版，第237页。

为了让学生更好地理解现代银行实务，马寅初组织学生用发行“股票”的方式成立了“学生银行”，设在北大三院的门楼上面，经营存款、放款及汇兑业务，既为学生提供服务，又可使学生从中掌握多种业务本领。马寅初自己担任银行的查账员。1918年5月1日，马寅初查账后，专拟一份查账报告：“本员特于上星期六（即二十七日）亲赴学生银行查核库存金与存出金两项，盖此两项就目下情形而论，关系银行至巨也。两数均系实存之数，无丝毫之差异，惟存出金一项平日考核难得其实，种种理由，暇当详细说明也。谨布。”[①]在今天的大学里，如此的实践亦非易与之举，当年北大的自由创造该具何样的空间！

经过如此训练的学生，走出校门后，自然成为商界的干才。马寅初还支持学生成立各种学术团体，自由探讨。在他的积极推动下，1919年12月，北大学生经济学会成立。马寅初到会致辞：“诸君组织这个经济学会，是应当的事情，是大学生应该做的，而且是经济系的职务，兄弟是非常赞成，很抱乐观的。在于美国，他们学校里面，也有种种学会，以研究学理。他们的会章，颇为严厉；他们的责任，又很重大，要加入的时候，须由会员介绍，或由学校专派学识兼优的学生，到那里去研究，或搜集材料，因为学会的性质，原是互助的，发扬的，所以各人所有的材料，都登在那里，那么一人的学业有限，合十人或数百人的学业是很丰富了。这样看来，要搜集材料，是很容易

---

①《学生银行查账员马寅初报告》,《北京大学月刊》1918年5月1日。

的事情。在中国方面，就不是这样，虽然有种种学会，他们的目的和宗旨，都完全相反，并不把研究学理，当作一件事情，不过为政党的臭味罢了。所以中国人常把他的心得，保守秘密，不肯告诉于人。到了现在，所有各种学说，还没有系统可寻，真是可痛的事情。现在你们既已组织这个学会，本互助的精神，共同讨论，使经济的学理，能发扬出来，以为社会的应用，那是我很希望的……中国现在的情形，也是困于经济，很有极大的志愿，要把经济系来办到完善，以应付世界的潮流……诸君在校求学，要专靠讲义，那是很有限的……我希望将来有具体的办法，聚集许多材料，以供给参考的资料。”①参加各学会的活动，他都强调对话，交流所识，造一个共同研讨的平台。1920年，北大学生组织“北京大学马克思学说研究会”，成立时请马寅初前去指导。马寅初曾兴致勃勃地前往参会，但发现讨论者多不能讲经济学，而是热衷于政治话题，认为不合《资本论》经济学说的精髓，与自己不是一路，遂不复参与。

校务、教学繁忙的马寅初，丝毫没有荒废自己的学术活动。鉴于学界与民众的经济学素养尚浅，这期间他的重心调整为启蒙与普及。他写了大量介绍西方经济学诸家流派的文章，发表在各报刊上，并注意结合当前的经济现象和经济问题，到其他学校及部门单位发表演讲，效果良好，反响甚巨。

---

①《在北京大学经济学会成立会上的演说词》，马寅初著，田雪原主编：《马寅初全集》第一卷，浙江人民出版社1999年版，第301—302页。

一次著名的演讲发表于1918年11月16日。是时第一次世界大战结束，协约国取得胜利，北京各单位放假数天举行庆祝活动。北大教授在天安门外和中央公园（现中山公园）连续演讲，蔡元培、陈独秀、马寅初、胡适、李大钊、陶孟和等名流相继发言，各有高见。其中蔡元培讲《劳工神圣》，李大钊讲《庶民的胜利》，马寅初的演讲题目为《中国之希望在于劳动者》。最后的结论是："欲促社会之进步，必有资于储蓄者固已，然储蓄亦必有储蓄之要件，其最要者，厥为完备之法律制度，确能保护个人之所有权也。若在武人专横，兵连祸结之国，则旦夕之生命，尚不敢自保，储蓄之意思又何从而发生乎？即有之，亦殊薄弱，此不仅影响于资本，亦且影响于人民之道德。自此之后，人人徒狃于目前之逸乐，而不计终身之准备，是则社会最大之危险也，故不欲求生产之发达则已，若欲求生产之发达，则贪婪跋扈之武人，在所必去，断无与劳动者并存之理。苟武力能除，则生产与储蓄之障碍已去，而劳动者，自有从容从事之机缘。吾故曰：中国之希望，在于劳动者。"[①]这里的"劳动者"，包括积累并经营管理资产的有产者，与后来专用于"无产者"的"劳动者"一词含义不同。此之前后的演说汇编为《马寅初演讲集》四册，为大受欢迎的畅销书。空谷足音，让他跻身于学界闻人、社会贤达行列。当北京大、中、小学各校教师

①《中国之希望在于劳动者》，马寅初著，田雪原主编：《马寅初全集》第一卷，浙江人民出版社1999年版，第242页。

联合成立教员会时，马寅初被公推为负责人。

马寅初在社会上声望日隆，与其校内的影响相得益彰。他学问好又正直、仗义，颇具古风，与教授、名流关系融洽。这时候的胡适，作为新文化运动的领袖，是为全国最具影响力的学者之一。马寅初对他文化启蒙的贡献十分钦佩，1920年10月，在上海演讲时说：“冒险是能够进步的。就像新文化运动，若是没有陈独秀、胡适之等冒险，怎么会有今天的成功呢?”①胡适对马寅初的学问和为人也很推崇。

两位好友间，还发生过一次很有意思的交往。1918年年底，胡适母亲仙逝，胡适回安徽老家奔丧，于1919年元月返校后，拜托马寅初代办赙仪洋事宜。马寅初便将此事与学生银行的业务训练结合起来。送赙仪洋者有蔡元培、马寅初、高一涵、李大钊、陈仲衡、张申府、马叙伦等47人。马寅初在《北京大学日刊》上发表“启事”：“敬启者：本校同人等送胡适之先生之太夫人赙仪洋多由鄙人转托学生银行代收。兹将送赙仪者姓名数目开列于左，即希察核，如有遗误之处，亦请函示，俾便查明更正。又自经手之日起，结至本月二十四日止，所收现洋四十五元，中票一百四十元，交票四十六元，亦于表后注明，惟事由银行经理，酌取手续费现洋二元，以酬银行行员之劳，一并声明。”②胡适的一桩家事，办得得体而别致。学生则为给大

---

①《银行之根本问题》，马寅初著，田雪原主编：《马寅初全集》第一卷，浙江人民出版社1999年版，第358页。

②《马寅初启事》，《北京大学日刊》1919年1月29、30日。

名鼎鼎的胡博士提供了服务而欢欣不已。这都是后来难以想象的事情。

就在马寅初风光无限之际，1919年3月，他接到一个不幸的消息，母亲在家乡病逝。步入中年的马寅初如遭五雷轰顶，悲痛欲绝，告假星夜回浦口奔丧。马寅初对母亲的依恋很深，据他80多岁时回忆，直到十几岁他还离不开妈妈。第一次到上海不久，便回乡奉母命娶了妻子张氏，代自己侍奉晨昏，出门在外十几年，总是念念在心。

马寅初为母亲在黄泽江对面、剡溪岸旁的仙岩乡精心选择了墓地，背山临水，群峰环绕，古木林立，郁郁葱葱。墓碑由耶鲁的同窗挚友王正廷题写。母亲安葬时，他为自己预留了位置，欲百年之后永伴慈母身旁。

马寅初返回北大，正赶上蔡校长推出一项新举措：设教务长，统一领导全校的教学工作。教务长由各系教授会主任推选，任期一年。1919年4月8日《北京大学日刊》载：本日召集文理两科各教授会主任及政治经济门主任会议，到秦汾、俞同奎、沈尹默、陈启修、陈大齐、贺之才、何育杰、胡适等。“由各主任投票公推教务长一人，投票之结果，马寅初君得四票，俞同奎君得三票，马君当选为教务长。”

1919年4月9日，新任教务长正式到位。就在马寅初熟悉诸项事务、刚刚进入角色之际，风云突变，一场起自北大的风潮，不仅改变了马寅初的工作节奏，更改变了中国的走向。4月下旬，从巴黎传来令国人震惊的消息，协约国召开的战后和会上，居然拒绝了中国要求归还胶东半岛主权的合理要求。爱国热情高涨的北大学生极为愤慨，于5月4日发表“外争主权，内除国贼”宣言，走出校门，火烧赵家楼。不少学生被军警逮捕，因人数太多，就把学生都监禁在马寅初任教的北大三院。为营救学生，北大校长蔡元培愤然辞职南下。

5月10日下午1时，北大全体教职员推举“代表马叙伦、马寅初、李大钊、康宝忠、徐宝璜、王星拱、沈士远等齐赴教育部，进谒傅总长，请其设法挽留……”，5月11日北京《晨报》和5月13日上海《民国日报》均登载了这一消息。声援学生的浪潮，席卷全国，终而汇为波涛汹涌的五四运动。

五四运动的中心在北大。蔡校长离职后，险恶的局面、复杂的难题、巨大的压力，不得不由教务长直面。马寅初既同情、支持同学的爱国行动，又希望尽快结束街头运动、无序状况，敦请蔡校长归位，恢复正常教学。听说教育部要派胡仁源来顶替蔡元培，1919年6月7日，北大200多名教职员聚会在红楼，在代理校务的工科学长温宗禹和教务长马寅初的主持下，召开了紧急会议。会议一致要求拒胡挽蔡。马寅初代表教职员表态：“我们必须向政府公开声明并正告胡仁源，现在学界公意认为，欲恢复5月4日以前教育界原状，非各校校长一律复职，尤非北京大学蔡校长真能复职不可。所以目前蔡校长复职与否，既非北京大学一校问题，也非蔡元培个人问题，而是影响北京学界全体的原则问题。”北大教职员集会推举李大钊、马寅初、马叙伦、康宝忠、徐宝璜、王星拱、沈士远等八人为代表，前往教育部请愿，面陈挽蔡决心。如果蔡不留任，北大教员将一齐辞职。

五四运动，终以北洋政府拒签和约，罢免曹汝霖、陆宗舆、章宗祥，释放被抓学生，同意蔡元培返回北大为结局。然此后的北大，如同整个中国的走向一样，革命、救亡气氛渐浓，以学术文化贡献为根本任务的精神有所冲淡。蔡元培南下中便有预感和顾虑，他说，学生游行示威，"是出乎爱国热情"，但北京大学"今后将不容易维持纪律，因为学生们很可能为胜利而陶醉。他们既然尝到权力的滋味，以后他们的欲望恐怕难以满足了"[①]。他返校后对学生反复宣讲"读书不忘救国，救国不忘读书"，"学生救国，重在专研学术，不可常为救国运动而牺牲"[②]。也许多少受到蔡元培心境的影响，此后的马寅初，治校热情似有降温，加之他素不愿为行政事务耗费心力，1919年年底，任职未满一年便以身体不适为由请辞教务长而专任教授。"敬启者：寅初现患失眠之症，极须就医调治，所以经济主任一席，请黄伯希先生代理；教务长一席，原请俞同奎先生代理，俞先生以公务殊忙，不允代理，现改请胡适之先生代理。特此奉闻，敬请台安。弟马寅初谨启　十月二十四日。"[③]马寅初致

① 蒋梦麟：《北京大学和学生运动》，钟叔河、米纯编：《过去的大学》，长江文艺出版社2005年版，第14页。

② 蔡元培著：《蔡孑民先生言行录》（下册），广西师范大学出版社2005年版，第337—341页。

③《马教务长致各主任函》，《北京大学月刊》1919年10月25日。

函蔡元培云："窃寅初入夏以来，忽患失眠之症，又以校务更张，不能不悉心筹划……近更头痛发热……延医调治……"[①]此请于1920年1月获准。

不过，马寅初对社会公共事务热情依然。1919年12月至1920年1月，北京市爆发了从小学教师到大学教授的集体罢课运动，马寅初以教员会负责人的身份，充当了这场运动的发起者和组织者。

1919年12月初，北京市"各校教员因月薪搭给中交纸币，且专门以上学校多有拖欠者，因发生发现补欠问题。小学教员先上府院呈请将每员十余元之薪水全给现洋，以维持生活，有如不得，请即归耕待命之语。专门以上教员亦由马寅初等上呈总统，请饬教育部将欠薪补发，以后一律全给现洋"[②]。马寅初等教员代表向政府递交请愿书后，并未得到满意答复，于是于12月12日下午3时，在国立法政专门学校召开代表会议。"到者四十余人，由马寅初、王桐龄二君主席，讨论结果，议决三案：（一）决定于本月十五日实行全体停止职务，（二）停止职务后，举出纠察员若干名，调查各学校是否取一致行动，（三）继续执行职务时亦应取一致行动。"[③]此次会议还选出了"教职员联合会"职员，马叙伦、王桐龄、陶孟和、李大钊等10余人当选，马叙伦、王桐龄被推举为总务干事。12月14日，北京市教职员

---

①《北京大学日刊》1919年10月24—27日。

②《教员薪俸发现尚难解决》，《晨报》1919年12月10日。

③《学校教职员决议全体罢课》，《晨报》1919年12月13日。

再次在国立法政专门学校召开代表会议，“公推陶履恭（陶孟和）为临时主席，马寅初报告经过情形，各校代表相继发言，议决15日罢课”[①]。从上面的叙述可知，马寅初在呈递请愿书和主持决定罢课的会议中均起了领头和关键的作用。

12月15日罢课第一天，署名野云的记者指出：“据闻最初倡议结合团体提出抗议之人为康宝忠，此事系在秋初，不意康氏作古，事遂停顿。最近因各校薪水两月未发，而教育部本部职员薪水则先行支付，遂群起聚议，由各小学校教员联合公举代表与专门学校及大学接洽。于是各校教员咸抱同情，北京大学教员中如马寅初、马叙伦、陈大齐尤为愤激，最初开会数次，议定举代表进谒教育次长及国务总理递呈请愿公文。”[②]结合上段的叙述，可知马寅初就是教职员推举的呈递请愿公文的代表。

北京教职员罢课运动持续四周，在全国产生了广泛的影响，“当其空气紧张之际，外有浙校之响应，内有学生之示威，范围愈扩愈大”[③]，并被认为是“自有学校以来

20世纪20年代初，马寅初与蔡元培（右一）等合影

①《学界教职员今日停止职务》,《晨报》1919年12月15日。

②《教员薪金问题面面观》,《申报》1919年12月20日。

③《北京通信:都门学潮平靖之里面观》,《申报》1920年1月16日。

如此大群众之团结毅然与教育行政当局相抵抗实为第一次”[1]。1920年1月12日，北京政府答应了“索薪运动”的主要要求，教职员复职。在罢课过程中，运动主要领导者由马寅初更为马叙伦和陶孟和。

1915年年初至1920年年初的五度春秋中，带着西方自由思想重踏故土的马寅初，时逢新文化运动的勃兴，“五四”风暴的洗礼，自由思潮风靡京师。他既是运动的参与者、推动者，亦为受益者和成长者。蔡元培、胡适、马叙伦等人身上所体现的传统文化中“铁肩担道义”的名士风范，使他在共鸣中砥砺、成熟，孕育出一种大气的自由。日后，他多次谈到蔡、胡对自己的影响。

这段时间里，马寅初的家庭生活也有新的气象。1917年，他回嵊县老家时，在黄泽（旧属新昌）又与一位名叫王珍惠（后改名仲贞）的年轻姑娘成婚。王仲贞是新昌人，比马寅初小22岁，聪明伶俐，小学文化程度。婚后，马寅初带她回北京一起生活，第二年，他们爱情的结晶马仰惠降临。这个宝贝女儿一生都陪伴在父亲身边。1919年，王太夫人过世后，原配夫人张桂君亦来到北京。从此，马寅初一直与两位夫人生活在一起。

“知行”相得益彰

北京“罢课运动”后不久，马寅初便向北大告假南下，考

①《教员薪金问题面面观》,《申报》1919年12月20日。

察经济情况，并参与了一段实业与政务活动。

20世纪初叶的中国经济，新旧成分杂糅，中外力量并存，社会从传统农业文明艰难地向工业文明转型，旧思想、旧习惯拖着后腿，政治上更是军阀混战，时局动荡，人心不安，整个社会秩序一派混沌。没有一种经济力量可以置身事外，亦无一项经济政策在实行中不受多重因素的干扰。中国经济现代化的先驱者们，无不在困惑中试验、险境中探索，一时难有堪为共识的主流定见。

在北大教书的马寅初一直关注着经济走势，思考着富国良策。他认为，在致用这个层面上，西方经济学可提供理论原理，却无法照搬现成的制度，欲进入现实操作，离不开结合中国实际的变通与设计。所以，他一边教书，一边尝试致用的途径。1917年，他曾为中国银行起草了一份银行制度，于实行中初见成效。这件事给他在直接为国效力方面以新的启示：在任教的同时，以顾问的身份参与经济活动，不仅可化知识、志向为现实，直接推进新经济成分生长，还能弥补单纯书斋与实际脱节的缺陷，可谓“知行合一”。鉴于他守望讲坛多年，对经济缺乏置身其中的现实感受，又因此前上海方面多有邀请，筹备上海商学院、兼职吴淞中国公学讲师、出任浙江兴业银行顾问等，机会良好。其时的中国，经济、金融中心在上海、浙江一带，尤其是上海，金融业势头迅猛，正在成为引领中国经济的方向盘和发动机，欲了解中国经济的现状及走向，非赴上海不可。马寅初决定南下。

“民国九年余向北大请假一年，赴上海考察经济界实际状况，同时与郭秉文先生合办上海商学院，余任教授，专讲纯粹经济学。民国十年回北大。”①

到上海后，马寅初一边考察经济情况，一边如约参与上海商学院的兴办，前期筹备工作基本就绪。据1921年6月21日《申报》报道：关于建立上海商科大学，“去年以来，中国南洋协会（中南协会）发起规划之，东南大学继起筹备之，而暨南学校亦早决定在上海设商业专门部。结果，遂由中南协会提议，请东南、暨南两方在上海合同组织，……经两方推出代表，与中南协会代表三方再四协商，……公推东南大学郭秉文君兼商科大学主任”。

郭秉文时任东南大学校长，为教育界名流。因马寅初系国内商科领域首屈一指的专家，请他加盟，可为上海商科大学的正式挂牌以最后助力，亦对保障教学质量、提高学校声望大有裨益。校史载：“兹以学年开始，商科大学亟须成立，由郭秉文君来沪，邀请黄任之博士、马寅初博士、朱进之博士、柯箴心、刘树梅、高践四、张子高、周启帮、王祉祎诸君，并职员杨剑泉、赵叔通、徐干卿等，于本月十四日，就尚贤堂设商科大学筹备处。经几度之集议，大致已皆就绪。”②1921年7月14日，马寅初作为主要人员正式参加了上海商科大学筹备会，被定为

①《经济学概论·增订版自序》，马寅初著，田雪原主编：《马寅初全集》第十一卷，浙江人民出版社1999年版，第205页。

②《上海商科大学筹备消息》，《申报》1921年7月22日。

教务主任人选。

1921年7、8月间，他与郭秉文等多次信函往来，商议商科大学招生报名、印制考卷及人员任用等事项。1921年9月28日，上海商科大学举行开学典礼，郭秉文校长因公缺席，由校长办公处副主任朱进之报告学校筹建情形，“教务主任马寅初报告教授宗旨及注意各点”。9月30日，马寅初又出席了上海商科大学夜校开学典礼，并报告开班情况和教学安排。

1921年秋，马寅初回北大任课。1922年6月，经商科大学再三敦促，他又返沪到上海商科大学视事。1922年冬，马寅初再返北大担任经济系主任。虽然马寅初在上海商科大学任教务主任时间不长，但他以著名经济学家的身份，为第一所国立商科大学的创建奠定了坚实的基础。之后半个多世纪中，他一直关心着上海商科大学（现名上海财经大学）的成长，并于1934年为之题写了“经济匡时”的校训。上海财经大学亦以马寅初为本校的创始人而自豪。

在沪期间，马寅初“考察经济界实际状况”，用力甚勤，重点集中于银行业及与其密切相关的交易所和信托公司。他边考察，边思考，将所感所思畅言于课堂与演讲中。一年多时间里，他在上海银行界、上海交易所、信托公司、上海吴淞中国公学、上海暨南学校商科等单位发表了数十次演说，辑入《马寅初演讲集》的就有20篇之多，如《银行之根本问题》《吾国恶币之影响》《中国的交易所》《外国货币买卖之危险》《中国公债问题》《吾国信托公司前途之推测》等，为中国财政、金融的基本建设把脉开方。

关于银行业。“银行所最恐怖的是乱七八糟，滥发纸币等，因之而发生恐慌……我们要研究的就是怎么能使银行不发生恐慌，不倒闭……市面是要靠银行来维持的，怎么维持呢？那么，不能不先研究‘信用’（credit），信用就是银行的根本。”“信用可以制造资本。”马寅初还指出了深层次的问题，目前银行业普遍在幼稚阶段，带有旧钱庄的遗痕，而“现在中国的经济界所发生的恐慌，大半却是政治上的恐慌而非经济上的恐慌”。[①]防备的办法，只能“谨慎从事”，在中国还没有“真正中央银行”的现阶段，同时设立商业银行、土地信用银行和财政银行，以贷款的项目差异和期限长短来化解金融风险。

关于币制。本来中国的通货品种就杂，金、银、铜、纸共同流通，各省各地的军阀、当权者都可以自行铸币、印钞。纸钞毛了不用说，就是银钱这样的硬通货，也成色、制式不一。更为混乱的是，政府、军阀、银行、钱庄、买卖家等都参与倒币，各式各样的花招层出不穷，受害最深的是无权无势的民众。马寅初以《吾国恶币之影响》为题，连续五次演讲。“改革吾国的经济，没有再比改革币制要紧的了……中国的币制不改良，中国的实业绝不会发达。”币制的症结在于相关各方没有规矩，皆以货币为投机事业，如“现在北京的银行，其做这种投机事

①《银行之根本问题》，马寅初著，田雪原主编：《马寅初全集》第一卷，浙江人民出版社1999年版，第350—351页。

业的，没有不发财的……中国的财政部是很穷的，所以一等到要钱用，就是向各处借款。譬如说财政部向某银行借款一百万元，银行付他的是钞票，他们就预先订好合同，还款的时候，倘钞票在六五以上，那么仍旧还钞票，倘还款时钞票在六五以下，就要还现洋。”“你借给我，我借给你，很可得利，商业上之放款就没有人肯做了。商务上要借款的时候，利息就很高。”在剖析诸项弊端之后，他得出结论：“中国非统一币制，改用金本位不可。”并提供框架方案：“整理币制的手续是很复杂的。（1）第一步先将各省的滥纸币收回；（2）第二步将各种洋元行市统一（在上海已办到了，此是吾国银行团的功）；（3）第三将上海的汇划银子废去；（4）第四开办上海造币厂多铸洋元；（5）洋元多了，即将规元废去，一面亦请外人改用洋元；（6）上海银两废去之后，其余各埠亦必闻风兴起，盖各埠皆与上海有商务上的关系，倘上海不用银子，各埠亦不用银子，于是都改用洋元了；（7）币制统一了，于是遂把银本位改用金本位。”①

关于商品交易所。作为市场体制的一个重要环节，交易所现身中国较迟，这一现代理财工具，在中国人眼里是怪胎。1920年前后，上海一下就冒出了上百家交易所，多是有背景的，甚或就是军阀政客所开办，所以“有人说，交易所是一个大赌场，交易的人都是大赌客，所谓定期买卖，就是买空卖空，买

①《吾国恶币之影响》，马寅初著，田雪原主编：《马寅初全集》第一卷，浙江人民出版社1999年版，第365—383页。

空卖空就是赌”。马寅初认为，交易所乃是承担物价变动风险的机构，对社会经济有着保障与促进的作用，十分有必要启蒙与规范，让这一新事物以它的本来面目在中国存活下来。“没有了他们，大生意不能做了，世界就无进步，所以世界愈文明，经纪人与交易所愈不能省”，“现在之证券物品交易所，证券交易所等，营业十分发达，前途未可限量，一年之间有此成绩，殊属难得之至。国人当额手称庆，不宜横加诽谤，即有缺点，亦当一一指出，促当事者改革可也”。[1]马寅初细述了交易所的交易原理和过程，同时也特别提醒当事人注意面临的两种风险：入不敷出；管理及组织之不良。

关于信托。信托业亦随交易所骤然蜂起，“沪上信托业勃兴，以一二星期之时间，骤然组织伟大之信托公司七八家”。马寅初以敏锐的目光将其与发达国家的信托业进行比较，“就一国经济上之进步而论，此种事业当为社会所欢迎”，然中国经济基础薄弱，不可盲目乐观，更不要“与美国相媲美”。着重现实的马寅初，在欢呼交易所的诞生后，却在《信托公司之学理》的演讲中，冷静分析了国民性与新兴事物之间的连带关系，吁请国人清醒对待。“今日上海之信托公司，则只求发财（经济），不顾道德、法律、政治与夫风俗习惯，其与经济原理相背驰，将来必致失败。”“今日信托公司之资本，每规定数百万，甚至

①《中国的交易所》，马寅初著，田雪原主编：《马寅初全集》第一卷，浙江人民出版社1999年版，第384—391页。

千万以上，以压服社会，社会见其资本之雄厚，亦不敢加以批评，然其股票每股仅定十二元余，则无非欲借此以搜集无知识阶级之资本耳。盖票价低小，购买者自必易而多，彼经营信托公司者，对于信托公司之性质与业务，绝鲜研究，置法律、道德、习惯于不顾，而只求‘垄断’与‘不劳而获’。”“鄙人对于信托公司之设立，极为赞成，岂敢反对。但每办一事，必先经过一试办时期，试办而有效，再出全力以经营之，亦未为晚，在未经试办之前，伟大信托公司之设立，未免太早耳。且创办一事，宜注重法律，尤宜注重道德，故鄙人所反对者，为违背法律、不讲道德与未经试办之伟大信托公司耳。”①

马寅初考察纽约市财政时，深知道德、法律及政治所共同构筑的信用体系乃是市场经济有序运行的保障，故一再呼吁它的不可或缺，否则后患无穷。至今听来，犹是醒世之警钟。

这段时间里，马寅初还连续对中外汇兑、中外国际贸易、商业票据、公债等问题发表见解，经济学界和实业界反响热烈。值得注意的是，1921年8月，他在商务印书馆发表了《中国的经济问题——评“资本万恶，劳动神圣”说》演讲。针对20世纪20年代之初“耸动一时”的“资本万恶，劳动神圣”之说，马寅初不予苟同。他认为，当今之中国，资本匮乏而弱小，“资本不足，或竟可说中国没有资本。资本既然不足，哪有不思增

①《信托公司》，马寅初著，田雪原主编：《马寅初全集》第一卷，浙江人民出版社1999年版，第483—493页。

加之理，为什么呢？因人工与资本是相辅而行，是不相背而驰的，所以我说，‘劳动果是神圣，资本也是神圣’”[①]。这是一种从建设出发的理性态度，也是马寅初长期坚持的理念。

在沪期间，马寅初有关银行发展及信托公司的演讲，听众皆为浙江兴业银行的职员。作为这家银行的顾问，他履行着指导与培训的职责。该银行兴办于1906年，是中国最早的银行之一，1915年银行家叶景揆出任董事长后，总部移至上海。马寅初以顾问身份介入银行业务，从决策到操作无不精心谋划。兴业银行的业务因此兴旺发达，成为国内银行界的骄子。1921年下半年假满回北京前，他一再致信叶景揆，请辞顾问一职。“揆公钧鉴：寅初自愧才疏学浅，庸陋异常，并不谙事务。弟既承委为顾问，敢不勉竭愚庸，但自就职以来，成绩毫无，徒有托足之地，拙无一技之献。扪心自问，实愧缩无地矣。用特函请辞职，以避贤者。所借书籍，一俟病痊，即当奉还。至至交之情，则时铭五内不朽也。”[②]但是银行没同意他的辞职，直到20世纪40年代马寅初还以顾问的身份出现在兴业银行的纪念会上，他始终关心着浙江兴业银行的业务发展，与叶景揆保持着良好的个人关系。

一年时间不算长，马寅初收获颇丰，对中国经济的最新进

---

①《中国的经济问题——评“资本万恶，劳动神圣”说》，马寅初著，田雪原主编：《马寅初全集》第一卷，浙江人民出版社1999年版，第502、503页。

②《致叶景揆函》，孙大权、马大成编注：《马寅初全集补编》，上海三联书店2007年版，第475页。

展有了深刻把握，更以学以致用的情怀，对起步中的市场经济体制给予富有成效的指导。这一段经历，于马寅初的治学道路有相当影响，回到北京后，他更为关注经济现实，他的心，始终与中国经济脉搏一起律动，他的目光，始终不离中国发展的基本国策和经济战略。

所学贵在致用

1921年11月，马寅初以北京大学旅沪同人召集者的身份，在上海接待了“自京过沪，往欧美考察教育”的蔡元培一行后，回归北大课堂，一站又是六年。这六年中，他一边教书一边奔波于京、沪、杭、武汉等地，发表演讲100余场，传播经济知识，开启民智。

此段时光，中华大地军阀割据，灾难深重，同时腐朽与生机并存。盘桓北方的北洋政府内部，直皖奉三系明争暗斗，北洋政府如坐累卵，武力倒阁似家常便饭。南方群雄分立，孙传芳据东南，陆荣廷霸西南，孙中山艰难地经略广东。烽火连天，大局一片混沌。

政局动荡之中，思想文化领域浪涛涌动，多元并存，各执一说，论战不息。新文化运动经五四运动的荡涤，分化为两大思潮，以胡适为代表的自由派知识分子不改初衷，守望启蒙使命，坚持“教育救国”“实业救国”之理想；以陈独秀、李大钊为代表的左派，接受苏俄影响，以救亡、革命为号召，选择“俄国的社会主义道路”，于1921年7月，成立了中国共产党。

与此同时，无政府主义、中国文化本位等主张无不奔走呼号，以求同声。中国俨然一个诸种学说争奇斗艳的试验场。

作为经济学家，马寅初面对纷繁错杂的世道，虽然对救亡的症结所在有深刻认识，多次演讲军阀“真今日万恶之所归，若辈一日不去，则非但我国无富强希望，且政治无入轨道之日，顾我人民，急起图之”，但他对自己使命的基本定位，还是从建设、改造经济的角度，贡献学术方面的致用良方。

在他的思想深处，无论外侮还是内乱，根子都是一个“穷”字，治穷方为治本。“我国曾屡遭水旱之灾，又以政变频仍，兵匪充斥，投机事业勃兴，终以环境所迫，时势所趋，实业仍能逐渐发达。”[①]他期望着军阀时代终结后，能有一个“好政府”，加上从实业发展中成长起来的“好商人”。“政府好了，商人也好了，那么，中国的一切问题都很容易解决。近来胡适之先生极力提倡‘好政府’的，因为有了好政府，则各样事业都好办了。但是要好政府，首先必定要得人。前几天《黄报》上有蔡元培先生当总统的消息，以我的意思批评起来，蔡先生实在可以当总统，因为他的学识、德行、资格都是很够的，很可以做总统的材料的。”[②]

为了实业得以“逐渐发达”，马寅初的治学与推动经济改造

①《今日吾国之经济状况》，马寅初著，田雪原主编：《马寅初全集》第二卷，浙江人民出版社1999年版，第162页。

②《好政府与好商人》，马寅初著，田雪原主编：《马寅初全集》第一卷，浙江人民出版社1999年版，第535页。

血脉相连。从宏观方面审视，他于1922年1月撰写了《中国之九大经济问题》[①]，分别就外债、内债、币制、银行、国际贸易、交易所、信托公司、会计、关税等问题，进行切中时弊的剖析，继而又专题思考，就一项项重要问题深入评说。

关于财政金融。“我国自辛亥改革以来，变乱相循，迄无宁岁。财政、金融之纷乱，至今已极。默察情状，乃有三滥：（一）滥借内外债；（二）滥铸铜元与辅币；（三）滥发纸币（各省官银号或地方银行之官帖、铜元票与兑换券）。此三滥者，皆政府困穷，财政状况不良之结果。入不敷出，无以弥补，乃滥借内外债，以救一时之渴；滥铸铜元，以博厚利；滥发纸币，以括民财。至借外债条件之严苛，财政金融之前途，国计民生之利害，均未暇计及也。”[②]

关于关税问题。中国近代关税起自列强，又长期为列强所控制。军阀割据的现状，更令关税与厘金问题绞缠，紊乱不堪。马寅初于1923年出版《中国关税问题》，指出：“财政问题中之最重要者，其惟关税问题乎？默观已往之财政事实，静察近来之财政状况，何一非直接或间接以关税收入为枢纽者。爰就管见所及，抽其最重要之点，分别言之于次：（1）吾国海关税则之根据；（2）吾国海关进出口税则之缺点；（3）修改税则之困

---

①《中国之九大经济问题》，马寅初著，田雪原主编：《马寅初全集》第二卷，浙江人民出版社1999年版，第4页。

②《我国经济界之三滥》，马寅初著，田雪原主编：《马寅初全集》第二卷，浙江人民出版社1999年版，第172页。

难；（4）时时修改税则之理由；（5）关税与整理公债基金之关系；（6）二点五之附加税及其用途、存储与监督；（7）裁厘加税。”[①]这是中国学者首次对国税问题予以系统论述，提出一揽子改革方案。之后发表的《收回权利与关税问题》，呼吁从外国人手中收回关税权利：“关税权不予收回，中国实业永无发达之望。”[②]

关于买办问题。买办作为半殖民地社会的产物，一直受到国人诟病，到底应如何看待，马寅初亦有自己的独见。外商要在中国做买卖，第一个问题就是对中国的国情不了解，语言是一个大问题，清末民初的经济秩序紊乱更是根源。拿钱币说，各省有各省的钱，钱庄有钱庄的票，要搞清折算就是一门大学问，非经特殊训练的人根本把握不了。做生意的习惯也有差异，中国做生意讲的是同行、熟人间的信赖，信赖可以顶钱，而西方讲的是货值、抵押，如仓管员每天要去点货、计算。如果在中国坚持采用西方理念，生意就没法做了。所以，就有一些中间人为外商做事。马寅初说，中外通商，言语不同，习惯各异，商情分殊，“外国商人赊卖货物于我国商人，于其人之信用，不敢确定，又不得不使买办为之担保，他日收款，则买办负其责，迨账款收回时，经手费不必一定俟外商给予，亦可向其索付

①《中国关税问题》，马寅初著，田雪原主编：《马寅初全集》第二卷，浙江人民出版社1999年版，第137页。

②《收回权利与关税问题》，马寅初著，田雪原主编：《马寅初全集》第三卷，浙江人民出版社1999年版，第346页。

(change) 若干，作为酬劳" [1]。此制虽属难免，但却"害多利少"，存在"扣息""不经济""从中取巧""外商之欺诈"四大弊端。不过，国人不必特别在意，随着中国商人外语水平的提升，双方交往深化，买办自会退出历史舞台。

关于不平等条约。中国经济的成长，受到不平等条约的极大压抑。马寅初连续演讲，认为租界、领事裁判权、协定关税的存在，以及海运权和铁路权的丧失，使吾国经济主权受损，民族工业无法在平等的基础上与外国资本竞争。"不平等条约中影响我国经济最大的，是（A）领事裁判权；（B）对外贸易取缔权。因为外人在中国有领事裁判权，不服从中国的法律制裁。因为中国关税系协定的，关税入口税率值百抽五，不能增加。且又有出口税亦是值百抽五，可谓不通之极。中国没有权力可以取缔外国货物的输入，一切在经济的损失就因而生出来了。"[2]马寅初认为，这种状况必须尽快改变。

关于罢工问题。20世纪20年代的中国，罢工风潮此起彼伏。社会主义者叫好，当政者头痛，实业界无奈。马寅初的见解颇为独特。1925年，上海发生五卅惨案，引发罢市。马寅初发表了《上海不宜继续罢市》《总罢市、总罢工之足以自杀》两文。"此次上海英捕惨杀华人案发生后，举国哗然，上海罢工、

---

①《中国之买办制》，马寅初著，田雪原主编：《马寅初全集》第二卷，浙江人民出版社1999年版，第168页。

②《不平等条约于我国经济上之影响》，马寅初著，田雪原主编：《马寅初全集》第二卷，浙江人民出版社1999年版，第462页。

罢市以示威，全国罢学以表同情，物质上损失虽大，而精神上之得益实不小。虽然，罢市可暂而不可久，况上海为全国金融之中心，商业之枢纽，一旦罢市，不啻全国罢市，影响于国家财政，国民生计，至深且大。”其后果为：（一）汇兑飞涨，洋商获利也；（二）金融纷乱，倒闭频仍也；（三）生产停顿，坐以待毙也；（四）物价腾贵，民不聊生也。最终受害的还是民族工商业及百姓生计。

马寅初不主张总罢工、总罢市，并不等于不反对外国势力的暴行。他以经济学家的智慧告诫国人，要打其七寸，争得实际胜利。“今日吾国对英、日之惟一武器，是实行抵制英、日货，此层吾已反复言之。英国输入中国之货，以棉货为第一，如若实行抵制，则英国之兰开斯（Lancashire）一大市，必根本动摇。兰开斯以织布为专业，工人不下三四十万，所投资本，尤不可胜数。一旦吾国销路断绝，全市濒于破产，工人失业，资本消灭（固定资本等于无用），工、资两党，势必大闹。况英国之失业工人，尚有一百数十万之多，无法安插，国内已形不安之象。加以欧洲各国自大战以后，各采保护政策，提高关税以阻外货输入，而德、奥、俄等国，又因元气斫丧，不易恢复，对于英货，无购买能力，故英国剩余之货，不得不销之于东亚，以中国为尾闾。倘我拒绝其货，势必陷兰开斯于万劫不复之地，工、资两党，必群起向英国政府责问，英国政府之命运，危乎殆矣。英国政府不怕华人之抵制，乃畏本国工、资两党之捣乱，此抵制英货之秘诀也，望国人共起而图之。若夫上海罢市，则自杀之道，幸勿坚持。”[①]

马寅初热心演讲，认为启发民智是一代知识者义不容辞的责任。如中国的女子问题，马寅初强调它首先就是“经济问题”。他举例说，某女留洋，回来又嫁了个好丈夫。不想夫君突丧，所余者唯一妻两子，“两子年幼，女士何能，徒啜泣耳”。所以，“女子经济独立，虽不易办到，然至少须要办到经济自立，不靠丈夫也可吃饭”。他为妇女设想：一、出阁毋索妆奁。奢侈品不如银钱，银钱既可买公债、股票，亦可储蓄于银行，收息滚存。二、嫁后使丈夫保寿险。普通人恃一身之技能以为生，多无恒产，如保有寿险，送死养生而有余。但其时女子教育、知识都成问题，易被丈夫欺瞒，女子一定要察看保单，不要上当。三、毋为赌博性质之投资以希图发横财，如彩票。四、欲放款项于安全之途则买公债票。五、职业问题。上述为经济自立，此条为经济独立。其时受过教育的女子就业，范围至狭；下等经济界女子则更苦，有令人战栗惨痛，不忍卒睹者，形体伤耗而外，儿童无母亲之慈爱，长大性格必多恶劣，为社会之重大问题，其如何解决之耶？六、女子参政问题。妇女经济独立方可言与男子争地位。“吾深愿此讲能引起女子之自动的觉悟，……是不特女子之本身问题，乃全社会之幸福问题。诸君

---

①《上海不宜继续罢市》，马寅初著，田雪原主编：《马寅初全集》第二卷，浙江人民出版社1999年版，第451—453页。

其有意自救乎？有，则请努力！”[1]

这段时间里，马寅初对经济运行的各种问题皆有论及，除对大众的启蒙外，还有很深入的理论思考。他于1925年撰写了《中国国外汇兑》一书，系统地探讨中外国际汇兑的基本状况及运行规律，堪称这个领域的开山之作。在北大教书之际，马寅初依然与上海经济界联系密切，又兼任了中国银行总司券。

20世纪20年代初的中国经济学界欣欣向荣，大批留欧留美学生相继回国，云集北京，一时群星璀璨，很快在经济学界取代了留日学生唱主角的地位。欧美海归中，又以留美学生学历高、功底好、声望隆，脱颖而出的一批学界领袖中，马寅初即为代表人物之一。

在马寅初告假赴上海之际，北京的经济学界开始酝酿成立中国经济学社，筹划工作主要由北大教授刘大钧和燕京大学经济系主任、英籍教授戴乐仁负责。1923年11月，中国经济学社成立，刘大钧任社长，戴乐仁为副社长。社务主要靠戴乐仁推动，进行颇缓，活动不多。

1924年3月，学社邀请马寅初加盟，犹如注入一支强心针，风貌为之一变。1925年5月，学社召开年会修订社章，将原社章的四项要旨“（一）研究中国经济问题，（二）输入外国经济

---

①《中国女子之经济问题》，马寅初著，田雪原主编：《马寅初全集》第二卷，浙江人民出版社1999年版，第366—370页。

学说，（三）刊印经济书籍及论文，（四）社员之间交换经济智识”，更改为：（一）提倡经济学精深之研究，（二）讨论现代经济问题，（三）编译各种经济书籍，（四）赞助中国经济界之发展与改进。[1]这显然受到马寅初“深望吾国经济学者，从事于研究中国的事实，解决中国的问题，幸勿多谈哲理，专以西洋学理相炫耀”思想的影响。这个“学以致用”的新宗旨，规定了学社未来的发展方向，适应了中国社会对经济学的需要，成为学社生存与发展的灵魂。章程还确立了新的理事选举办法，得票最多的理事为社长，次多者为副社长。在这次年会上，刘大钧当选社长，马寅初为副社长。此后近30年间，他俩始终为中国经济学社稳定的领导核心。马寅初不再形单影只，在他身边，汇聚起一个兼具科学头脑和救国热望的学者群体。

---

①《中国经济学社社章》，中国经济学社编：《中国经济问题》，商务印书馆1929年版，第358页。

第四章　学界泰斗

南下辅政

1927年是中国近代史上一个重要的年头，中华民族的命运因这一年发生的事情而转折，马寅初的人生道路亦由此而改变。1926年，国共合作发动的北伐，于1927年春天底达沪宁。随之，蒋介石实行“清党”，北伐中断，以建立南京国民政府而告终。掌控北方的奉系首领张作霖，在年初以安国军总司令身份入主北京，6月18日，又成立中华民国军政府，自任军政府陆海军大元帅。草莽出身的张大帅，对身边有个喜欢放言自由、民主、劳工神圣，对政府说三道四的北京大学，甚不自在，决计加以整饬。经过一段时间的折腾，军政府教育部于7月20日提出改组计划，取消北京大学，将北京的九所国立高等学校合并。8月6日，张作霖颁布了实施该计划的“大元帅令”，宣告所谓“京师大学校”成立。

军政府教育部颁布《国立京师大学校组织总纲》，规定原国立九校除北大分为两个科外，其余各校均为大学校的一个科。原北京大学的文学院、理学院改为京师大学校的文、理两科，原北京大学的法学院合并到北京政治大学，称为法科第二院。比建制变化更荒谬的事情还在于，教育部强行规定了一套违反“学术自由，教授治校”精神的教学制度，使北京大学自蔡元培主校以来取得的成果大受摧残。因此，原来北大的教授大部分离开了学校，最后只剩下十之二三。京师大学校补充进来的新教员多是奉系军阀的官僚，或是裙带关系的受益者。

这样的大学，马寅初自然待不下去了。上海交大、浙江财务学校等大学均力邀其前往，浙江兴业银行又发来总稽核的聘书，尤其是蔡元培已去杭州担任浙江省临时政治会议委员兼代主席，向马寅初发出了南下参加家乡建设的邀请，拟请其出任浙江省政府委员兼财政委员会主席和禁烟委员。

曾有过赴上海考察经济经验的马寅初，深感以自己的经济学所长，在研究、教育之余，参与一定的商务、政治活动，可以获得实证的体验，更有机会直接造福于社会，利国利民，何乐而不为。在应命赴浙江之际，他不废“一不做官，二不发财”的誓言，将此视为一种参政议政的习行践履。

离开奋斗了11年的北京大学，马寅初满怀悲愤又心存遗憾。他一生深怀北大情结，不断用“北大精神”鞭策自己，教育学生。南下不久，他在杭州举行的北大29周年纪念会上发表演讲：“今日为母校二十九周年纪念，令人发生深切之印象。现学校既受军阀之摧残而暂时消灭，但今天之纪念会，仍能在杭州举行，聚昔日师友同学至二百数十人之多，可见吾北大形质暂时虽去，而北大之精神则依然存在。回忆母校自蔡先生执掌校务以来，力图改革，五四运动，打倒卖国贼，作人民思想之先导。此种虽斧钺加身毫无顾忌之精神，国家可灭亡，而此精神当永久不死。然既有精神，必有主义，所谓北大主义者，即牺牲主义也。服务于国家社会，不顾一己之私利，勇往直前，以达其至高之鹄的。”①

这一届的浙江省政府，乃是国民政府定都南京后重新组建，省主席为国民党元老张静江，13名省府委员中，多社会贤达，其中不乏北大同人，如马寅初、蒋梦麟、马叙伦等。省政府下属机构仅有六厅：民政厅、财政厅、建设厅、军事厅、司法厅、土地厅。正式任命文件于1927年7月22日下达，25日，省政府委员召开第一次会议，马寅初与会履新。10月19日召开的第三十五次会议上，通过了一项临时提案：主席暨蒋委员梦麟提议改组浙江财政委员会为浙江财政审查委员会，拟以本政府全体委员为该会委员并推定马委员寅初为主任委员，魏颂唐、程远帆为常务委员，案（议决）通过其委员会章程交马委员寅初、魏委员颂唐、程委员远帆起草。此后，马寅初的工作主要就是履行这一责任，同时以经济学家的身份，在宏观上指导浙江的经济建设。按当时的“正官俸表”规定：省政府主席及各委员

①《北大之精神》，马寅初著，田雪原主编：《马寅初全集》第四卷，浙江人民出版社1999年版，第162页。

之简任官第一级月六百元。杭州市市长为初级简任官，月四百元。

对浙江的现状，马寅初亦较满意，认为可为之事甚多："盖浙江现时之地位，较他省优良之点甚多。财政之统一一也。浙江之财政厅，尚能统辖全省财政，较之江苏、安徽、福建等省，俱远过之。江苏因为孙传芳之战事未了，所统一者仅长江以南之一部分。安徽在前数月间，虽征收税吏，俱归二三军队首领所委派。福建即菜担、妓女，亦俱贴印花，其财政上之紊乱，可以想见。至湖、广、江西等省，更无须深论矣。金融之平稳二也。全省无滥发纸币，引起金融之扰乱。军队之统一三也。教育之优良完全四也。此次革命军兴，全省所受之损失不大五也。既具此五种之优点，苟政治能上轨道，办事人员俱抱北大精神而徐图改革，则将来之浙江，必较今日可以远胜万倍。"①

马寅初举家迁往杭州，租住开元路38号的一处民居。独门独户的小院，居中一幢传统木结构的二层小楼，前后带有平房和附属设施；院内有树有花；大门虽然临街，但宅院宽大而幽深，很安静。马寅初的书房和办公室安排在一楼，二楼为卧室，住着家人。此前，1922年王仲贞生女儿马仰兰，1925年张桂君生五女马仰峰，同年王仲贞生长子马本寅，1926年王仲贞又生下第二个儿子马本初。二男五女，热热闹闹的一个大家庭。

---

①《北大之精神》，马寅初著，田雪原主编：《马寅初全集》第四卷，浙江人民出版社1999年版，第162—163页。

马寅初一家在开元路住的时间并不长，因为隔壁住着浙江省警备司令宣铁吾，军警进进出出，令马寅初很不舒服。不到两年，就全家搬到宝石山后保俶路上的一座小别墅中。

作为国内首屈一指的财政专家，来到浙江，对地方财政予以指导，是业内的期盼，马寅初正可展其长技。到杭州的当月，他便应杭州市财政局之邀发表演讲。是时国人于现代财政，即便业内亦多不甚了了。马寅初每次总要讲点ABC的知识。他清晰解说市财政、省财政与中央财政的区别与联系，介绍欧美工业国家城市财政“能力颇大，成绩优美，故其可办之事较多”的经验，又面对现实，阐述市财政的主要功能在于提供公共产品和公共服务，而财政来源之大宗为地价税。

清末民初以来，社会上吸毒成风，屡禁不止，尤其是军阀割据时期，鸦片与执政者的财政来源有着万缕千丝的关系，如何不泛滥成灾？虽说历届政府都迫于社会压力，实施过禁烟，但措施很成问题。参政之初的马寅初认为，吸鸦片乃社会一大毒瘤，去之为当务之急。1927年11月8日，他应杭州青年会之邀演讲，原定主题为劳资问题，他即席发挥，谈起了“本省之禁烟问题”。

11月14日，马寅初又在浙江省党部发表《反对今日之禁烟办法》的著名演讲。他说：“鄙人并非为讲演而来，乃为浙江人民请愿而来，今日之禁烟问题，实吾浙江之生死问题，不得不请诸君特别加以注意。”他列举了孙中山关于禁烟的遗训：“对鸦片之宣战，绝对不可妥协，更不可放弃。苟负责之政府机关，为自身之私便及眼前之利益计，对鸦片下旗息战，不问久暂，均属卖国之行为。总之，对于鸦片之祸害，不论何种形式之降服，均可谓蔑视国民之良心主张。”[①]他认为，如今禁烟之无效，仍是当局的禁烟办法行不通。“禁烟之事，宜划归民政，不宜划归财政。盖财政以收入之多寡，为考成之标准，收入愈多，成绩愈好，此与禁烟之本意，大相背驰。若夫民政，则以禁烟之成绩，为考成之标准，吸烟者愈少，成绩愈好，此与禁烟之本意，适相符合。故以财政部任禁烟之责，专以筹饷为目的，系根本错误。”[②]财政对于禁烟，一直持反对态度，认为为地方计，管起来“公卖”更有好处，也易推行。若财政部不通过，浙江应脱离中央单独进行禁烟。

他抨击道：“中国人民之心理，对公家事，若不相干，可以不负责任。如寅初此次反对鸦片，时有人以‘在此种社会，何必做恶人’之语，来相劝勉。若寅初家中妇女如作此语，寅初本可不加深责。然此种浅薄之语，竟发诸现在之官吏与夫东、西留学生之口。呜呼！一人公正之勇气能有几何？今不以努力助鼓励，而反以冷水浇头，人心至此，可深浩叹！中国人以‘不’字为道德，如不嫖，不赌，不饮酒，不吸烟，果属静止之道德，然缺乏相当之努力与夫牺牲之精神，以尽人生应有之义

---

①《反对今日之禁烟办法》，马寅初著，田雪原主编：《马寅初全集》第四卷，浙江人民出版社1999年版，第140页。

②《评财政部浙江禁烟局改组宣言》，马寅初著，田雪原主编：《马寅初全集》第四卷，浙江人民出版社1999年版，第161页。

务。虽方趾圆颅，实类似腐尸，西人谓life is activity，否则，反不如截发入山，做和尚之为愈，何必在世上扰扰哉?”[①]他大声呼吁：“今日之禁烟问题，实吾国之生死存亡问题，愿群众速起而主持公道与正义，与此万恶之环境一战，誓达此目的而后止。”[②]

马寅初不仅写文章、讲演，还从自家人做起。1928年元旦过后，他回嵊县老家亦将呼吁禁烟之事作为要务：“兄弟认禁鸦片为第一个大问题。我们天天读《总理遗嘱》，说‘三民主义’、‘五权宪法’，可是鸦片不禁止，人人将成鸦片鬼，还讲什么‘民族主义’？金钱尽为鸦片而消耗，还讲什么‘民生主义’？……我在职一天，必反对到底，毫不妥协，因我是省政府委员，是要为全浙人民谋利益的。”[③]大哥孟希吸鸦片多年，在他的大力规劝下来到杭州戒烟。不幸，马孟希因吸毒太深，几月后死于肺病，坊中却传言马寅初禁毒害了自己大哥一命。

在省政府委员会议上，马寅初就禁毒事宜多次提案。1927年11月28日的第51次会议上，“马委员寅初提议，拟请省党部派员会同审查浙省禁烟办法案（议决），通过。由省政府函知省党部”。隔两日的第52次会议上，新方案通过。决议后，马寅初

①《北大之精神》，马寅初著，田雪原主编：《马寅初全集》第四卷，浙江人民出版社1999年版，第163—164页。

②《禁烟应归财政部办理乎》，马寅初著，田雪原主编：《马寅初全集》第四卷，浙江人民出版社1999年版，第197页。

③《鸦片问题》，马寅初著，田雪原主编：《马寅初全集》第四卷，浙江人民出版社1999年版，第169页。

肩负执行督察之职，推动禁毒取得实际成效。据1928年2月6日省政府委员第75次会议记录，马寅初提出新委宁波市禁烟特派员卢逢泰在沪杭车中招摇滋事，应将其撤委，另派员接充，令禁烟局知照。他还把禁烟的事知会好友。胡适1928年5月18日的日记中记道："晚上到雪艇处吃饭，有皮皓白、吴稚晖、朱骝先（家骅）……（吴稚晖）对于鸦片公卖的事，也表示反对。我借此力劝他作有力的反对，并劝骝先（浙江省民政厅长）援助马寅初的主张，在浙江省内严禁。"

马寅初还担任国民政府考试委员。国民政府的文官考试制度，以孙中山"五权分立"的政治理念为基础。孙中山借鉴西方国家"三权分立"的政权组织形式，创立"五权"学说，欲通过考试权的独立，控制官吏选任，保证官吏质量。1927年南京国民政府建立后，文官考试制度开始真正确立并进入较为规范的发展时期。1928年10月8日，国民政府公布《中华民国国民政府组织法》，分立行政、立法、司法、考试、监察五院职掌。考试院成立后，开始着手推行现代考铨制度，主要包括考试制度和铨叙制度，前者用于公务员的选拔，后者用于公务员的考核考绩，分别由考选委员会和铨叙部具体实施。考试委员多礼聘社会名流，是国民政府保障官员勤政廉政的重要举措。

浙江省考选县长，由马寅初任第一届的主持，不要说贪酷者，就算是尸位素餐，碰到这样耿直的考试委员，也是难以过关的。出任县长，在考员中属于高级程度，县长考试委员对各县县长任命，有极大的发言权，现任县长以及想当县长者多按官场旧习，考试之外，拜门认座师请托提拔都是应有之义。但马委员不吃这一套。据嵊县人讲，当时嵊县县长曾动工修建一条从县城到浦口“马树记”门前的马路，马寅初闻知后立即制止。马寅初出名得势之后，从未运用手中资源为家乡办过什么实利之事，与传统观念中所期望的衣锦还乡、惠泽故里相去甚远，以致家乡人对他颇有烦言：经济博士太“经济”。嵊县话至今说人小气为“经济”。当然，“五马齐全”的传奇也在嵊县百姓中流传，“马寅初每到一处，只要在街上走一趟，此间的经济情况，百姓收入全都了然于心，没有哪个地方官敢欺瞒他。他的这个本领和名气，让蒋介石都不敢杀他”。

马寅初自己也讲过人事改革的艰难：“欲图改革，必须自环境之改造入手。重心不在表面，而在人心。今日国家社会之所以每况愈下，根本原因在于吏治之不良，道德之堕落。如寅初回浙未久，而请寅初代谋统捐局长者，不知凡几。且有欲寅初推荐往禁烟局者，彼辈之心理，以为寅初现正在反对禁烟局，则寅初推荐之人员，禁烟局不敢不留用。际此生活困难之时，在政界谋事，果属生活问题，情尚可原。然来寅初处谋事之人，甚至预先说价，必须月薪至若干元以上，或有其他不正当之收益者而后可。是故中国大半人民，虽其私人道德亦有甚好者，但脑筋中实无一‘公’字之印象。故公家观念之薄弱，已达极点，而对一己之升官发财，譬诸厕所之苍蝇，群相骛集。故无论何界，苟有一人稍有地位，则其亲戚、朋友，全体联带而为其属下，家庭观念之深切，世无其右。当知吾人对于国家、社会之义务，应以人民之幸福为前提，不当以个人弥补亏空或物质享受为目的。”[①]

从学校到地方，由理论到现实，以经济学专家身份任职的马寅初，对地方经济情况有了更多的接触与关注，参与其中。清末以来长期的战乱，致使地方经济秩序一片混乱，新成立的省政府从整顿税制入手，重建经济秩序，在农村农业和城市商业两大领域，推进“两税制”。中国人素无税制概念，设卡收厘，在他们看来反是天经地义，官可以设卡，兵也可设卡，老百姓能逃就逃，逃不过碰到卡子上缴钱，也就自认倒霉。不解税收者多多，更有以保护地方利益来设法抵制全国统一税制者，阻力重重，颇为棘手。

马寅初认为，税改必行，这是根治久无定法、混乱无序财政状况的良策。他演讲、著文，为两税制劈山开路。1928年3月31日，他发表《浙江之两税制》详述两税制出台的背景与原因：

> 现在浙江拟实行之两税制，即为田赋与营业税。我们想实行之意思，一则因为此两种税已划归地方；二则因为单有田赋，地主有税，生意无税，亦不公平，故急于办营业税。盖税之来源，须由产与业征取，地主因为产业而货

---

①《北大之精神》，马寅初著，田雪原主编：《马寅初全集》第四卷，浙江人民出版社1999年版，第163页。

物、存款、公债、股票，以及妇女之金刚钻等，亦均为产业。但现在地主则税，其他开店营业者无税，有现款存诸银行者无税，购有公债、股票者无税，若妇女之有价值巨万贵重饰物者亦无税，甚为不平。若营业税一办，则凡有事业，均须与地主一样纳税。或曰，厘金即为生意税，如茶运杭出售，即须纳税云云。此言未尽然也。盖厘金非生意税，乃系一种通过税，其弊在沿途留难，阻止流通。假使厘金有营业税性质，如百货、茶、丝、棉、绸之属，固均有税，但不税者亦有，未能平均。盖茶纳税，茶店固可说已负纳税责任，但无税之商店实多，如交易所、钱庄、银行、米行、茧行（现在茧之纳捐，情形不同）、牙行（即大经纪人、居间人之类）、饭店、旅馆、照相馆，均不经过厘卡，并不纳税。将来厘金裁了，在中央增加海关税，在省的一方面，即为办营业税，凡营业者均须纳税，似极公平，且有两种利益，即（一）公平；（二）一定。①

浙江省裁厘会于1929年1月8日成立。浙江省对于“裁厘”一事早已准备，只因“创办新税亦未择中央大纲”，“嗣以中央裁厘明令未到，以故中止进行”。财政部裁厘办法到浙后，浙江省当局坚决按照中央“二月内实行”的期限，实施裁厘加税。

①《浙江之两税制》，马寅初著，田雪原主编：《马寅初全集》第四卷，浙江人民出版社1999年版，第190—191页。

措施为两条："（一）调查税务，以为办新税标准。日前已通饬各征收局长办理；（二）会议裁厘创办新税办法，已组织筹备裁厘委员会，委员分聘任委任二种，聘任委员系敦聘省内外富有财政经验学识者担任，计聘马寅初、程达忻、魏颂唐等二十八人，委任各员则以本厅职员及征收局长充任之，计二十四人，并定于本月八日下午二时为筹备裁厘委员会成立日期。"①地方收厘金是马寅初最为反对的一种积弊，现在浙江省率先改制，是同人推进的结果，关键时刻，自不能再请辞。无论新财政体制的建设还是新税的开征，在中国现代市场经济体制的创立过程中，都是拓荒性的工作，浙江省的经验为以后在全国的推广与实施提供了示范。

马寅初认为，"裁厘"定税也要分几步走，一般商家不能领会统一税的要义，可能会反对，应有一种更明晰的税种作为替代，这便是"营业税"："兹请略言营业税之优点，使普通人不至于反对厘金者反对营业税，庶几推行尽利，人民、政府无交困之虞。"②

但马寅初也洞悉营业税之缺点，并指出实施过程中应注意方法：

> 营业税之优点固多，而缺点未尝或无。例如以营业收

---

①《杭州大事记》,《申报》1929年1月8日。

②《浙江之营业税》,马寅初著,田雪原主编:《马寅初全集》第五卷,浙江人民出版社1999年版,第255页。

入为标准之营业税，不但不适用累进税率，反适用累退税率。譬如首饰业之总收入甚少（因其资本周转之次数甚少）而其利甚大，猪肉铺之总收入较多（因其资本周转之次数甚多）而其利甚薄，若以总收入为标准，则首饰业之负担轻，而肉铺之负担反重，适成累退税率。此其缺点一。又有交易总额极大，而赢利未必大，营业相等，而负担力未必相等。此其缺点二。故欲求营业税绝对无轻重偏颇之弊，乃不可能之事。原则上固无可疵议，而实行上则有时流弊丛生，章则不善，固滋流弊，而征税官吏不善应实际环境，致因小害而伤大利。操守不坚，临财苟且，上下蒙冒，害民伤政，使良好之制，全归失败。故有善法尤必有善人相辅以进，不可或缺。况当此秕政新除，旧痕犹存，偶一不慎，重陷覆辙。厘金始于仙女镇而流毒至今，为善为恶，端在肇始。是故营业税固属必征之税，而征之之术，则不能不慎也。申论至此，益使余增其感慨者，则人民反对新税是也。就各国财政史观之，每有因政府人民不相谅解，以致良制无从实行，且每有上下隔阂，坐使政府人民两受意外之损失。故政府当此实行新税之际，宜努力启导人民，使不应反对者不加反对，然后始能去害增善，以至于至当。在人民方面，则亦宜洞察政治现状与当局意向，应赞助者而不吝赞助。夫而后利得以兴，而害得以除，政府人民非敌对之两方，其必同心协力，始足使中国政府渐放光明。又有进者，政府取于人民，偶或过重，然苟用得其宜，则

> 或增加人民负担力，或增加人民一般之幸福，取之之数似多而实非多也。故用之之道与取之之方，宜并重兼顾。强取而滥用之执政者宜以为戒，勿谓民力无穷尽之时也。①

对于民族实业的兴起，马寅初素来抱以极大的期望，到浙江后，更以推波助澜为己任。1928年12月，浙江省国货陈列馆建成，这是“西博会”最重要的项目馆之主建筑，亦称“口字厅”，“本馆之口字厅，系就旷地新筑，宏大伟丽”。开幕时，请马寅初为之题词。马寅初欣然命笔，欢喜之情，殷殷厚望，尽在其中：

山海之精　人文之英
蔚为华粹　奇异琅琳
是乃国货　耀目晶莹
陈列就宿　万品千名
物质进化　科学昌明
欧亚商场　努力竞争
造端宏大　提倡苦心
勉旃同志　勿懈经营②

---

①《浙江之营业税》，马寅初著，田雪原主编：《马寅初全集》第五卷，浙江人民出版社1999年版，第256—257页。

② 嵊州市人民政府编：《马寅初》，浙江人民出版社1999年版，第31页。

关注农民、土地问题

参与“两税制”的实施时，马寅初接触到一个以前相对生疏的领域——田赋。他自幼求学，接着出国深造，回国后致力于运用现代经济原理推动中国工商业的发展，关注点势必聚焦于城市方面，无暇研究农村问题。到浙江任职后，实际工作中所面临的复杂局面和改革的艰难告诉他，欲改造中国社会，仅靠现代市场要素的培育和实业的兴起，是远远不够的，不正视农民的处境、不解决土地问题，工业化的进程不仅缺乏市场依托，更会引发工业与农业、城市与乡村的多重矛盾。汪洋大海般的农村包围着星星点点的城市，海中掀动的波浪，很容易吞噬脆弱的城市文明。农民和土地的关系不解决好，谈不上实现经济现代化。这样，马寅初在继续以财政、金融专长指导工商业的同时，把更多的注意力投向农民及土地问题。

20世纪20年代的中国农村，实在是紊乱不堪，一派凋敝。前清后期，外侮日盛，当政者疲于应付，内政失修，农村自是首当其冲，破产的农民日益增多，土地向少数人手中流转，引发了令历代统治者头痛的流民问题。在江南一带，更因门户开放，西方商品涌入，冲击着传统的农村手工业体系，让农村的形势更趋复杂。民国以降，内乱不息，城头频换大王旗，一个大王一个政策，赋税变动不居，甚至政出多头，让百姓无所适从。这样的农村秩序，农民难以安生，而正在发育中的城市工商业，吸纳农业人口的能力有限，农业劳动力向工业转移的条件尚未具备。所以，农村矛盾重重，不时有各种农民运动爆发。执政当局所能做的，还是实现农民与土地的结合，把他们先安顿于农村之中。

马寅初经常到各地县考察经济，调查农村问题。一年深秋，他与吴稚晖、蔡元培及邵元冲、张默君夫妇结伴至南雁荡。在梯云谷，马寅初禁不住素湍绿潭的诱惑，情不自禁跃入水中。蔡元培笑问："此潭可有名称?"吴稚晖戏谑道："洗马潭。"引得在场之人无不捧腹。

马寅初很快进入状态，相继发表了《平均地权》《浙江之两税制》《〈浙江省田赋一览表〉缘起》《中国租佃制度之研究》《中国田赋制度之现状》《农村经济与家庭观念之关系》《中国家族观念影响于农村经济有根本救济之计划否》《田赋改革之必要》《怎样去平均地权》《浙江之田赋》等多篇文章，就农民与土地问题的现状、弊病、改革方案，农村变迁与文化传统的关系，一一加以论述。

当时，田赋混乱纷杂、弊端丛生，是一笔糊涂账。田亩规模家底不清，田亩之等级，犹沿用明万历年间（1573—1620）张江陵所订定者；又无详明之簿册可资查核，一凭征收钱粮之胥吏任意执管，中饱私囊，且从浙江资料看，"浙西赋额超过浙东有漕者约及两倍，无漕者约一倍有余"[①]。总括起来，计有五

---

①《田赋改革之必要》，马寅初著，田雪原主编：《马寅初全集》第六卷，浙江人民出版社1999年版，第22页。

大祸根：亩额不实、户名不实、胥吏侵渔、折算困难、串式不良。缘于此，“田赋，年少一年”，不足为奇也。

马寅初认为，这些问题的根本解决，有待于全国统一之新《土地法》的出台与实施。按《土地登记法》《土地征收法》《土地税法》《土地使用法》重新整理土地，实现“平均地权”“耕者有其田”的目标。而眼下在土地尚未厘清的情况下，权宜之计是推行“整理田赋办法大纲”。马寅初为之做了极富智慧的设计，共十二则：换发三联式省印之粮户户折；各县换发新户折，分别编列字号；换折限六个月完成；填明姓名、位址、村庄、地点、亩分等项；提供关于产权之一切证据；不收取丝毫手续费；得新户折即吊销旧户折；新户折得到法律保护；存根由各县政府有关部门保存；新粮户册即于此产生；征粮造串，即以新粮册为依据；所需费用以催追旧欠田赋充之。文后说明：“上列整理办法十二则，仅举其大纲，且须待实施时之修改。至于细目，亦有待实施时之拟议。惟此项换发新户折办法，其极显明之本旨，即在注重人民之产权，而给以有力之证据。原以浙江省田赋，久失清理，人民所持以为产权证据之户折，或有或无，颇难考其究竟。且持有户折者，其形式各县亦不一律。更有受里书、册书等之愚，于过户时，私相授受者，不知凡几。则其户折之真伪，亦滋疑惧。若不及时印制换发，则人民产权之保障，日见动摇，自不待智者而尽知其不可矣。关于换发新户折之手续，既繁且重，更不收取丝毫费用，以示体恤。据此观察，宜有推行尽利之望。苟主其事者，胥能切实奉行，一经期满竣事，在治标方面，所有历年欠赋，既借以收清理之实效；在治本方面，以有新粮册之产生。而清丈之初步，亦予以进行。此后对于田赋进一步之整理，以及征收制度之改善，似均觉不难于措手矣。”①

马寅初还主张征收土地增价税。他认为：“倘是地价之增涨率甚速，价目相距太高，先是值一万二千七百八十三元的，不到五年，竟涨到三万元。那么这里面必定不是全由人工、资本经营而得的，其中必有大部分是完全由于社会的进化所致。地主不劳而获的，非正当的，甚或有炒地皮的，课以重税，使一部分增益归公，是应当的。”②他认为土地税不同于遗产税，不仅要按价收税，还应预计它的将来。为此《中国国民党党员训练大纲》专门写了一条：“若土地因政治的改良，社会的进步而增加地价，则其利益即归公有，以预防土地为少数地主垄断的种种弊病。”国民党《土地法》中也有相应的规定。

这套办法在认可现有土地财产权的前提下，对所有权及其承担的田赋进行合法登记、确认，环环相扣，严密完备，具有操作性。产权及责任明晰之后，再进一步实施现代市场体制中的土地流转。此思路为后来《土地法》的制定作了前期的探索。然因日军入侵东北，时局突变，“整理田赋办法大纲”未及推

---

①《浙江之田赋》，马寅初著，田雪原主编：《马寅初全集》第六卷，浙江人民出版社1999年版，第329—330页。

②《土地增价税》，马寅初著，田雪原主编：《马寅初全集》第五卷，浙江人民出版社1999年版，第115页。

行。这段深入实际、了解国情的经历，对马寅初的思想及治学有相当大的影响，他对中国经济问题的认识更为全面，更加通晓国情，设计改造方案时能考虑到更多的因素。在他日后的经济构想中，农民和土地问题始终占有重要位置。抗日战争前撰写的《中国经济改造》和新中国时期撰写的《新人口论》，都与农民问题直接相关，以致他在晚年的逆境中立志要完成一部凝聚毕生功力的著作《农书》。

马寅初回国后即为社会闻人，这与他喜欢在公众场合就社会关心的问题发表见解大有关系。华东之行，禁烟、反腐、宗教、体育、妇女、青年……诸多问题他皆有高见妙言，成为大众喜爱的“明星”。1929年7月，他在上海发表《中国妇女的地位问题》，在讲述了中国男女不平等的状况以及欧美国家女子地位情形后，他认为社会在法律层面上女子地位有了很大改善，而现实情况则差距甚大，关键还要妇女自强，增强能力，尤不能没有经济头脑。他说：

> 但是诸君更要知道法律是死的，规定了提高女权，是没有用的，总要事实上能够解决，不会发生流弊。事实上又怎样去解决呢？就是在于女子自己。法律给女子行为能力，这个能力还是空的，要女子本身有了能力，才是真正的能力。能力在什么地方得来呢？外国谚有之：“知识就是能力”（knowledge is power），等到女子有了知识，她自己能够保护自己，才不会受别人的骗，才不会受无理的痛苦

了。有人以为知识的求得，在于教育普及；教育普及，知识方面就不生问题了。不过照兄弟看来，教育普及固然很重要，但欲实行经济平等，必使女子留心经济上的事情，方能保护自己的利益。我们看中国的女子，往往只顾家内事，不顾家外的事，若问以存款在银行与存款在钱庄有什么分别？她是不知道的；问以债券与股票有何分别？她也不知道的。上次中国经济学社在中央大学开演讲大会讨论盈余分配问题，于工厂的女工甚有关系的，但是女子来听者，于千人之中只有五六人，其中三人听了一半就走了。可知女子对于经济问题，极不留意。而希望享受经济平等的权利，恐非如此容易。所以女子在知识上对于经济问题，还应加以深切的认识，才能走入男女平等的正轨，得到男女平等的实惠。①

1929年，浙江省政府在杭州办了一件举国瞩目的盛事——“西湖博览会”。它以“提倡国货、奖励实业、振兴文化”为主旨，首开中国现代史上大型会展之先河。在国家积弱、经济匮乏的年代，这场洋溢着无限爱国激情的博览会牵动了千千万万国人的心。西湖博览会动议提出有年，真正进入实质性筹备，是在张静江当省主席的任上。一直抱着“实业救国梦”的马寅

①《中国妇女的地位问题》，马寅初著，田雪原主编：《马寅初全集》第五卷，浙江人民出版社1999年版，第11—12页。

初担任西博会审查委员会委员，积极参与筹备活动。与他同样热心的还有很多热血文化人，如艺术大师林风眠，博览会筹备期间14次会议次次必到，为艺术馆的筹建耗力尽心。

西博会于6月6日开幕，商贾云集，百姓踊跃，盛况空前。文化名流兴奋地躬逢其盛。中央研究院院长蔡元培为开幕式发来贺信，其后更亲临现场发表教育演讲。长达100多天的展览时间，2000余万人次的巨大流量，海内外征集到的14.76万件展品，在成就了“国际性盛典”美名的同时，也让国人第一次真正地学会了用综览世界的眼光来审视自己，第一次真正深刻地体会到了自己是何等的狭隘与不足。

西博会上设计了多个主题的活动周，其中博览会闭幕前的10月上旬为“拒毒运动周”，马寅初应邀主讲，同时演讲者还有驻比利时公使、1928年代表中国出席国际禁烟大会的王景岐及全国禁烟会宣传科科长宋哲夫。因为演讲日10月4日恰逢博览会的“妇女日”，马寅初的话题便结合妇女问题展开。他说：“诸位：中国社会的力量是太薄弱了。我们要晓得中国为什么有贪官污吏，因为法律力量薄弱的缘故。要切实的拒毒，是要社会的舆论。如果吃鸦片烟的人，没有公权选举及被选举权，应分吃鸦片的人为黑级，不吃鸦片的为白级，那恐怕就人人不吃。这就要靠社会的力量。社会的力量是如何造成的？我们晓得是‘家’造成的。从前一个家庭是靠一个人生产，其余的人都不生产，现在已经改变了。我们新定的民法，男女完全平等，继承权女子也可享受。男女权利义务，完全平等。所谓义务不但是经济，就是家庭责任，也要完全分同负担的。我想到那个鸦片，才有解决的希望。中国人不知鸦片的害处，相信鸦片可以治病，所以女子既然尽义务，教育就重要。家庭教育发达，然后可以推广到社会。”最后他风趣地说道：“我再对诸位女太太说几句话，美国的酒害和中国鸦片的害一样，美国吃酒很激烈，醉后就打妻子、闯祸，所以要禁。怎样禁呢？就是女人来禁。希望中国的鸦片，也要女人来禁。”[①]马寅初的演讲颇具“明星”效应，成就了西湖博览会的一段佳话，久为市民津津乐道。

振兴中国经济学社

马寅初有个与众不同的习惯，每隔一段，总要把自己做事的计划向社会公布。到期后又总结得失，告知媒体。名人这种公开、透明的做派颇受大众喜爱。20世纪30年代初马寅初的个人计划，通常讲到四件事：（一）中国经济学社方面；（二）研究方面；（三）立法方面；（四）体育方面。学社列于首位，可知振兴中国经济学社在他心中的分量。马寅初是位知行合一的行动家，既思之则行之，既行之必成之。

马寅初1924年加入中国经济学社并出任副社长后，以他的学识、社会活动的才干以及政、商两界的深厚背景，很快成为学社的灵魂人物。1927年，学社设立经济原理、财政与银行、

①《在杭州各界拒毒运动周西湖博览会拒毒宣传大会上的演讲》，马寅初著，田雪原主编：《马寅初全集》第五卷，浙江人民出版社1999年版，第13—14页。

运输及贸易、实业及劳工、会计及统计五个分股研究委员会。以马寅初主持的财政与银行股“颇形踊跃”，最有成绩。他还积极促成上海分社和留美分社的创立。如此呕心沥血，缘于一个神圣的信念：现代经济学初入故土，人微言轻，不成气候，与引导中国经济现代化的重大使命极不相称，必须尽快组织起来，通过互动与交流，活跃学术，加速“中国经济学”的成长，形成品质高、有声望的学派，集中发出声音，方有望影响政府和实业界，实现决策科学化，引导中华民族走上理性发展的轨道。

马寅初离开北京前后，经济学社的中坚刘大钧、卫挺生、陈长蘅等亦纷纷南迁加入南京政府，经济学社的核心力量转移到了东南沿海，而来年上海分社扩张迅猛，人数已超过总社，成为中国经济学社社员最集中的地方。马寅初与其他理事审时度势，决定1927年的第四届年会在上海召开，由上海分社筹备。11月，年会隆重举行，社员达到184人。当时经济学界的名家大多已加入学社，其中留美归国经济学者有马寅初、李权时、刘大钧、何廉、陈达、卫挺生、陈长蘅、唐庆增、董时进、顾季高、潘序伦、王建祖等；留日者有贾士毅、孙拯、徐永祚、谢霖、张家骧等；留欧者有刘秉麟、杨端六、陈翰笙等。王亚南观察到，中国经济学社“（到了）民国十七八年，它差不多已把国内大学讲坛上与社会论坛上的知名经济学者，都吸收到了它的阵营里”[①]。在此次年会上，马寅初以中国经济学界泰斗

① 王亚南:《中国经济研究之路》,《经济评论》第2卷第17期,1948年1月24日。

的地位和社会声望，高票当选为社长，刘大钧为副社长。会后，理事部由北京迁移到上海。为了增强同南京国民党政府以及同上海工商界的联系，以实现提高中国经济学术和改进中国现实经济的双重目的，学社在已成为整个中国经济学界的中心组织后，积极向政界、商界扩张，形成了以经济学者为主，由政界、商界、文化界的精英人物共同组成的学术团体，并建立了上海、杭州、南京、长沙、广州、平津、开封7个分社。

1927年到1937年的10年间，马寅初出任了8届社长，另外两届因社长不得连任若干届的规章而更由刘大钧、黎照寰各任一届，但实际掌舵人仍是马寅初，诚如刘大钧于1935年广州年会上当选社长时所坦言：本社有十三年之历史……马寅初先生担任社长，征集基金，推进社务，不遗余力，故本社能有今日，实受马先生之赐。今年因社章限制，马先生不得连任，故暂由大钧滥竽，年余以来，毫无贡献，扪心自愧，明年改选社长，甚盼马先生仍旧主持一切，使本社社务日益发展。

对于学社发展壮大的几个关键环节，马寅初从决策到落实，无不全力以赴，抓出实效。1934年1月1日，马寅初谈及："中国经济学社成立迄今，已十有一载，夙为社会人士推重；而学术方面所负之使命亦綦重，现有社员六百余人，内普通社员四百人，永久社员二百人。兹拟于明年一年内，扩充永久社员为三百人，以经济学者为中心，竭力充实本社季刊内容，以副读者之雅望。至本社基金方面，总社已筹有相当数目，勉堪敷用。来年拟专为杭州分社筹募基金二万元，为现已落成之社所建造花园，添植林木，并设置自来水等，以壮观瞻。此外如添购图书，设立杭州分社阅览室，以供众人阅览等事项，均已先行分别着手进行矣。”[①]1935年1月，又总结道：“时序匆匆，一年已满，以上几种计划虽未能一一实现，然已办到百分之八九十，岂非人生之一大快乐乎？”[②]马寅初谈到的杭州分社，所在地就在宝石山顶端的保俶塔西侧，原为杭州市肺病疗养院，迁走后修葺一新，经马寅初与身为经济学社社员的杭州市市长赵志游商定，以年租费一元的价格，供杭州分社使用。在此工作，如入画中。

学社的基础在于社员的水准和档次。随着学社影响的扩大，马寅初在组织发展方面，确立了走上层精英路线的方针，争取将中国最优秀的经济学家尽入囊中。1929年，社员入社介绍人由2人增加为5人。1930年更新章程：社员资格，应取限制主义，凡无经济著作或经济事业上有贡献者，不得入社案。学社不看重数量的扩张，重在质量的高标准。

在发展学者的同时，马寅初另辟蹊径，积极吸收政界、商界和文化界的名流入社。从1927年年底始，工商界名流张公权、李馥荪、钱新之、都锦生、吴鼎昌、周作民、史量才、卢作孚等先后入社。到20世纪30年代中期，上海乃至全国著名的资本

---

①《个人计划》，马寅初著，田雪原主编：《马寅初全集》第七卷，浙江人民出版社1999年版，第1页。

②《快乐之生活》，马寅初著，田雪原主编：《马寅初全集》第七卷，浙江人民出版社1999年版，第303页。

家除虞洽卿、杜月笙等少数外，几乎都加入了中国经济学社。1932年，马寅初报告，现在社员“实业家银行家占三分之一”。工商界巨子的加入，对学社筹募基金、开展各项活动颇有助益，社会影响水涨船高。另一不为看重却实实在在的好处是，当时的中国经济真是“摸着石头过河”，实业界的经验、信息，可补学者治学之短缺。

马寅初非常看重这一点，专门论说道：“余素来主张研究经济之人，应与事业界有成绩之人互相联络，遇有重要问题发生，可以共同研讨，使双方意见，不致相去太远。中国经济学社，以三分之二之经济学者，与三分之一之事业界巨子，合组而成者，其目的亦即在此。而其有利于国家社会，必非浅鲜。英国所以无大革命发生，即因国内官僚（贵族包括在内）与思想界两阶级，地位不相悬殊，英国执政之人，多与思想界接近，故适于国情之学说一经传布，易为政府采择，革命潮流，遂可阻遏。以我国目前情形观之，有知识之人，往往喜唱高调，与事实离开太远。中国经济学社同人，有鉴于此，故将两类人才，合在一起，交换意见。则读书人之思想不致过于激烈，而事业界亦不致过于保守，社会秩序，始能安定。先求社会安定，而后可以言进步。革命系激烈的，流血的，进步是和平的，按部就班的。循序改进，不激不随，此进步之真义也。”[①]与之相应，

---

①《战后经济复兴问题》，孙大权、马大成编注：《马寅初全集补编》，上海三联书店2007年版，第285页。

则是工商业者理论素养的提升。他们大多不甘当名义会员，积极参加学社的学术活动，每年年会都有他们提交的论文，其中有的成为当年年会讨论的中心问题，如1933年史量才提交的《太平洋如发生不测，吾国沿海各省经济应如何保护》提案。

政界高层人物亦被吸引到中国经济学社中来，如有立法院代理院长邵元冲、教育部常务次长钱昌照、财政部部长宋子文、铁道部部长孙科、交通部部长叶恭绰等。他们的主要介绍人皆为马寅初。各省的财政首长亦大多入社。文化界名流不甘瞠乎其后，胡适、王云五、潘光旦、吴景超、吴经熊、梅汝璈、吴觉农、曾昭抡、茅以升等，相继成为社员。蔡元培、胡汉民以民国元老的身份荣膺学社的名誉社员。

工商界人士和政府要员的加盟，在扩大社会影响方面助益多多，更有财力上的援手，财政部曾拨2万元捐款。马寅初在1930年2月致李馥荪的信中写道：

> 张静江先生捐助一万元已拨，此外尚有张学良之一万元，刻接徐玉书兄来信，谓有二千元交入贵行。先生为社员中之铮铮者，未识能否捐助二千元。叨在爱末当荷俯允，全社同人亦当感激不尽也。[1]

①《致李馥荪函》，孙大权、马大成编注：《马寅初全集补编》，上海三联书店2007年版，第482页。

经过10年的黄金发展期，1937年春，社员发展到近800人。尽管有相关领域的名流加入，经济学社始终坚守着自己的办社宗旨：以学术推进、赞助中国经济发展。学社的运行仍然在马寅初、刘大钧等学者的主导之下。到30年代中期以后，中国经济学社社员包括政界、商界、学界精英。在经济学界中，经济学各分支专业的名家，以及经济学教育、科研、出版机关的负责人都是学社社员。中国经济学社是当时中国经济学界的主流团体，掌握了当时经济学界、经济思想界的话语控制权。《大公报》社评指出："中国经济学社可谓国内组织最为周密，规模最为伟大之学术团体。无论金融、实业、行政、教育以及自由职业各界，莫不有该社社员之参加主持，相与擘画，其声誉之隆重，实足与英国之皇家经济学会Royal Society of Economics相媲美。"①

马寅初深知，作为学术团体，学社的生命线归根到底还在于学术成果。成果发表离不开阵地。1927年7月，马寅初到浙江伊始便创办"新浙江经济杂志社"，内容分财政、赋税、币制、金融、农工、商业、路电邮航、出产、生计调查等类。北京时期出版的《中国经济学社社刊》，1929年改为学术性较强的《经济学季刊》，按期发刊，一直维持到抗日战争初期。学社还编印了几种专刊，包括《关税问题专刊》《中国经济问题》《经济建设》，另有经济丛书多种。

①《中国经济学社年会明日开会》,《大公报》1936年9月26日。

对每年一度的年会，马寅初格外操心，连续10年，年会依次于杭州、南京、无锡、宁波、杭州、青岛、长沙、广州、上海、福州召开。1928年至1937年间，国家内乱外患不息，风雨如晦，学社10届年会遭遇不少艰难。如1932年的年会原定在沈阳举行，因1931年“九一八”事变和1932年的“一·二八”事变，临时改在杭州召开。而1937年的福州会议，在全部筹备工作完成的情况下，因突发“七七”事变而被迫中止。对于每年年会，马寅初皆亲力亲为，从筹备1930年年会他与李馥荪的一次通信中可见一斑。

馥荪我兄大鉴：

别来甚念，谅起居佳胜为颂！中国经济学社第七届年会定自九月二十日至二十三日止在无锡举行，一切程序早已在报上宣布，谅荷察阅。沪锡近在咫尺，二三小时可达，如能抽暇，请来锡一叙。今年到会者异常踊跃，且多从南京来者，拟请吾兄来此一游，弟当在宴会席上介绍兄演说。二十三日晚宴会席上有刘鸿生兄之演说，二十二日晚六时拟请兄演说，以二十分钟或二刻钟为限，于介绍兄演说时，弟当提及兄对于本社之贡献，使社员对兄有一种好感（即财部之二万元捐款靠兄之力得来）。吾兄演说时，不要提及实业银行。如兄能在无锡多住几日顶好，否则二十二日来，二十三日可去。弟今日携眷由杭赴会，回信（用快邮）请寄无锡中国银行邬志和行长转。[1]

参加大会的社员每次都有一二百人，除在会上各自宣读学术论文外，学会还组织代表到各地参观考察，受到了各地社会知名人士的热情招待。由于年会的社会声誉甚好，以致出现各省争相申办的景象。1933年以前的经济学社年会多在东南沿海一带举行。1933年的青岛年会上，到会社员提出在长沙、重庆、德州、北平、广州等处择优举行，湖南省政府主席何健闻悉即电表示欢迎。

根据中国经济在不同阶段面临的各种新问题，马寅初审时度势，为年会确定了各有侧重又具连贯性的研讨主题。如1931年全国各省水灾严重，在宁波召开的中国经济学社第八届年会，集中了专家们的意见，发表了《中国经济学社关于救济水灾的意见书》。

1932年学社第九届年会日期定在“九一八”国耻纪念期内，讨论的重点集中于国难时期之经济问题。开幕式举行了悲壮的国耻纪念活动。马寅初说：

去年年会决定今年年会到沈阳去举行。此项决定，不到三日，沈阳已告失陷。现已一年于兹，未能收复。今天

①《致李馥荪函》，孙大权、马大成编注：《马寅初全集补编》，上海三联书店2007年版，第483页。

在杭州开幕，觉得非常悲痛，有很多的感触。所以本社定期“九一八”相近的日期举行开幕礼，使社员共同研究在国难期间关于经济的各种问题。①

闭幕式上，马寅初又一次强调了学社的宗旨和努力方向：

一个学术团体之在社会，必得社会之协助，始可望其发达，本社此后有待于各界之爱护。其次，在中国从事学术研究，共有四难：一为经费；一为无资料之供给；一为无正确之统计；一为无规模宏大之图书馆。再次，过去我国学术界之研究，与事业上之应用，为截然两事。学者从事研究，既感不易，研究有得，亦复不能为世所用。真是一大憾事。本社现有社员，三分之二是学者，三分之一为实业界、银行界领袖人物。今后理论与事实，深信必能相互为用，不致如往日之隔膜。②

1933年9月第十届年会在青岛举行，以“中国经济之改造”为年会讨论要旨。马寅初致开幕词时说：“我国积习甚深，研究理论者往往不顾事实是否相容，而一味放言高论。至于德国则相反，研究理论者，固悉根据事实之实况，而从事实业者，亦折中于理论研究之所得。我认为德国富强之本，也在于此。本

①②《经济学季刊》第4卷第2期，1933年。

社罗集实业界领袖，亦师此意。”[①]会议期间，他还结合山东的情况，发表了《复兴农村的途径》的学术演讲。

在繁荣学术方面，马寅初身体力行，每年召开学社年会，均提供学术论文，发表学术演说。如1930年的《中国租佃制度之研究》《关税征金与改革币制》，1931年的《德国之营业税》《营业税在税制上之地位》，1933年的《新商会法与工商业工会法》《凯塞尔社会经济学原理之解释》，1934年的《制度学派康孟氏之价值论》，1935年的《中国经济之改造》，1936年的《非常时期之物价问题及货币政策》，1938年的《法币法价打破之危险》等。

如此活跃的学社工作，有力地推动了经济学界的学术发达。“30年代初，学社受国民政府军事委员会委托，得到美国太平洋国际会议数万美元捐款，调查上海工业化程度，出版《上海之发展及工业化》和《中国工业化调查报告》。这是中国第一次也是民国时期唯一的一次工业普查，是后来国防建设和学术研究的依据。”[②]1937年1月，学社公布的社员著作，据不完全统计有700多种。在专著方面，社员著述占整个中国经济学界的26.6%。1936年9月，《大公报》社评曰：十余年来，“民间传诵之论著，出诸该社社员之手者，占其大半”[③]。中国经济学社代

---

①《经济学季刊》第5卷第4期，1935年3月。

② 马大成：《马寅初的社团思想与中国经济学社的兴衰》，《马寅初纪念馆专刊》2007年第1期。

③《中国经济学社年会明日开会》，《大公报》1936年9月26日。

1936年9月，中国经济学社在上海举行年会。图为学术讨论会会场。在后排就座者为马寅初

表了当时中国经济学界的主流声音，掌握着经济界和经济思想界的话语权，推动了一系列经济政策的成功实施，如裁厘改统、废两改元、法币改制等。他们的努力得到国民政府及工商界的认同，形成良性互动，直接左右着当时中国经济发展的走势。

兴旺发达的中国经济学社，俨然成了当时中国社会科学界的优秀代表。20世纪30年代初期，为了中国社会科学界研究事业的分工合作，以及便于向国际机构筹款，特发起组织中国社会科学研究委员会。在1935年的会议上，马寅初当选为该委员会的委员长。当时国难日深，世道紊乱，中国社会科学研究委员会虽未能发挥设计中的功效，但它的问世表明中国经济学社起到了中国社会科学界联合的领军作用。而学社的掌门人马寅初，在政治事务、社会活动十分繁忙的情况下，孜孜于求学问道，真知灼见誉满神州。

第五章　经济构想

为国家经济立法

马寅初任职浙江省政府委员之际，多次就经济政策与法规提出议案，表现出他通过法制重建经济秩序的热望。1928年春，在浙江省政府委员会第89次会议上，马寅初提出“统一国币应先实行废两用元案”。1928年3月21日，浙江省政府将此案上呈南京国民政府，国民政府令财政部签复，财政部又令所属金融监理局研究施行。金融监理局认为：马寅初的提案确应实行，只是应先筹备上海造币厂开工和中央银行营业。1928年4月23日，财政部部长宋子文将金融监理局的意见呈复国民政府，4月27日，国民政府第58次会议正式通过了财政部的呈文。可见马寅初的提案得到了当局的高度重视，为国民政府实施“废两改元”政策推手。

1928年冬，张学良在东北易帜，国民政府实现了脆弱的全国统一。国民党三届三中全会在南京召开，商讨国家重建大计。

值此时机，马寅初组织中国经济学社专门召开临时大会，并发表《宣言》，提出四条建议：（一）设立经济议会；（二）进行经济建设；（三）废除苛捐杂税；（四）裁并骈枝机关。影响国民政府经济决策、通过法制重建经济秩序的企望跃然纸上。学社不少骨干随之进入国民政府各经济部门，对国家的经济问题更具影响力。

1928年10月8日，国民政府任命国民党元老胡汉民为立法院院长。胡向中央政治会议提出立法委员王世杰、宋美龄、马寅初、邵元冲等45人名单，12月宣誓就任。马寅初非常看重这一职责，向浙江省政府请辞而专任于南京，浙江方面以兼职慰留。马寅初虽允保留在浙职责，但工作重心移向南京。是时，中国银行聘他为常务董事，为他提供了一套宽敞的住房。为了更好地实现通过立法为中国经济设定现代化路径的理想，马寅初举家迁宁。

立法院常设法制、财政、经济、外交、军事五个委员会。1929年，马寅初出任经济委员会委员长，两三年后孙科任院长期间，马寅初又任财政委员会委员长，为国民政府最高经济顾问，蒋介石亦尊马寅初为"老师"。据胡适1931年11月12日的日记载，"国民政府为审查国库各项收支，实行财政公开起见，设财政委员会"，以行政院长为委员长，委员由政府人员及金融界、工商业、经济学者暨有经验的专家组成。"学者"一栏五人，胡适与马寅初名列其中。当时中国的市场经济法规初创，马寅初联络学社同人，通盘设计，具体操作，一部一部地过手，为之投入了大量的心血、才智。他主持制定的经济法有：《票据法》《交易所法》《公司法》《土地法》《商标与商标法》《营业税法》《银行法》《钱庄法》《储蓄银行法》《商业登记法》《保险法》等。他还为制定这些经济法规发表过许多论文，阐述立法意义、立法原则、立法程序等。

在这一过程中，马寅初与工商界反复沟通，务求法规合用，许多书信保存至今。1930年2月，上海银行公会负责人贝祖诒、胡祖同认为1929年颁布的《商会法》与已有银行公会甚不合宜，致信立法院商法起草委员会召集人马寅初，要求“允予迅为颁布银行公会单行法，以资信守而免更张”。马寅初2月13日回复：“此事涉及立法之精神与主旨，未识敝院同人能否赞成，弟当代为陈述意见，结果如何，容当日后函告可也。”①

对于国家重要的经济决策，马寅初更以立法委员的身份义不容辞。“1933年7月，中国代表与美国、印度、墨西哥等方签订《伦敦白银协定》，该协定的精神为稳定和提高银价，规定中国政府的义务为：自1934年1月1日起，四年之内，应不将其由熔毁货币所得之生银出售。”②该协定虽经各国代表签字，但还要求各国政府批准。马寅初极力主张中国政府不批准该协定：“如果要批准，亦应加以极自由之附带条件，条文另拟，大意如

---

①《复贝祖诒、胡祖同函》，孙大权、马大成编注：《马寅初全集补编》，上海三联书店2007年版，第478页。

② 中国人民银行总行参事室编：《中华民国货币史资料》（第二辑，1924—1949），上海人民出版社1991年版，第113页。

下：‘倘银价高涨于中国金融及产业有不良影响时，中国政府为保护产业与改革币制之必要，得自由采取相当之行动。’”[①]立法院、中央政治委员会采纳了马寅初对《伦敦白银协定》附保留声明的意见。国民政府批准此条约的附带声明为：“中国政府批准此约时，声明因银币为中国本位币，倘遇金银比价发生变动至中国政府认为足以妨害中国国民经济而与本协定安定银价之精神不合时，得自由采取适当之行动。”[②]这一声明意味着中国进行货币改革不受《伦敦白银协定》约束，为法币改革的顺利进行创造了条件。

立法院中，马寅初一类的专家居少数，多为政界人物，背景、利益及对立法的认识、态度各不相同，欲按照市场法则重建中国经济，会议之上常常难以取得一致，尤其政府经济部门的首脑，总想尽可能多地把持政府干预市场的权力。每项法规的通过，都不啻为一场“战争”。马寅初凭着学者的良心和法律公正的立场，苦口婆心，据理力争，方求得多数委员的理解。他在权势压力下毫不退缩的性格展露无遗。

1935年1月29日，《中国日报》发表《对党政人员贡献几句话——确守公务上的责任》的社论，在论述了政治的定义以及个人利益与“党国利益”的关系后，不指名地指责马寅初的种

---

①《〈白银协定〉批准问题》，马寅初著，田雪原主编：《马寅初全集》第七卷，浙江人民出版社1999年版，第51页。

② 中国人民银行总行参事室编：《中华民国货币史资料》（第二辑，1924—1949），上海人民出版社1991年版，第115—116页。

种言论不符合“党国利益”：“现在中央立法机关中有一位著名的经济学者，在立法机关内主持财政经济方面的工作……这位学者每逢讨论到经济财政金融问题的时候，或者讲演著述的时候，或是在私人谈话的时候，每逢到与他以前有过关系的银行或公司利益有关系时，无不是站在银行或公司的利害上来说话，甚而至于政府关于财政经济上的措施只要与其银行公司的利害相冲突的时候，他就不免表示怀疑或反对。这于过去造币法案中与最近交易所征税案中，就可以证明的。”社论以为：“一个人既然接受任命服务公家，他如果是懂得政治责任和公私分际的时候，就得自己检点一切的言论，为顾到国家的利益与公务员责任而严格地限制自己。”

马寅初于1935年2月3日，在《武汉日报》上发表《对几件金融立法的说明》，答复《中国日报》的批评：

> 日前偶闻南京某日报，对于鄙人之立法工作，加以指摘，大概系不明了立法情形所致。鄙人服务立法工作，转瞬六载有余，不无相当经验，深知责任之艰巨，弊窦之难防，故对每一法案，无不特别慎重，期免陨越。凡献身党国之同志，义所应尔。故鄙人每以党员的地位，对于危害党国，借便私图之流，不得不以正言相责，虽得罪于人，在所不计，岂有他哉！某报竟以金融及交易所税等为口实，

信口雌黄，淆乱视听，不能无辩。[①]

文中以理论和事实，对《储蓄银行法》案、交易税案及销毁银本位币处罚条例等，逐条辩驳。最后强调："凡此皆无非为党国人民图永久之利益，未尝有任何偏见参杂其间，论者不察，妄加指摘，全系不明事实之谈。要知经济问题，理论亦颇深奥，尚望负舆论之责者，以真心体会党国之艰危，慎重将事，免为投机家所利用，或为投机家之傀儡，则幸甚矣。"[②]

马寅初的文章发表不久，1935年2月26日，中央社记者以走访财政部发言人的形式，对马寅初的文章进行反驳。题目是：《对马寅初金融立法说明，财政部发言人辩证》，文称："中央社记者日前见报载马寅初君《对几件金融立法的说明》一文，对财政部设施，有所评论，特走访财政部某要员，探问究竟，当据答称，马君所云各节，多与事实不符，为守公务员本分，殊不愿有所表示，惟马文涉及财政部，为使社会明了真相，似有解释必要。"辩文中指责马寅初"以公务人员，反摭拾流言，据为攻讦，用意何在，实属令人不解"。说马寅初揭露财政部的黑幕"尤属有意诬蔑"，"总之，财部设施，一切遵循法轨，拟具各项法案，亦向以党国人民利益兼顾为前提，少数人之请求或

①《对几件金融立法的说明》，马寅初著，田雪原主编：《马寅初全集》第七卷，浙江人民出版社1999年版，第366页。

②《对几件金融立法的说明》，马寅初著，田雪原主编：《马寅初全集》第七卷，浙江人民出版社1999年版，第371页。

反对，决不动摇，有所主张亦决不为危词饰说左右。马君身为立法委员，当亦深知政府立法之用意，不应惑于少数人之私见，而发表不合事理之言论，致破坏政府整个政策，而为反动者张目，所谓徒为亲者所痛，仇者所快，此则吾人所切盼马君之加以深省者也”[①]。

面对压力，马寅初不为所动。他坚信自己本着全体社会公众之立场，依据国际成熟的经济规则行事，毫无私利在其中，继续以学理和事实驳斥某些官方利益代表的非难，最终让公众明白了真相。

此阶段，马寅初及主流经济学派所遵奉的现代市场经济通则，是建立在产权明晰、保护和发展资本基础上的。马寅初高度认同孙中山的设想，第一要义是鼓励私人资本之积聚；第二步，至相当时期，国家经营一部分生产与公共事业；最终实行国家资本主义，由国家经营大规模的生产事业。马寅初被人们视为主张在中国发展国家资本主义的理论代表，他心目中的“资本主义”更接近北欧模式，资本家不必然与工人势同水火，“劳资协调”共同发展的价值观念始终渗透于立法之中。1931年他为力主“劳资合作”的朱通九的《劳动经济学》作序：

> 劳资问题，为经济上分配问题。因分配不匀，发生问题。因是工会中人以为欲解决分配的不匀，非先推倒资本

①《对寅初金融立法说明，财政部发言人辩证》，《中央日报》1935年2月26日。

制度，攻击资本主义，和“打倒资本家”不可，否则恐难奏效。然此说余实不敢赞同。须知我国目下资本缺乏，何来资本家。资本制度的基础未固，何来资本主义的罪恶。须知我国的劳资的纠纷，不在分配，而在生产。如生产能依一定的计划而增多，劳资两方，各能多得，种种纠纷自能减少。

……

朱君对于资本主义的认识，可谓观察清楚。且朱君提出解决劳资纠纷的方案，为劳资合作。然则是书之作，有澄清国内庞杂思潮之功，而具指导青年思想于正轨之效。故乐为之序。[①]

马寅初与学界同人，联络政界、商界的有识之士，把握时机，宵衣旰食，在不到10年的时间里，推动出台了一整套覆盖各种现代经济现象的政策法规，初步奠定了市场经济的体制框架。虽然，它的实施和成长进程被日本帝国主义的入侵打断，但它依据世界现代文明通则，在法理法规方面的建树影响深远。

《中国经济改造》

1914年留美回国后，马寅初勠力于中国经济学的成长，未

---

①《〈劳动经济学〉序》，孙大权、马大成编注：《马寅初全集补编》，上海三联书店2007年版，第434页。

敢一日懈怠，转眼走过二十载。学术日积月累，洋洋可观，所著既有经济学原理的推介，又有宏观经济的谋划，更多的则是为推进中国市场经济体制建立，在财政、金融、税收等各领域所作的设计与对策，覆盖之宽，思虑之细，涉及市场诸象。而在“致用”与“宽阔”的同时，不乏精品力作，如《中国国外汇兑》《中国银行论》等。在这一过程中，马寅初为自己确立的学术立场是：“发言专揭真理，不趋众好，立场无偏无党、不激不随。”但随着对中国国情了解的不断深入，加之世界经济形态的演变、新学说的出现，他的某些看法也有与时推移的变化。在市场路径的选择上，其主张经历了两个不同的阶段。20世纪20年代，他倾向于英美式的自由资本主义，认为资本不足、实业不兴、股权分散，乃中国贫弱之根源，政府与社会有责任保护资本，鼓励其发展壮大，以便同国际大资本竞争。政府不应过多干预经济，“国家资本主义”被其视为“歧途”。到20世纪30年代，马寅初对自由竞争资本主义的认识开始转变。1929年资本主义世界出现了经济大危机。1931年夏，中国遭逢罕见大水灾，这年9月，日本又占领东北，世界和中国都处于大动荡之中。在这种背景下，马寅初开始批评自由竞争的资本主义。1931年12月，《东方杂志》转载马寅初一篇演讲词时特加按语：“马寅初教授向倾向于资本主义，近因鉴于世界经济之衰落，各国失业恐慌之危机，对于资本主义深致怀疑，且主张中国今后宜采仿俄国有计划的生产，以促国民经济之进步。”并说明转录此文，“以见马氏最近思想之变迁”[①]。从此，马寅初开始对自由资本主义的各自为政、过量生产以及贫富悬殊等问题进行批判，希望将苏联的计划生产与资本主义的价格制度结合起来，以创造一种新制度。1933年10月后，统制经济在中国形成思潮与马寅初的极力赞成有很大关系。

经过不同的反复与变化，马寅初觉得有必要对自己前20年的成果予以总结，并结合最新的思考，整合出一个相对系统、成熟的中国经济改造的总体框架。他一生中最具分量的代表作《中国经济改造》于1935年由商务印书馆列入“大学丛书”出版。他在扉页上写道：“献给仲贞与子女”；“国家忧患固使余有勇气担任此著述，家庭亲爱亦使余有精力完成此工作”；“并以此书纪念亡儿子炎亡女仰元”[②]。对于该书的宗旨，马寅初在《自序》中直抒胸臆：“任何国家，欲立足于此横流遍地之世界，必须在经济上谋得出路，而在经济上谋出路之不二法门，便是积极在经济方面奋斗。此种奋斗，不出攻与守两途。工业先进国所取者是攻势，而经济落后之国家所取者是守势。故本书主张先使国内经济充实，增加抵抗力量（守势），而后再设法推销各种工业制造品于海外（攻势），不让欧美各国独美于前也。但以目前经济情形而言，既遭外力摧残，又无自卫能力，前途危

---

①《资本主义欤共产主义欤》编者注，马寅初著，田雪原主编：《马寅初全集》第五卷，浙江人民出版社1999年版，第375页。

②《中国经济改造》，马寅初著，田雪原主编：《马寅初全集》第八卷，浙江人民出版社1999年版，第1页页下注。

险，至为可虑，不得不在此风雨飘摇局势之下，觅得一对策也。”①

这部鸿篇巨制由10篇组成：《总论》《本书提要》《国际贸易》《金融》《经济统制》《利用外资》《财政》《银问题》《土地问题》《结论》。每篇分3—5章不等，共37章。内容覆盖了中国经济发展的各主要问题，如金融、财政、外资等，也有相当内容为最新的研究心得，其中几点特别值得关注。

一、重新认识西方经济学各大流派。马寅初一直把介绍西方经济学各学派作为自己的责任，20世纪30年代以前，自觉不自觉地形成两行脚印：一是赞成自由主义经济立场；二是通俗介绍，不成系统，少有深入的比较评说。然而，国内外形势的新变化所引起的反思，让他认为有必要重新认识西方各学派的利弊得失，加以比较、遴选，取其合乎国情的内容而用之。对自由主义经济学派，马寅初不再一味肯定，对以亚当·斯密为代表的正统学派“私利与公利并行不悖、自由竞争、财产的私有”作了一分为二的评价：功过各半。其功之处，如人类自利心所驱使始肯努力工作，未可厚非，此其一。自由竞争则优胜劣败，天演淘汰，社会始有进步，此其二。私有财产制，尚不存在，人类财富恐不能如今日之多，此其三。但它也含有三种弊端：一是公利和私利并非一定并行不悖；二是自由竞争学说

①《中国经济改造》，马寅初著，田雪原主编：《马寅初全集》第八卷，浙江人民出版社1999年版，第2页。

并不可靠；三是政府对若干事业有干涉之必要等。

对以李斯特为代表的国家主义学派，马寅初给予了肯定。“德国历史学派对于斯密氏之说，颇多批评。彼以斯密氏之所以主张自由贸易者，实有背景。盖当时英国之工商业，凌驾各国之上，彼以制造品供给各国，而各国则以食品、原料与彼交换。彼将输入之原料加工制造以后，即增其值以与人交换食品与原料。故自由贸易，利在英国，而非产业落后诸国之利。李斯特深明此理，鉴于当时德国工商业之落后，乃倡保护贸易说，以矫正国人之视听，而图国内幼稚工业之保育与发展……于此可知李氏之意，以为后进诸国，必须造成工业国家，与英国立于同一水平线上，而后可与英国言自由贸易，保护贸易实为后进诸国必须采取之政策。盖欲培养其幼稚之工业以达于成长之境界，舍此末由。此李氏学说之大要也。”①

马寅初认为，斯密与李斯特两派学说，虽然观点根本不同，但也有共同之处。其共同之处是：（一）李斯特虽主张保护贸易，着重国家经济，但仍不废私人企业之意。其与今日之所谓统制经济者，相去尚远。（二）斯密以为政治制度与经济制度应截然分开。李斯特亦有此意，但以为政府对于经济制度，可以稍加干涉。（三）斯密讲求扩大财富的总额，李斯特以为财富之总额越大越好。（四）斯密主张自由贸易，李斯特亦承认自由贸

---

①《中国经济改造》，马寅初著，田雪原主编：《马寅初全集》第八卷，浙江人民出版社1999年版，第566—567页。

易在理论上正确，但以为后进国家之工业，必须先与先进国家立于同一地位，而后可以言自由贸易。倘后进国家之工业，已发达至与先进国同一程度，则限制贸易之关税，即应撤除，否则将养成本国生产者之依赖性。

分析、比较斯密与李斯特学说的同异、优劣，马寅初的落脚点不外乎思考这两种学说孰宜于中国的问题。“今日之中国，根本谈不到自由贸易。斯密氏之说，实可置之不论。盖今日之中国，已成为外货倾销之场所。高筑关税壁垒，犹不足以抵制于万一。若再主张自由贸易，是自愿为外货之尾闾，而国内气息奄奄，脆弱不堪之工业，反将因此而促其夭亡。故在中国之不能言自由贸易，实无人敢置异议。在李斯特之时，德国之经济地位，虽不及英国，然较之今日中国所处之地位，固犹高出万倍也。而李氏犹且以保护贸易为德国倡，则今日中国之对外贸易，虽加倍保护，犹虞其不及，岂复有敢倡言自由贸易者乎？……因此吾极端主张保护政策，以卵翼本国方在萌芽之工业，以图挣脱帝国主义者之经济锁链。故审此度彼，吾不得不对李斯特之学说，表示同情。至于将来中国经济地位，已达到与先进诸国同一之境界，应否再行自由贸易，则须视将来之情形而定。”马寅初同时以为，李氏保护学说需修正，“在今日之中国，渠所主张之保护政策，已不足用。吾人应另采更有效之方策以补充之……李氏维护私人企业之意，亦应加以纠正，盖欲发展中国经济，已非实施统制不为功，无限制私人企业，非所宜于今日之中国，即先进国家，亦有放弃私人企业，采取统制经济之趋势。吾人内察国情，外审潮流，深觉中国经济实有通盘筹划之必要，故李氏之学说与政策，均须加以修正也”[①]。

二、从自由经济到统制经济。马寅初宣称“本书重全体主义”，以此为在中国实施统制经济政策的理论基础。马寅初认为，英美的资本主义与苏联的社会主义均不适合中国，只有实行德国斯班等主张的全体主义。从全体主义观察重商主义的干涉政策和统制贸易，“则重商主义确有‘实获我心’者”。他进一步分析，中国历史上的农本主义就是中国的全体主义，“中国历代经济政策，素取干涉主义，禁抑自由竞争，重农轻商，处处为农民着想。在今日观之，似有不适时势之感。但其施政方针，有一贯之系统，足为吾人师法。故吾只须取其精神，变通其法可也”[②]。可见，马寅初将欧洲的全体主义、重商主义和中国的农本主义相融合，作为中国实施经济干涉政策的理论基础。“今日中国所处之地位，除集体（全体）主义外，无生路，无希望，乃至无可为之事。”

马寅初指出：欧美各国已现没落的自由资本主义，在中国“已不适用，且亦不能用。何以故？即富如美国，事业皆操纵于托拉斯之手，徒集资金于少数大资本家，其拥有几千万数万万者，亦数见不鲜，而几千万民众，竟至失业……今既知纯粹资

---

①《中国经济改造》，马寅初著，田雪原主编：《马寅初全集》第八卷，浙江人民出版社1999年版，第569—572页。

②《中国经济改造》，马寅初著，田雪原主编：《马寅初全集》第八卷，浙江人民出版社1999年版，第50页。

本主义之流弊，而犹欲效之，使西洋失败之历史，在中国重演一次，殊不值得”[1]。国内无大工业的良好环境，工业幼稚，不堪竞争，国际上列强利用关税政策、货币政策、倾销政策等加紧对中国实施经济侵略，而中国又受不平等条约的束缚，根本无反抗之力。在论述了“吾国何以必须采用统制经济”的七大理由后，他的结论为：“中国欲以自由竞争政策发展其实业，势已不能。然则中国经济之出路，只有统制经济之一途，显然可见。”[2]

由于“统制经济”思潮与从当时苏联的计划经济之成功相关联，马寅初在汲取其经验的同时，也十分注意与之区别，生怕人们将两者混为一谈。“统制之范围有广狭，广者如苏俄，狭者如欧美，中国固不必梦想俄制，始得称为统制。而时人之反对统制者，皆恐从此吾国将陷于苏俄化，万劫不复，实属误会。要知俄制过于极端，欧美制未尝不可效法也。”[3]他列举了“之所以不能仿俄制者”的五条理由：主义不同；私人创造力之泯灭；不计租息；人民自由观念之强弱不同；国际环境之不同。

对马寅初全体主义的内核，经济学家李权时当时就评论说：“马博士以为在目前中国的情势之下，应放弃自由的个人主义

---

①《中国经济改造》，马寅初著，田雪原主编：《马寅初全集》第八卷，浙江人民出版社1999年版，第174页。

②《中国经济改造》，马寅初著，田雪原主编：《马寅初全集》第八卷，浙江人民出版社1999年版，第177页。

③《中国经济改造》，马寅初著，田雪原主编：《马寅初全集》第八卷，浙江人民出版社1999年版，第180页。

（即资本主义）与残酷的阶级斗争（即共产主义），而采行统制的全体主义（即孙中山的民生主义），此种根本主张，非常中肯，盖舍此中庸的经济思想而外，恐无其他的经济思想可以救目前垂危的中国也。”①

三、复兴农村与土地问题。第二篇《本书提要》中专设一节《从复兴农村方面观察本书各章之连锁》，可见马寅初心中农村和土地问题在中国经济改造中的地位。20世纪20年代末至30年代初，在南京国民政府试图解决土地问题的同时，共产党亦在农村兴起土地革命，学界见仁见智。马寅初认为：“我国土地几为历代兴亡之关键所系，今日尤成为党争之焦点。余仅以学者资格，研究国民党与共产党两党之土地政策，藉以觇其成败得失，为国人进一解也。”②他认为，两党解决问题的出发点都是好的，“共产党之平分一切土地与国民党之耕者有其田，原则上皆甚合理”③。

然而，两家的途径和办法皆存弊端。“国民党之土地政策，分为三个阶段：（一）征收地价税及土地增益税以平均地权，（二）使耕者有其田，（三）收土地为国有。土地法对于第一个阶段规定綦详，究竟如何可以达到第二个阶段，使耕者有其田之目的，亦有所规定。至于第三个阶段土地法似尚未顾及，土地法尚未实行。以今日之情形而论，恐一百年后，亦不能实行。

---

① 李权时：《评马著中国经济改造》，《经济学季刊》第5卷第4期，1935年3月。

② 马寅初著：《中国经济改造》，商务印书馆1935年版，第629页。

③ 马寅初著：《中国经济改造》，商务印书馆1935年版，第646页。

即能实行虽不可谓彻底解决我国之土地问题，然农民之痛苦，可以解除大半矣。至共产党主张土地国有，其步骤太速，其手段太烈，似利少而害多。依共产党土地暂行法之规定，凡地主之土地，一概没收为公有，此与国民党之办法不同。前者夺业主之土地，使之无地，没收归公，后者无非使已失土地之业主，不得恢复其所有权（如闽西之办法），或就无业主之土地，行计口授田之法（如豫鄂皖之办法，详国民党之土地整理办法一章），其手段较为和缓耳。”①

“故共产党欲以极激烈之手段，实行平分一切土地（详见第九篇第三十三章与第三十四章《中国共产党之土地政策》），实为最难之事。国民党之土地政策，无非欲使耕者有其田（详见第九篇第三十五章《国民党之土地整理办法》，与第三十六章《吾国土地法中关于耕者有其田之规定》），尚且不易实行，遑论平分一切。历代田制，盖亦尝欲平分其土地矣，结果皆无成者（详见第九篇第三十二章《中国土地制度之沿革》）。此其故，可熟思也。”②

马寅初逐条逐段地剖析了国民政府制定的《土地法》，认为现在的《土地法》徒有其名无其实，假《土地法》之名而行其剥削之实，是一个解决不了问题的药方。可借鉴者，乃是浙江省近几年的经验：“浙江已实行二五减租办法，即照土地常年正

---

① 马寅初著：《中国经济改造》，商务印书馆1935年版，第632页。

②《中国经济改造》，马寅初著，田雪原主编：《马寅初全集》第八卷，浙江人民出版社1999年版，第64页。

产收获之半，再减十分之二点五，为佃户应缴地主之租额。换言之，土地常年正产收获全数十分之三点七五归地主；六点二五归佃户，与昔四六分或三七分者，佃户与地主适易位而处，意在迫使地主放弃土地所有权，而增加佃户之收益，策进其兴趣，取得所有权之观念与能力，亦必日渐加强，以达其目的。”①

《中国经济改造》不仅经济学界为之震动，思想文化界亦无不佳评如潮，被公认为民国以来经济学的经典之作，至今读来，仍有高山仰止之叹。

应对战时经济

1931年9月18日，日本关东军突袭沈阳，挑起战事。中国军队抵抗不力，东三省很快陷于日寇铁蹄之下。“九一八”事变虽然起初事态限于东北一带，但影响却是全国性的，它把一个和平国家拖入了战争状态，使启动未久、势头良好的经济重建严重受挫。

面对日军的暴行，全国掀起抗日浪潮，各地游行集会风起云涌，学生罢课、工人罢工，此伏彼起。马寅初以著名学者的身份为上海交通大学11月版的《交大抗日特刊》作序。

---

①《中国经济改造》，马寅初著，田雪原主编：《马寅初全集》第八卷，浙江人民出版社1999年版，第545页。

暴日蔑绝公理突以残暴之众袭占东北，屠戮良民，戕害官吏，焚毁机关，劫夺财产，其惨酷毒辣之手段，为世界所未睹。举国人民痛国土之沦亡，群起抗日，奔走呼号，血泪交迸，民气激昂，风云变色，其惨痛悲哀之情绪，直皆裂胸而出！然当民族存亡绝续之际，不能不于情感愤张之中，运以清晰敏锐之理智，此则经济绝交与武力抵抗所由来也。顾两者之效相缘以生，相辅而至。不能武力抵抗者，就不能贯彻经济绝交；而不能经济绝交者，亦不能一致武力抵抗。未有民族绝无自卫之能力与决心，而能坚持经济绝交；亦未有连经济绝交尚不能坚持，而能全国一心一德以谋武力之抵抗。两者实有密切之关系。全国国民当以必死之心、必死之力、必死之情，为武力之抵抗，亦当以必死之力、必死之情，为经济绝交之维持，以武力抵抗为经济绝交之护卫，以经济绝交为武力抵抗之后盾，相辅而进，以挫强暴，以求生存！……

余尤有感者，经济绝交非徒不买卖日货已也，其必共同致力于生产，使消极之性质尽变为积极；武力抵抗非仅赖数百万荷枪实弹之兵士已也，其必全国总动员，共同为抵抗之准备，使部分之力量变为全体之力量。嗟呼！东三省失陷，中原亦危，中华民族将无托足之地矣！……故今日不抵抗绝交，他日虽欲抵抗绝交不可得也。存亡绝续，端在今日，愿全国奋起以争存焉。[①]

1932年1月28日夜晚，日军悍然进攻上海，十九路军奋起抗击，全国人民热烈援助。这场战事以中日双方签订《上海停战协定》暂告一段落。《协定》要求中国军队退出上海防卫，首都南京距敌军登陆点，不过区区200公里。

“一·二八”事件让马寅初认识到中日之间一场大战不可避免，在鼓舞民众抗日热情的同时，更以经济学家的眼光和头脑，思谋战时经济问题，应对国难。他接连发表《长期抵抗之准备》《中日经济与抵制日货之关系》《欲救中国之亡，非助义勇军与长期抵制日货不可》《在国民党浙江省党部扩大纪念周大会上的演讲》等文。“上海事件发生，迄于三月，而停战会议尚无结果。东三省事件更难解决，长此以往，世界恐不免于一战。近日本已积极准备，在东三省以二十分之一之贱价，强买粮食，一旦大战发生，日人必捷足先登，占据青岛、宁波、广州、温州、厦门等各沿海要地，封锁中国……我国若不速起作相对之准备，以图长期之抵抗，国亡将无日矣……大战之时，上海将为最危险之区，沪宁、沪杭铁路一断，吴淞炮台被占据，船只不能出口……吾人际此时代，来日大难，势难幸免，无论为国为家，当由今日起，处处从刻苦做起，则他日大难当头，亦不

①《〈交大抗日特刊〉序文》，马寅初著，田雪原主编：《马寅初全集》第五卷，浙江人民出版社1999年版，第373—374页。

难应付也。”①

“除抵制日货以外，对于义勇军，我们还应当积极帮助。兄弟在杭想筹一点款援助义勇军。大家想想，我们在这里，简直像天堂，义勇军在关外血战，若我们不帮忙，这是良心道德上所过不去的。虽然，我们也有领不到薪金的苦况，然而比起他们来，总好一点。第二，我们要全国一致抵抗日本。第三，现在要急亟地预备起来，将来是免不了一战的。战事一生，日本一定占领我们沿海口岸，尤其是吴越平原，并且把上海银行的现金提走，只要能有准备，国人负起责任，我们的前途，是很有希望的。”②

从“九一八”事变至“七七”事变这六年间，日军霸占东北，蚕食华北，虎视江南。然国民政府仍统治着大部国土，艰难地推进着社会经济的重建过程。还有不少人寄希望于国际社会调停中日冲突，对国家转入战时状态缺乏认识。马寅初洞明大势，为国家向战时经济转轨精心谋划，《非常时期之财政问题》《非常时期之经济问题》《非常时期的管理经济》《非常时期之物价问题与纸币政策》《非常时期的法币与外汇》等文章，都是未雨绸缪之作。

马寅初的战时经济思想，撮其大要，可概括为三个方面：

---

①《长期抵抗之准备》，马寅初著，田雪原主编：《马寅初全集》第五卷，浙江人民出版社1999年版，第425—427页。

②《在国民党浙江省党部扩大纪念周大会上的演讲》，马寅初著，田雪原主编：《马寅初全集》第五卷，浙江人民出版社1999年版，第456页。

其一，从速开征所得税，为战时税收之中心。之所以主张征收所得税，第一，即为避免纸币政策，第一次世界大战的德国为前车之鉴。“第二，则因关、盐、统三税皆为货物税，战事一起，海口被封，关税断绝。产盐区域多在沿海各省，万一失守，不但盐税无着，即食盐亦成问题。中国工厂均在沿海口岸，倘被敌人占领，则统税亦去。此三税者实为中央政府之生命线，而今不绝如缕，安可不另筹新税以谋抵补？第三，新税之筹划，固不仅限于所得税一项，其他如遗产税、地价税，无不可办，但余则以为所得税尤须先办，俾人民养成纳税之习惯，至战时始可提高税率，以资挹注。”“所得税之基础既立，则于战时可以征收暴利所得税，以服一般人之心。如此办理，穷人出力，富人出钱，负担公平，策之上也。”①

其二，稳定法币，不可滥发纸币。针对当时一种战时财政出路只有发行纸币的观点，文曰：“若战时政府亦发行纸币以代税捐与公债则其弊有不可胜言者，盖一时开战，纱布交易之一方，非甲商，乃军需当局。虽同样付乙期票，乙亦同样向银行贴现，支取纸币，流通社会，而纱布则制为军用被服，消费已尽，并非卖与日人可以收现为款；政府所出之期票亦无法取消，流通之钞票，遂无法收回。苟反复重演，纸币愈发愈多，其价值势必一落千丈。实取败之道也……可知我国纸币政策绝对不

---

①《非常时期之物价问题与纸币政策》，马寅初著，田雪原主编：《马寅初全集》第九卷，浙江人民出版社1999年版，第309—310页。

可用；即租税政策，亦须积极改良税制以后（实行所得税与遗产税等），方可应用；所可即用者惟公债政策。然战时募债亦不如平时之易，且多数人民穷困至此，究亦不能为所欲为。”①

其三，战费负担需公平。在关、盐、统税减少后，最有希望的新税为战时盈利税，即应向在战时暴富的资本家征税。其理由是：“此时多数国民，均将为国牺牲，少数资本家岂尚忍乘时趋利而不贡献其额外之利得以供国家之支配乎？”针对一部分不爱国的有钱人，急急购买外汇图利，却可能破坏整个法币政策的荒谬行为，政府应予相当惩罚，其办法是“停付外债，倘外人要求照付，即以不爱国国民逃往外国之资金备充抵付”②。马寅初主张的核心，就是叫富人出钱，特别是发国难财者更应多出战费。

1936年4月15日，何廉在《中央日报》发表谈话，针对“经济学界论战方殷之非常时期的财政问题”，主张设立以所得税和遗产税为中心的直接税，既可供应非常时期的财政需要，更符合现代税制精神，支持马寅初的主张。4月21日，吴干发文认为马寅初误把中国与大英帝国相提并论。吴干主张加征“普通产业税”，以解决非常时期的财政需要。从1936年4月马寅初两次谈“非常时期财政政策”开始，中国经济学社经济学

①《亟应准备之战时财政问题》，马寅初著，田雪原主编：《马寅初全集》第七卷，浙江人民出版社1999年版，第215页。

②《二十六年暑期庐山谈话会讨论战时财政问题》，马寅初著，田雪原主编：《马寅初全集》第十卷，浙江人民出版社1999年版，第480—485页。

家对战时财政问题进行了热烈的讨论，并成为1936年9月中国经济学社年会的一个重要主题。这场讨论是国民政府在1937年1月正式开征所得税的必要舆论准备。

尽管国家的上空战云密布，马寅初对最终的前程充满信心，并数次购置不动产。马寅初回国后成名甚早，受聘于多所大学，薪水颇丰；所专经济学为当时之显学，多家银行聘他当顾问，有的索性送以股份，如中国农民银行浙江分行，是一笔不菲的收入；著作的版税更是可观，差不多年年有演讲集或专著出版，并不断再版。而这些与《纽约市的财政》在美国年年作教材的收入相比，仅是一个零头而已。因此，战前马寅初的经济状况堪称富裕。他曾在家乡嵊县、新昌一带买了200亩土地，其中20余亩土地在黄泽江边，并盖好了厂房，准备办"源大丝厂"。抗日战争爆发后，借给国民党驻防曹娥江流域的陈柬夫部88团作指挥部，遭日寇炸毁。1936年，他还在杭州为自己买了一处住宅——竹屋。

"竹屋"坐落于杭州市法院路34号（今庆春路210号），建于清末民初，属当时杭州上流人物的独立式住宅——"花园洋房"，总占地面积461平方米。大门是铁铸西式双开大门，进院西为单层车库，东为传达室。主楼三层，前为草坪，梅竹扶疏，立有假山，草坪东是一条石板小径；主楼后，西为天井，中有凉棚，东前为储藏室，后是厨房。"竹屋"主楼建筑占地173.5平方米，总建筑面积486.02平方米。正面采用粗面石工，屋顶涡卷山花，两侧壁柱面以盾形装饰；建筑内置有会客室、书房、厢房等17间。“竹屋”的平面布局、空间分隔、室内装修都采用了西洋式，三层楼板皆为红漆木地板。三楼前部内收，使二楼屋顶在此处成为一个晾台。原主人系国民政府军事委员会秘书厅厅长马星竹的大夫人。“竹屋”之名即由此得，马家沿而用之。

第六章　重庆风云

抨击当局战时财政

1937年，“七七”事变爆发，国民政府宣布“地无分南北，年无分老幼，无论何人，皆有抗战守土之责”，中华民族可歌可泣的抗日战争拉开了序幕。是年夏天，马寅初应蒋介石之邀，上庐山参加抗日谈话会，就战时财政建言献策。接着，他以陆军大学政治教官的身份，给抗日战争训练班讲授“战时经济”课，以己所长投身于抗日战争之中。因杭州濒临战区，冯玉祥将军把马寅初的家属接到了庐山。杭州沦陷后，马寅初的“竹屋”为日本侵略军在杭的宪兵司令部占用。

中日军队在战争初期的交锋，敌强我弱的形势显露无遗。日本军训练有素，装备精良，火力配备远在中国军队之上，正面阻击，伤亡惨重，且难以抵挡。数月之间，北方丢失大半，首都南京陷落，国民政府被迫撤向内地。

1937年12月，马寅初从庐山经汉口赴重庆，目睹了南京大撤退，军队溃散、不成序列，百姓流离、居无定所，国将不国的悲愤直冲心头。在痛恨日寇暴虐的同时，亦对政府的软弱无能心生失望。1938年年初，马寅初到达重庆，继续探讨战时财政问题，发表《战费应如何筹措》一文。针对当时境况，他认为加税希望极少，关、盐、统税大减，所得税无从加起，只有依靠转口税和战时盈利税；内债不易筹集，外债应有办法；无限增发纸币政策有害，只能实行有限增发，办法是将发行的六成现金准备改为四成。该文的基本精神仍是反对纸币政策，只是筹集战费的具体办法有所改变而已。

因战时紊乱，国民政府西迁重庆后，体制运转失常，立法院一度中止活动，马寅初及其他一些立法委员强烈要求政府恢复立法院的正常职能，以维护国家的民主程序，保持学者在政界的声音及其对决策的发言权。抗日战争初期，马寅初依然以积极建言的姿态，希望政府理性地应对战时经济，夺取战争胜利。

四川银行得知马先生到来，万分高兴，极尽地主之谊。1938年，重庆大学聘请马寅初创办该校商学院并出任院长。离开东南来到西南，涉足政务10年之久的马寅初给自己重新复位：教书为主，兼顾社会和政务活动。

马寅初教书治学之余，继续推进中国经济学社的事业。到山城不久，即筹备学社重庆分社，希望将中国经济学社迁到重庆的社员重新组织起来，并尽快发展重庆当地有影响力的社员，使学社组织在重庆生根。1938年3月21日，重庆分社正式成立，马寅初出席并主持大会。1938年夏，中国经济学社在渝社员达130人。学社组织及其活动未因战乱而停止，为抗日战争初期最活跃、最具影响力的学术团体。

到重庆后，马寅初的战时财政主张，与国民政府的政策渐行渐远。1938年的中国经济学社年会上，学社成员就是否“维持法币汇率问题”形成相互辩论的两派。马寅初为“维持派”的代表，坚决反对法币贬值，主张用征税途径解决战时收入。国民政府没有采纳马寅初以征税为战时收入中心的观点，用了董修甲、张素民的观点，即依靠通货与公债互相为用的政策。到1940年年初，已造成物价飞涨、贪污盛行，马寅初担心的德国纸币政策的恶果几成现实。于是，马寅初提出了“征收发国难财者的财产税”的主张，将政治上的反贪污和经济上的反通货膨胀结合起来，以解决战争经费，并为国家保存战后建设资本。

马寅初的主张与政府政策的意向不同，引起某些高官的不满，多次与之沟通，希望他能与政府保持一致。马寅初自认所说依据科学，发自良心，谈出来让社会了解、公众选择，有利于政治决策的合理化，遂不为所动。

这期间，一些社会现象也让他对执政当局更为反感。一件是“重庆拉壮丁，装上汽车把门锁起来，日本飞机来了全被炸死”。另一件是“又有一次拉壮丁，把壮丁排列在重庆南瑜中学操场上，后来来了一大群士兵把一个逃跑的壮丁当场枪毙，以示杀一儆百之意”。“我亲眼看到这种情况，故起来拼一拼老命。”①

马寅初与国民党利益集团之间的对抗起自1939年，他反对当局发行纸币和向工厂增收战时税的政策，认为这是竭泽而渔，主张对由战区迁入内地的工厂、因战时受到重大损失的企业免税，提出征收遗产税和对工商界因战时而获过分利者、因垄断居奇而获过分利者抽以重税。1939年8月的立法院会议上，马寅初提交了《向发国难财者征收战时财产税以充战后经济复兴》的提案，遭到了当局的反对。

马寅初“直道而行”的性格，不独自由发论，还动员一切力量包括舆论与民众支持来推动他的主张，甚至当面质疑权贵。1939年秋，中国经济学社年会借重庆道口银行公会会场召开。因国民党财政部部长孔祥熙也是中国经济学社社员，马寅初特邀他到会。马寅初致开幕词说：“抗战以后，财政紊乱，物价上涨，人民生活困难，救亡图存，要从安定后方入手。我们中国经济学社是研究国家财政经济的学术团体，人才济济，应负起责任，共商对策，以挽狂澜。希望各抒宏论，以解危机，因此这次年会，我的意思，就对这一问题，集中力量作专题讨论。”接着，马寅初把“球”抛给了孔祥熙：“今天我们很幸运，我们的社员，现任财政部部长的孔祥熙先生，在百忙之中参加这次年会，孔先生是财政经济专家，又是掌握全国财政命脉的最高

①《在北京大学人口问题研究会成立会上的发言》，孙大权、马大成编注：《马寅初全集补编》，上海三联书店2007年版，第566页。

主管长官，现在先请孔部长对国家当前的财政经济情况和政策，给我们作一指导。”孔祥熙只得上台，敷衍一番。

马寅初不待孔祥熙发言结束就站起来质询：“请问部长先生，在法币已经贬值、物价不断上涨的时候，财政当局没有设法稳定币值，制止物价上涨，反而突然宣布大幅度地降低法币对美元的比价，推波助澜，更造成财政的大混乱，使物价更猛烈地上涨，我们学识浅薄，不知是何用意？要请部长指教。”马寅初不客气地追问：“听说这次调整美元比价公布之前，那些洞悉内情的人，都拼命地向市场上抢购美钞、黄金、白银，还通过种种方法套购外汇，抢购物资，不顾人民死活，一夕之间大发国难财，请问部长先生这又作何解说？”“我们中国经济学社的基金和我个人微薄的储蓄，都是存在国家银行分文未动，就是将来法币继续贬值，不值一文，我们为了维护国家财政的稳定，政府的信誉，决不拿那些存款去做投机买卖，兴风作浪，扰乱市场，请问部长先生，我们是不是应该这样做呢？”到会社员对马寅初不避权势、敢言人之不敢言的举动报以极为热烈的掌声，致使孔祥熙在台上面红耳赤，无言以对答，直到有人提议休息10分钟，才打破了僵局。孔祥熙趁休息时，托言有事，溜之大吉。

马寅初的直言批评，使他在学界的声望愈高，中国经济学社的活动亦在后方活跃起来。1940年4月28日，中国经济学社年会在重庆大学举行。马寅初、陈嘉庚等百余人到会，主要讨论中国的战时经济、对物价升高的解决办法、上海及其他沦陷区运日货入中国的取缔办法以及统治外汇、稳定币制、工农业生产与投资等问题。这是马寅初最后一次主持学社年会。

1940年7月30日陈嘉庚在致蒋介石的信中写道："本年4月28日，全国经济学社年会，假重庆大学礼堂开会，马寅初主席，言现实国家如此严重危险，而保管外汇之人，尚且时常逃走外汇，虽加获五七千万元，将留作子孙作棺材本，几于声泪俱下。"[①]不久，马寅初与当局的矛盾急剧恶化，失去了自由活动的空间。

马寅初被软禁后，中国经济学社由国民党元老、民国初年金融界三巨子之一的陈其采代理。陈其采是陈果夫、陈立夫的叔父，国民政府要员，与马寅初交谊深厚，代理期间，学社虽因循着前纲，却无多建树，勉强维持。

1940年6月1日，《新华日报》发表了《马寅初讲怎样稳定法币》一文，首次公开披露了马寅初提出的"征收发国难财者的财产税"的重要主张。马寅初分析的逻辑是：要物价稳定，关键是稳定法币，使法币能发能收。而收回或少增发甚至不增发法币，就需要钱，但吸收上海游资与利用外资均有困难，只有从对内发行公债、征税想办法。一个办法是强迫发国难财者购买公债，但有弊端，因此"他坚决主张政府征收财产税，先由发横财的大官征发，渐次及于奸商（说至此全场热烈鼓掌）。这是最革命的财政政策，这样可以彻底使法币稳定，金融市面

---

① 陈嘉庚著：《南侨回忆录》，上海书店1991年版，第191—192页。

活泼，而物价也就自然平定下来（大鼓掌）”。记者最后的评论为：“这种切中时弊的宏论，给中国经济抗战的阵容上指示了新的希望与光明，一扫当前窒人呼吸的生活艰苦的闷气，他强烈的激动了每个听众的心，全场热烈的掌声，像暴风雨似的从每一个角落里爆发出来。”[①]该报道所描述的热烈场面，反映了马寅初的主张确实得到了大家发自内心的拥护，大有登高一呼、应者云集之势。

1940年7月，马寅初著文写道：“中国的‘大贪污’，其误国之罪，远在奸商、汉奸之上。吾人以千数百万同胞之死伤，数百亿财产之损失，希冀获得胜利以求民族之快快复兴，决不愿以如是巨大之牺牲来交换几个大财神，一个握财政之枢纽，一个执金融之牛耳，将吾人经济命脉操在手中，此岂抗战之用意乎？……吾故主张无论在战时与战后，不能再增发法币，以免通货恶性的膨胀，必须要求政府停止增发，一面征收临时财产税以补救之。在抗战期中政府以法币作工具，交换所需的物资与劳力，是法币不啻一种租税。一方面因通货膨胀，物价上腾，无异于对吾人之货币财产课税。故在抗战期中负担战费者为消费者与领固定薪资之公务人员与知识阶级，而奸商贪官反乘吾人之危，骤致巨富。不公不平，莫过于此。吾之主张，抗战期中首三年之战费，吾人固已负担，惟第四年之战费与夫战事结束后之整理与建设经费则应取之于发国难财者，稍予吾人

① 《马寅初讲怎样稳定法币》，《新华日报》1940年6月1日。

以喘息之机会。如是租税之负担，不集中于一个阶级而分摊于有负担租税之能力者，庶几抗战可以继续进行而建国工作可以推行顺利。”①

马寅初的这篇文章发表后，据立法委员、法学家梅汝璈称：“名言谠论，颇为读者所重视，重庆《大公报》当时并曾特撰新闻一则，广事介绍，以唤起社会人士之注意。”②

马寅初以著名经济学家的地位所发出的声音，在社会上产生了巨大反响，不仅有理有据，足令世人对政府的政策发生怀疑，还以犀利的言辞，指名道姓痛批孔祥熙、宋子文等政府财政、金融首脑，让他们脸面无光，狼狈不堪。马寅初甚至四处演讲、不顾场合，口无遮拦。一次应邀到陆军大学将官班演讲战时财政问题，掀起一场不小的“地震”：

> 现在是我们中华民族生死存亡的严重关头。全国上下应该有钱出钱，有力出力，同心同德，共赴国难。但是现在不是这样，现在是“下等人”出力，农民和劳动人民在前线浴血抗敌。“中等人”出钱，后方广大人民受到通货膨胀物价上涨之害，减少了实际收入，为抗日负担了财力。“上等人”既不出钱，又不出力，还要囤积居奇，高抬物价，从中牟利，发国难财。还有一种“上上等人”，依靠他

①《提议对发国难财者开办临时财产税以充战后之复兴经费》，马寅初著，田雪原主编：《马寅初全集》第十一卷，浙江人民出版社1999年版，第183—184页。

② 梅汝璈：《响应马寅初氏的提议》，《时事内编特刊》1940年第57期。

们的权势，利用国家经济机密，从事外汇投机，翻手成云，覆手成雨，顷刻之间就获巨利，存到外国，大发超级国难财。

马寅初说到这里，不禁慷慨激昂、义愤填膺，他愤怒地说：这种猪狗不如的“上上等人”就是孔祥熙和宋子文。接着他提出了自己的主张：反对滥发纸币，反对搞通货膨胀。他说一定要做到有钱出钱合理负担，向有钱人要钱，搞一次战时资本捐或临时财产税。而要做到这一点，首先必须把孔祥熙、宋子文撤职，把他们的不义的家财拿出来充作抗日经费。

马寅初的精彩言论，引发阵阵掌声，而那位陪同的将军却显得非常紧张，不知所措。演讲结束后，他连感谢的话也不敢多说，赶快送马寅初上了车。马寅初在汽车上笑着对陪他前往的学生说：“如果我能对几百万正在前线抗日的战士作这样的演讲，他们大概也会赞成我的主张的。”

1940年10月20日，马寅初又发表了一篇更犀利的文章：《对发国难财者征收临时财产税为我国财政金融唯一的出路》。文章发表后，梅汝璈著文《响应马寅初氏的提议》：“这篇文章问世后，马先生的提议必然会得着本刊读者和一般国人更普遍更严重的注意与同情。马先生历任财政立法要职及中国经济学社社长多年，是我国经济学界的最高权威。他底提议之必有其理论根据，自无疑义。”梅文最后号召：“望国人一致提倡拥护，并督促政府从速实施。”[①]马寅初自己在讲课中亦“号召全体同学把这一主张（开征财产税）向亲友广泛传布，以便在全国范围内造成一致的舆论和声势，迫使蒋介石采纳实行”[②]。这就颇有点鼓动世人和舆论、公然向政府叫板的架势了。

从息烽到歌乐山

国民党高层对马寅初咄咄逼人的批评，及其引发的社会反响如芒刺在背，应对以软硬两手。先是蒋介石欲亲自召见，待以国士之礼，并许以财政部次长或全国禁烟总监要职。未想马寅初不领情、不买账，回复道：弄个官位把我的嘴巴封上，办不到。我在北大时，就响应蔡元培校长的号召，参加“进德会”，讲好不做官，不当议员。软的不行，改换硬招。特务以索命威胁：再行“攻击”，当以手枪对待。马寅初坦然面对：所有指责，全系事实，有实据可查，非讲不可！

“民不畏死，奈何以死惧之。”杀戮名士，势必背上沉重的道义包袱，更遑论传之千古的历史恶名。黔驴技穷，只有老方一帖：变相软禁。

1940年12月6日，马寅初正在用早餐，宪兵十二团吴团长带了十几个人突然来到重庆大学，宣称奉最高当局命令请马先生前去谈话。马寅初早有准备，从容着衣，随之而去。当晚，

---

① 梅汝璈：《响应马寅初氏的提议》，《时事内编特刊》1940年第57期。

② 郑正一：《铁骨铮铮见丹心》，《文史通讯》1981年第3期。

他被软禁在吴团长“家里”——莲花池街某号。

马寅初遭羁押的消息，迅即传遍山城。先是邹韬奋告诉了黄炎培，黄炎培深为骇异，当场致信张治中紧急营救。隔了一天，张治中回话，马寅初之被捕，并非起因于职业教育社的演讲，而是在重庆大学的多次演讲，对孔祥熙、宋子文指名道姓，被人报告。

马寅初在重庆大学任教两年多时间，以厚实的经济学造诣，认真而生动的教学风格及明亮刚正的品德，深得师生爱戴。被捕的当天，重庆大学的许多教授和学生纷纷到马家探望。晚间，师生依然义愤难平。商学院学生自治会集中大家的意见，决定在7日8时召开全校学生大会，成立援马大会，营救马老师。当局甚为紧张，放出风声说“马先生是暂时调去前方考察经济，明天即返校话别，暂时移交一下商学院的工作”，以缓和事态。

8日上午，马寅初在一队身着便装的宪兵“陪同”下回到重庆大学商学院。同学们闻讯聚拢过来，要求马寅初对商学院的学生作一次临别讲演。重庆大学礼堂里顿时拥满了师生。

马寅初缓步登上讲台，久久地凝视着朝夕相处的同学们，那回肠荡气的声音再次响彻于礼堂内外，锋芒依然指向发国难财的权贵高官。宪兵团长如坐针毡，不得不硬着头皮说：“马先生这次是奉命令往前方考察经济的，时间急迫，还是赶紧动身要紧。”马寅初被迫离开了会场。

师生依依不舍地送马寅初出了校门来到家门口，他从家里拿出一本英文书交与银行系主任丁洪范教授，嘱咐说：“抽资本税不是我马寅初发明的，第一次世界大战时，英国就实行过。对豪门巨室，抽其财产税，是理所当然！我走了以后，还望你们多多研究，坚持下去！”丁教授接过书说：“一定。”

全校2000多名师生筑起了夹道人墙，目送马寅初走向沙坪坝。送别的人群悲愤交加，眼含泪水，更有女生禁不住放声大哭。正巧此时有英、美、苏等诸国记者路过，见此场面非常惊异，停车询问，得知原来是马寅初离校，急忙下车表示敬意。

1940年12月13日，政府控制的中央社发布消息云：“立法委员马寅初，奉命派赴前方研究战区经济状况，业已首途。”

1940年12月中旬的一天，马寅初由两位便衣押送，乘汽车辗转来到军统局所辖的贵州息烽集中营。息烽县位于贵州中部，乌江南岸。息烽集中营坐落在距离息烽县城15里羊朗坝附近的山窝里，分忠、孝、仁、爱、信、义、和、平八个大监房，美其名曰“斋房”，其中“义斋”是女监房。还有一个“特监部”，设在营外，由一些单座平房组成。马寅初刚到时被监禁在东门寨一座独立的平房里，内有会客室、卧室、浴室和厨房。

集中营实行所谓的“开明管理”，把囚禁的人称为“休养人”。“休养人”按程度或性质不同分为几类：普通政治犯称为“一般休养人”，表现特别好的升为“优待休养人”，可到集中营外从事工作的叫作“自由休养人”。对案情特殊、身份不一般的人，称为“特别优待休养人”，马寅初即属这一档。

作为“特别优待休养人”，马寅初可照常用冷热水洗澡，在警戒圈内散步爬山，身体未受虐待，但是失去了和外界接触的自由，开始几个月甚至连书报也不准看。四个便衣“副官”整天形影不离，殷勤“照管”，还有侍奉员、厨师、外围警卫等20余名人员，一走动便前呼后拥，这使得一向崇尚自由的马寅初，心情异常的痛苦和忧悒。这种郁闷唯有通过每天的爬山予以缓解。每次爬山总有20多人跟随左右，长长一队人马。有一回，马寅初看到隔着几道铁丝网的远处山麓上，也有一幅与此处相同的画面——20多人随拥着一人在爬山，便好奇地问副官：那是何人？副官告之：是张学良将军。这让马寅初顿生莫名之叹。

几个月后，马寅初被允许给家人写开口信，看一点历史书籍。但这些都难以消除他失去自由的痛苦和凄凉。1941年2月，时逢阖家团圆的新春佳节，思亲之念使马寅初久久不能自已：父母过世时，均未能陪伴身旁；哥哥们几十年来聚少离多，又都先后随父母而去；妻儿远在重庆，遥寄思念，牵肠挂肚……不由悲从中来。好在四个“副官”尚懂善待贤达之古训，且常听马先生讲解自己的战时经济主张，钦佩和尊敬之情油然而生。副官们发现马寅初呆坐着闷闷不乐，殷勤询问。好半晌，马寅初才言道：马家三代没有一个活过60岁，自己今年正好60岁，身陷虎口，凶多吉少，恐渡不过这个“关口”。副官们好一番劝慰，马寅初心情才慢慢舒展开来。

据当年四个副官之一的陈凤超先生回忆，与马寅初相处一段后，互相渐渐熟悉，马寅初向他们讲了因批孔祥熙而致入狱的经过，“从此我们对老先生也越加尊敬，对他的饮食起居特别关心”。“在息烽，老先生没有生过病。”后来，“我们四个人就请他给我们讲经济学，每个人准备一个笔记本，他讲，我们记，有时他还检查我们的笔记，还表扬我的笔记记得清楚”。

在息烽集中营关押8个月后，在一次散步中，有辆小汽车从山间驰过。军统怀疑马寅初已被人看见，便于1941年8月将他转押江西上饶集中营。路过上饶时，国民政府第三战区副司令长官顾祝同以上宾相待。未几，因日军沿浙赣铁路向西进犯，顾祝同责令上饶集中营迁往福建建阳。转移过程中，由于国内外舆论的压力及各方人士的大力营救，马寅初改转广西桂林。

重庆大学商学院的师生们一天也没有停息过“援马行动”。全体同学签名向国民政府国防最高委员会递送陈情书，涕泣陈词，要求当局为马师计，为生等计，为国家民族计，让马师返校主持院务。

持续数年的“援马运动”中，掀起过两次高潮，惊动朝野。1941年时逢马寅初六十寿辰，其生日本为农历五月初九，重庆大学援马大会的学生，决定提前于3月30日举行“遥祝马寅初六十寿辰大会”，以示对当局的抗议。

1941年3月22日，重庆《新民报》和《大公报》的广告栏内刊出《重庆大学全体学生为庆祝马院长寅初六十寿辰启事》：

> 本年欣逢马院长寅初先生六十大庆。我全体同学为崇德报功，敬老尊贤起见，除将建亭购书以资纪念外，并订于三月三十日午后二时，在本大学礼堂开会庆祝，当晚举行游艺。凡马院长亲戚友好，届时敬祈光临指导。恐柬不

周，特此奉告。赐教处：重庆大学商学院办公室。

启事登出后，蒋介石十分恼怒，让侍从室主任陈布雷出面给重大校长写信："贵校学生为马君祝寿之事，委座甚为怀疑，事前校方是否知悉，事后如何处置，盼速查明陈复。"

重大校长叶元龙，亦是中国经济学社骨干，他迫于压力劝导学生停止祝寿。学生不听，他便领着两个学生代表去见陈布雷。陈布雷直言相告："你们这个祝寿会一开，有些人就想来你们会上大骂政府一通。其实，哪个国家的政府没有人骂，又有哪个国家的政府怕人骂呢？反正国家有法律，我劝你们要三思而后行！"学生仍是不服，当面争辩。陈生气地说："我不过是你们校长的老朋友，才写信给他。反正国有国法，你们好自为之吧。"第二天，叶元龙又和学生去教育部。教育部次长顾毓琇出来接见说："你们有问题能到教育部来，说明你们没有失掉学生的身份。你们两人的情况叶校长已经介绍了，是无共产党关系的纯洁青年。那么，教育部今天就明确告诉你们：祝寿会停止举行！"他叮嘱叶元龙，回到学校立即发出告示，就说"奉部长面谕祝寿会停止举行"。最后，顾毓琇说："教育部的指示是明确的。至于你们是不是遵照办理，那只有看你们的了。你们是大学生，已经知道一切行为的后果和责任了。"

两位政府大员的明示、学校当局的阻止，没能改变学生根据宪法行使集会自由的权利。校方锁了礼堂，断了电源，祝寿会就改在大礼堂楼上一间大教室内举行，正面贴上"明师永寿"

四个大字，四壁挂满了各方送来的寿联、寿幛。

赵国恩回忆说：“在马老未被捕时，孔祥熙也送过一副寿联，筹委们就将它挂在寿堂门口。正如当时有些人家为了驱鬼在大门口贴上‘姜太公在此诸神退位’的大红纸条一样，借此驱除前来捣乱的特务。果然，起了‘避邪’的妙用。沙坪坝警察分局还正式派人来问：‘今天孔院长来不来？若来，我们加岗保护。’”①

新华日报社的寿联写着：“不屈不淫徵气性，敢言敢怒见精神。”周恩来、董必武、邓颖超联名的贺联是3月24日送来的：“桃李增华坐帐无鹤，琴书作伴支床有龟。”当时周恩来正在苏联养病，楹联由董必武亲自撰写。此联虽只有16字，却是礼堂中最引人注目的一副。

祝寿会于3月30日下午两点开始，各方人士济济一堂。重庆各报皆至，塔斯社驻重庆记者，以及沈钧儒、邹韬奋、张西曼和重大商学院的教授也前来祝贺。时贤们齐声赞扬马寅初敢怒敢言、正气浩然的高贵品格，引为学者之楷模。散会前，来宾及诸报社记者踊跃解囊捐款修建“寅初亭”。

重庆各报有关庆祝马寅初六十寿辰的报道全被扣押，只有《新华日报》别出心裁，登了一个“重要声明”——“纪念马寅初六十寿辰稿二篇，奉命免登”，以这种方式传达了祝寿会的

① 赵国恩：《马寅初被捕始末》，杨勋、徐汤莘、朱正直著：《马寅初传》，北京出版社1986年版，第83页。

消息。

祝寿大会成功举办之后，“援马大会”不顾校方阻拦开始落实下一个目标——修建“寅初亭”。募捐启事曰：“马寅初先生年高德劭，教学有方。自掌重大商学院以来，认真负责，对学生言教身教，循循善诱，春风化雨，收益无量。值兹强寇压境，国步维艰，他奔走呼号，救亡图存，提出临时财产税的主张是切中时弊的济世良方。然而不获采纳，反失自由，恶讯传出，舆论哗然！今六旬高龄寿辰之日，却深陷囹圄！我们为了崇德报功，敬老尊贤，拟筹建‘寅初亭’以为纪念。使马先生的丰功伟绩共山（歌乐山）水（嘉陵江）而长存。希各方慷慨解囊，共襄盛举。”

“寅初亭”的奠基典礼与商学院的第一届学生毕业典礼同时举行。大家把马寅初夫人请到第一排入座，“援马大会”主席报告了筹备经过和决定建立“寅初亭”的地点。全体同学随着马夫人和丁洪范教授一起走出礼堂，到梅岭为“寅初亭”奠基破土立碑。

按惯例，纪念性的建筑不能没有名流题匾书联。在如此形势下，请谁合适呢？有一同学自告奋勇去请冯玉祥将军。冯将军与马寅初本就惺惺相惜，欣然允诺，当面挥毫，还热情地鼓励同学：“你们修建‘寅初亭’，表示了你们敬佩他的为人，信服他的主张，都很好，都可以做。但是更为重要的是要将马先生的主张宣传扩大出去。你们有那么多的同学，如果每个同学给三五个亲友写信宣传，持续下去就会有很多很多的人知道马先生的主张嘛!”[①]

重庆工业学校土木工程专业的师生出于对马寅初的敬仰，主动承揽工程，表示只收材料费，学生参加工程劳动，作为实习，不计入成本。他们设计出一张肃穆壮观的宫殿式瓦亭图。不料没过几天，土木部老师愤然告知，已奉通知“不准承包”“寅初亭”修建工程。同学们只好另找“土包工”。如建宫殿式瓦亭，工程成本估价要3000余元，此时只募得2200多元。为防久拖生变，“援马大会”便和包工师傅商定，改为茅草亭。先在校外把草亭的架子做好，然后运入校内拼起来。亭基附近原有防空壕，可以作掩护，动工挖亭基时，人们以为是在修防空壕。两天以后，“寅初亭”建起来了。黄炎培特为“寅初亭”赋诗：“顽龙经岁困泥中，忙煞惊曹斗草童。报道先生今去矣，一亭冷对夕阳红。”制成木匾，挂在亭内。学校园艺工人还在四周精心种植了各种花草。校方此刻也就装聋作哑，由它存在了。

社会各界对马寅初经久不衰的援救浪潮，让当局感到掌中握了个烫手山芋。正在这时，美国总统罗斯福的特使威尔基来到中国。此人是马寅初留学美国时的同窗，得知马寅初的遭遇，便当面向蒋介石提出想与自己的老同学见见面，蒋介石以马寅初正在前方考察经济，一时不便回渝为由搪塞。1942年10月，威尔基准备第二次来华，之前，他直截了当地向蒋介石提出释放马寅初的请求，蒋介石不便拂美国人的面子，于8月释放马寅

① 李新邦:《冯玉祥题字“寅初亭”》,《人物》1983年第5期。

初。几年后，提起这段往事，马寅初还开玩笑说：“美国朋友救我出狱，我还没有感谢他们呢！”

马寅初于1942年8月回到重庆，住进歌乐山木鱼堡家中。家人得以相聚，但仍然没有人身自由，受到政府钳制：不准教书，不准任公职，不准演讲和发表文章。然而马寅初回渝的消息是封锁不住的。社会名流前来拜访，重大的学生更是冲破层层阻力，源源不断地上山探望，求学问道，聆听教诲。一见到学生，马寅初立显教书先生本色，论学问，谈人生，总不忘讲起他的经济改造的方案，谈笑风生，妙语连珠：“国民党口头奉的是孙中山先生‘天下为公’的宗旨，实际执行的是‘地上为私’四个大字。”

软禁中，马家断了生活来源。1943年，中国经济学社的中坚、私立立信会计专科学校校长潘序伦冒着风险，特聘马寅初到该校任经济学教授，并助其携子女到重庆北碚的校舍居住。不久，教育部部长陈立夫知悉，令潘立刻免去马寅初的教授职务。潘序伦将陈立夫的谈话告诉马寅初，两人一笑置之，不以为意。马寅初在立信会计专科学校讲授“经济与哲学”课，照旧批评政府祸国殃民的财政金融政策，深受学生欢迎。

马寅初还利用软禁规则的缝隙争取参加一些非政治性活动，借机传达自己的政治主张和学术见解。1944年8月27日，原重大商学院学生蔡大风和管绍志结婚，特请尊敬的马老师做证婚人。婚礼在重庆广东大酒家进行，有重庆大学、中央大学的许多知名教授以及亲友、同学百人参加。当马寅初从歌乐山赶到市区，出现在婚礼上时，掌声响起，不少人热泪盈眶。新娘的舅舅对马老说："总算看到您了！"证婚人讲话时，马寅初说："今天参加这个婚礼是我回重庆第一次露面。自从我因揭发'四大家族'害国害民的罪行受到迫害后，一些达官贵人都怯与我为伍，唯有我的一般学生对我亲爱如故……"接着把矛头指向最高执政："不久前中央大学闹派系斗争，校长人选无法确定，蒋介石便兼任校长，他一插手，在这次中大的招生工作中便出现什么'护航'、'顶替"等舞弊事端，正如他直接插手的一些机关营私舞弊一样。"他勉励新郎新娘说："我过去给证婚过的夫妇，他们的孩子已留美回国了，看到他们学成归来，我很高兴，希望新郎新娘好好教育子女！"①

歌乐山软禁期间，虽然人身受限制，但马寅初利用这段时间，专心致志于研究写作，收获颇丰。1943年《经济学概论》面世，1944年《通货新论》出版。

《经济学概论》为当时大学的经济学教科书，是马寅初20世纪20年代在上海商科大学的讲义。1942年，商务印书馆总经理王云五"以后方经济教本异常缺乏，嘱撰《经济学概论》一书"，马寅初遂"并参考英美等国最新之经济学说，充实内容，编成七篇三十四章"。书中对20世纪30年代以来的各种资产阶级经济学新理论，如一般与局部均衡论、替代理论、无异曲线、投资与储蓄、消费倾向与倍数以及其他理论，均有论列。后多

---

① 杨勋、徐汤莘、朱正直著：《马寅初传》，北京出版社1986年版，第92—93页。

次增订，到1948年已出9版。

马寅初身在囚室，战时严重的财政金融危机一直牵挂在心，并思虑着战后财政金融重建问题，管控稍解，他便尽力搜集了当时最新的中外相关书刊和资料，如1943年4月间英国发表的凯恩斯（John Maynard Kaynes）《国际清算联盟建议书》、美国发表的怀特（Harry D.Whit）《联合国与联系国平衡基金方案》等，他结合中国情况形成整理货币的总体思路，推出了理论新著：《通货新论》。“本书之用意，在将第一次大战后所发明之各种新学说，凡可为中国将来整理通货之理论的根据；与大战后各国整理通货之种种方法与步骤，凡可为中国整理通货之经验的根据者，著成专书，对于当前的大时代，做一涓埃的贡献。”①

全书分24章，对第一次世界大战后美、英、法、德、意、加等经济强国整理货币的实践，其中的经验教训，以及在此过程中涌现的新理论、新学派，一一透析，阐明各自机理，评说优劣短长，最后考察中国：

> 中国战后，无论对内对外，不言建设则已，如言建设，必自整理币制始。整理方法固甚多，而第一次欧洲大战后，各国整理币制之方策，可供吾人之参考者，可类别为三：（1）膨胀法（inflation即消灭法）。膨胀法为德国所采用。

①《通货新论》，马寅初著，田雪原主编：《马寅初全集》第十二卷，浙江人民出版社1999年版，第2页。

德国膨胀之结果，将旧钞票废弃，而另行发行新马克……此法在德国可行，在中国不行……（2）提高法（deflation即紧缩法）……（甲）恢复法币战前之价值，非聪明办法……（乙）币值过于提高，物价过于跌落，均非所宜。工商企业，倒闭频仍，足以招致经济恐慌……故提高法中国可行，但不宜过于提高……（3）钉住法（pegging policy贬值后加以钉住）。钉住法系法、意两国所采之方法，吾人主张放弃汇兑本位，故不赞成之。①

马寅初分析了中国的选择空间及可能出现的情形：

著者主张整理法币用紧缩法，不过此项主张，是根据四年前之事实而决定的，尔时（二十九年下半年）通货尚无恶性膨胀之现象，物价比战前亦不过高出五倍至十倍左右，因此笔者绝对地主张采用紧缩法使法币回笼。法币收缩之后，此后的战费，应出自租税，而租税之大部分，应放在发国难财者的身上，庶几通货不致剧烈地膨胀，物价不致猛烈地上涨，而发国难财者亦可稍稍敛迹。此言不发生效力，直至今日（三十三年五月）通货膨胀到若何程度，非局外人所能推测，但大后方的物价水准平均约已达到战

---

①《通货新论》，马寅初著，田雪原主编：《马寅初全集》第十二卷，浙江人民出版社1999年版，第200—203页。

前水准的五百倍，其中较高的地区已近千倍，而战事尚在继续进行中。仗非打不可，打仗后非复员不可，故通货非发不可。长此以往，吾恐紧缩法不能适用，因为紧缩法只能适用于些微的慢性的膨胀，不适用于剧烈的恶性的膨胀。静观今日的趋势，恐最后非出于德俄膨胀法之一途不可。到整理之一日，另发一种新币，定一兑换比率，把旧币收回，而后再以新币与国际货币联系。不过如是办理，一切损失完全放在全体国民身上，而发国难财者可以逍遥法外，安然渡过矣。此之谓平，则天下无事不平矣。[①]

值得注意的是，该书最后一章，马寅初写的内容与货币整理无直接关联，专门谈及“中国社会组织与传统的经济思想之关系”，反映了他对战后中国经济重建导向上的新思考。通篇以“安”字为核心。“中国战后第一步设施莫过于安定人心”。“中国之传统思想重在一‘安’字，西洋则重在一‘强’字。‘安’与‘均’密不可分，‘安’由‘均’而得，‘均’为求‘安’之手段，‘安’为行‘均’之目的。”然而，此处所讲之“安”，并非安贫乐道，须跟上世界大势，“西洋之经济思想，以生产为起点，先有生产而后有分配。中国人则不顾生产，只讲分配。西洋人主提高生活程度，中国人则以安贫为高尚”。安贫的思想不

---

①《通货新论》，马寅初著，田雪原主编：《马寅初全集》第十二卷，浙江人民出版社1999年版，第253—254页。

适合今日之世界，应创造“均富”的新思想以替代之。“吾人嗣后不能再谈‘安贫’，应讲均富之法，以期达到‘自安’、‘相安’与‘治安’之大道，则国富民强，可以图自存矣。”①

《通货新论》为民国时期比较货币学的集大成之作，经济学界据为经典，工商界、金融界视作必读，为世人思考战后经济走势提供了可贵的参考与启示。这本讲述“鸡毛换鹅毛，铜钱换角子”的《通货新论》，1999年由商务印书馆再行重版，当今投资者亦争相拜读。

重新认识共产党

重庆时期是马寅初人生的转折阶段，其中最重要的内容便是重新认识共产党。

马寅初游学美国，装着一脑子自由经济主义思想返回故土，20年间，致力于用自由竞争的市场经济体制重构中国经济、发展资本、振兴工商界。这种取向，与信奉马列主义、效法苏联革命道路的中国共产党截然不同。他以英美经济学派代表的地位，多次发表文章，认为用暴力手段“消灭资本”、摧毁市场的革命不可取。在政治方面，他拥戴孙中山创立的国民党，认为它基本上代表了创建自由经济和民主政治的现代化方向，寄希望于国民政府，积极参与立法工作，谋划经济改造方略。

---

①《通货新论》，马寅初著，田雪原主编：《马寅初全集》第十二卷，浙江人民出版社1999年版，第237—238页。

20世纪30年代中期，马寅初的思想发生了微妙变化。自由竞争体制的某些弊端，以及政府的腐败无能，使他对苏联的计划体制有所感悟，开始将西方战时“统制经济”与之糅合并用，提出在中国实行“统制经济”和“全体主义”的新见，这便与共产党的主张有了靠近。抗日战争开始后，马寅初对豪门权贵发国难财的行径甚为不满，进而就国民政府能否担当中国现代化的责任日感失望。而此时的共产党，则以新的姿态出现在历史舞台上。国共合作抗日协议达成后，共产党暂时中止了在城市鼓动工人罢工、颠覆资本秩序，在农村斗争地主富农、重分土地财产的政策，改行承认私有财产权利、建立抗日民主政府的方针。这个方针，消除了马寅初与共产党之间的隔阂，打消了他过去担心共产党的政策是剥夺“私有权”与“财产权”的疑虑。

不久，以周恩来为代表的一批共产党精英进入大后方，来到重庆。他们有留学背景，深思明辨，通晓时局，待人温文尔雅，重情谊且善交友。其风范给当时的文化界以巨大冲击，与国民党政府官场人物的陈腐气形成对照，为政坛吹进一股新风。马寅初耳目一新，好感激增。

马寅初与共产党在认识和主张上的共同点也越来越多。马寅初对政府的独裁、贪婪、限制言论自由的做法，痛加批评，与最高当局的对立日益加深。共产党在国共合作共同抗战中，处于在野的弱势地位，受到执政当局的压制，政治上主张争民主、争自由，同时描绘出抗日战争胜利后，建立发展资本、多党合作的新民主主义社会的美丽蓝图。而最直接的共同点莫过于要求言论自由、出版自由，《新华日报》始终反对国民党的新闻检查，经常以“开天窗”表示抗议。在捍卫批评权利方面，马寅初与共产党成为同一战线的盟友。

在多重因素的推动下，马寅初和共产党越走越近，而颇具慧眼的周恩来深知争取马寅初的重要性。1939年5月，周恩来和王若飞在重庆约见了马寅初。周恩来深刻分析“四大家族”的反动本质，赞扬马寅初战时财政的主张，详细介绍了中共军队的对日作战态势，以及中国共产党的战后建国纲领——新民主主义论。周恩来以他无与伦比的个人魅力和深邃雄辩的理论见解，彻底打消了马寅初对共产党的疑虑。共产党坚持“劳工神圣”，但主张民族资本继续发展；实施计划经济，又不排除市场机制。尤令人兴奋的目标是，团结广大文化界人士，结束国民党的独裁政治，实现最充分的政治民主和言论自由。这场会见，让马寅初完成了一次人生转折，诚如他1960年所说：

> 在一九三九年以前，我是不与共产党一起的，我也作过文章批评过马克思。但在那年我以实际行动否定了我自己的阶级，否定了过去的我。所以对一九三九年以前的老文章，我不负责任了，我自己亦不引用了，正如马克思否定了自己的阶级一样。自那年起直到现在，无时无刻不与

共产党在一起……[①]

周恩来对马寅初的争取，是他抗日战争期间改变整个文化界对共产党看法的一个缩影。史家评论说，正是周氏扭转了共产党在公众舆论上的不利地位，为日后在道义上制胜国民党奠定了基础。

立场改变以后，马寅初对国民政府的批评愈加激烈，终于招致了1940年年底的软禁。马寅初遭拘期间，社会各界声势浩大的援马行动，背后以共产党为中流砥柱。1940年12月19日延安的《新中华报》发表社论《要求政府保障人权释放马寅初氏》："马先生此种仗义执言，恃正不阿，临难不惧，为争取言论思想自由而奋斗之勇气，为争取民族解放胜利而牺牲之精神，实令全国同胞佩奋！而今马先生果竟因触怒发国难财的'几个大官'而被捕，被押送出境！全国各界人士对政府以种种蔑视人权，以国法徇私之举，莫不同声愤慨，一概抗议，同时坚决要求释放马氏，恢复马氏自由，我们坚决拥护人民这种正义的抗议，并对马氏寄以无限敬意与慰问之忱。"

1941年3月23日《新中华报》又发表了题为《马寅初教授被捕经过》一文，向边区人民介绍了在陪都重庆的爱国人士与蒋政权斗争的情况，动员各界人民，积极地呼吁营救马寅初。

---

①《重申我的请求》，马寅初著，田雪原主编：《马寅初全集》第十五卷，浙江人民出版社1999年版，第237—238页。，第322页。

在重庆的周恩来，利用他深厚的人脉，采取各种手段，多方奔走，为营救马寅初不遗余力。马寅初心知肚明，一生感念。

最让马寅初心灵震颤的，还是60岁祝寿时，周恩来领衔的贺联："桃李增华坐帐无鹤，琴书作伴支床有龟。"评价贴切，用典巧妙，寓意深远，字字如金。

"桃李"，语本《韩诗外传》："夫春树桃李，夏得阴其下，秋得食其实。"喻门生之众。《幼学琼林·师生》言："桃李在公门，称人弟子之多。"华，光彩、光辉之义。对一位毕生献于教育的学者，用此开篇，自是十分妥切。

"无鹤"之后均套自南北朝词赋家庾信的《小园赋》。"坐帐无鹤"，语出《神仙传》。吴王对名士介象非常礼重，为其立宅供帐。介象死后，吴王将其供奉庙堂，常有白鹤来集座上。吴王爱才，方能有此感动生灵的一幕矣。然当朝之"君"却"焚琴杀鹤"，将名士送入牢狱，以致花甲寿宴上，却无寿星。以古喻今，讽莫大焉。"琴书"，即琴和书。陶渊明《归去来兮辞》中有"悦亲戚之情话，乐琴书以消忧"。琴棋书画为文人雅事，逸志不群，高风亮节。"支床有龟"，原典《史记·龟策列传》："南方老人，用龟支床足，行二十余岁，老人死，床移，龟尚生不死。"龟与鹤，高寿之象征，一"无"一"有"，对仗工整而语涉双关，意尤深焉。

中共南方局负责人之一王若飞，亦与马寅初有"知己"之谊。1946年王若飞不幸罹遇"四八"空难，马寅初深切怀念与他的交往："我和此次遇难诸先生大多相识，而对于若飞先生则相知更深。他是从极艰苦的环境中奋斗出来，磨炼成功的，确有很多的美德和优点，未与他久处的人们是不会了解他的一切的。他有灵敏的脑力，魁伟的体力，坚决的魄力，实非一般人所可完全具备的。所以他看事很清楚，论事很正确，平时不多言，说一句就是一句，确有‘夫人不言，言必有中’的本领。他办事有计划，而且有办法，不是只说不做，而有‘说得出，做得成’的才能。每到极困难的阶段，或是极艰危的局面，总是‘稳如泰山，八风不动’。这表明他的毅力是何等坚强！若飞先生有了上面的长处，他不仅是中共的人才，而且是全国的人才。”①

走出禁闭的马寅初，更为自觉地站到共产党一边，而共产党也给了马寅初更多的支持。1944年，马寅初重获自由后的第一篇文章《中国工业化与民主是不可分割的》写成，送给《中央日报》被退回来，改投《扫荡报》还是不登。周恩来闻讯，派《新华日报》许涤新与马寅初联系，还指示说：“马老是一位经得起考验的爱国主义者，必须给以支持。”报社派了一位记者到歌乐山马寅初住宅探访取稿。周恩来让许涤新把文章认真读一下。许涤新读毕向他汇报，他又亲自读了一遍，决定《新华日报》用整版的篇幅予以刊发。马寅初的文章在中国共产党党报上发表，这是第一次。

---

①《向王若飞诸先生学习》，马寅初著，田雪原主编：《马寅初全集》第十二卷，浙江人民出版社1999年版，第325—326页。

此后，马寅初与重庆的共产党人有了患难之交的感情，配合得愈加默契。《新华日报》开座谈会，马寅初每每到会。一次，董必武和王若飞在重庆曾家岩50号邀请民主党派负责人和无党派学者座谈国事，马寅初发言说：“组织群众，组织队伍，这是中国共产党的事情，中共对于这方面的工作是专家，我马寅初只会单枪匹马。但是，只要为了国家的利益，我是一定跟着共产党走的。”马寅初对国民党政权的批评不断升级，这种发自学者口中的声音，的确发挥了共产党人难以发挥的作用。这也是周恩来始终善待马寅初的一个原因。

1942年，马寅初出狱后在“寅初亭”留影

1945年春天，在多方人士的共同努力下，马寅初结束了“几不准”的非正常生活，回到重庆大学的讲坛上。他来到茅草搭建的“寅初亭”旁，触景生情，酸甜苦辣交织于心头。这一年，他64岁。

第七章　弃旧迎新

反内战，争民主

中国人民经过八年的全面抗战，终于在1945年春天看到了胜利的曙光。光复之后，中国何去何从的问题又摆在中华民族面前。携手八年的国共两党各有谋划，蒋介石发表《中国之命运》，以正统自居，企图独享抗日战争胜利果实。共产党在延安召开“七大”，毛泽东作《论联合政府》政治报告，以新民主主义社会为前途，论述两个中国之命运。国人企盼和平，反对内战，希望联合建国，文化界和教育界人士为这一目标奔走呼号。马寅初早在光复前就曾对来访的学生说：“抗战胜利之后有两个大问题，一个是国共两党的问题，弄不好要发生内战。”他在战后对蒋介石及国民党政权失望至极，更为倾向共产党。从这一立场出发，他加强了抨击蒋介石的火力。

1945年3月4日，重庆伊斯兰青年会邀请马寅初在中国回教协会演讲，题目是《战后中国经济的唯一出路》。马寅初开篇即曰："战后的世界有两个可以注意的大国，一个是美国，一个是苏联。美国有的是财富与人才；苏联有的是勇气与计划。中国要处在这样局势下，一定得出一个大政治家才能好好地利用这个好的局势。"

马寅初此次演讲的前两天，美国总统罗斯福发布文告，宣称旧金山4月15日（国际）会议，美国代表将由共和党和民主党各一半人参加。马寅初认为，罗斯福的这个主张体现了民主思想，不是为个人、一党，甚至可以说不是为美国一国，而是为各国树了一个样板，为全世界的民主政治开了一条路，伟大！"有伟大思想，行为才能伟大"，表达了他对民主政治的神往。话锋转向国内，便是毫不客气："二十世纪下半纪的政治家，就要这样的政治家！想作汉高祖，想作明太祖，那是一百年前，几百年前的脑子，现在不行了！"这是在暗讽蒋介石。我们所企望的大政治家，"要靠头脑清楚，了解世界，了解中国"。"一个人不能是一个真空管！"怕听众不明白，他特别解释一番："真空管是肚里空空的，没有东西，外面的东西却又坚决地抗拒不让进来，告诉给他，他不要听，还要骂你一顿：'你不对！我的对！'这样不成的，不要为自己私党，为几个亲戚让他的。"就差把蒋介石的名字点出来了，他指着台下的人说："你们人人将来都有做大总统的机会，人人可以做什么袖什么长，但是诸位将来千万不要做真空管。"台上台下一片哄笑。

马寅初指出："经济上的出路是：一个是民主，一个是和平，不民主的就是反潮流，是反动分子！……如果违反这个潮流，几十年几百年后，那历史上写着：‘祸国殃民，万世罪人！’”①

马寅初此番演讲，指责蒋介石，振聋发聩，赞扬罗斯福，心往神追。但以为中国的出路关键在于要有伟大的政治家出现，比他过去重在民主制度创建的思路有了倒退。这似乎是他日后一度接受“个人崇拜”的一个思想伏笔。

为了实现停战，毛泽东于1945年8月28日飞抵重庆和蒋介石谈判。中共代表团特意安排时间与各界名流见面。9月1日下午7时，中苏文化协会为庆祝《中苏友好同盟条约》签订举办宴会，毛泽东、周恩来、王若飞等应邀出席，到会的还有宋庆龄、冯玉祥、邵力子、沈钧儒、郭沫若、马寅初等300多人。马寅初同毛泽东和周恩来会见以后，周恩来又派轿车送他回歌乐山。马寅初一进门，就高兴地大声说：“我见到毛先生、周先生了，国共两党进行和谈，就要召开政治协商会议了！”

9月17日，马寅初在“五星聚餐会”上演讲：“民主国家要有政团至少两个，一党在朝一党在野，在野党监督在朝党，使不至横行无忌，一旦在朝党不为民众所信任，则在野党取而代之，则向之在朝党又变为监督者以督促其政策之推行，如是政治方有进步。”②

---

①《中国需要伟大的政治家，为老百姓做事》，马寅初著，田雪原主编：《马寅初全集》第十二卷，浙江人民出版社1999年版，第499—502页。

②《黄金政策所表现之经济政策》，马寅初著：《马寅初战时经济论文集》，作家书屋1945年版，第330页。

马寅初寄予厚望的全国政治协商会议，于1946年1月8日在重庆举行，国民党、共产党、各民主党派以及社会贤达等代表参加，就和平建国纲领、宪法草案、军队和政府组织、国民大会等问题达成了五个协议。

各界人士感到和平有望，于2月10日上午在重庆较场口召开“陪都各界庆祝政治协商会议成功大会”，1万多人到会。身穿蓝布长袍的马寅初，手持一根黑色手杖，最早出现在人群中间，郭沫若、沈钧儒、梁漱溟、罗隆基、章乃器、李公朴、李德全、史良等知名人士亦相继到场。正当大会即将开始时，台下突然有些人大声吵闹起来，一批来历不明的人冲上主席台。大会筹备会总指挥李公朴及主席团成员章乃器、马寅初等当即严词抗议。未想他们大打出手，殴击李公朴、郭沫若等。马寅初也被打伤，穿的马褂及长衫被撕破，文稿也被抢去。这就是著名的“较场口事件”，舆论认为系国民党特务奉最高当局命令所为。马寅初来到中华高级会计学校办事处稍事休息，气愤地说：“蒋该死，搞这假玩意！”

“较场口事件”让过去在国共之间试图“不偏不倚”、走“中层道路”的民主人士，加深了对国民党的反感，进一步左转。马寅初更是一马当先，堪称这股潮流的领军人物。时逢中共高层人物王若飞、秦邦宪、叶挺、邓发等遭遇“四八”空难，马寅初在《新华日报》上发表《向王若飞诸先生学习》一文，深表痛悼之际，亦对时局大发感慨：“政协会议闭幕快到三月了，不只是共同纲领尚未实施，连宪草修正也未最后决定；不只是联合政府尚未成立，连国大代表亦未完全产生；不只是整军方案尚未执行，连东北内战亦无停止办法。在这一切胶着而且恶化的当中，渴望和平民主早日实现的人们，当然是为之日夜忧思而焦虑着的。”①

随着沦陷区的收复，马寅初从重庆回到杭州、上海。据全国政协的文献片《同舟共济》介绍，国共争锋中，中共决定在国统区发起一场反内战、争民主运动，在国民党大本营烧起这把火。谁领头最合适呢？上级认为是马寅初。于是，由周恩来出面与他谈话。1946年4月22日，应浙江大学学生自治会之邀，马寅初作了“到杭的第一次公开演讲”，题目为《中国目前经济之危机》，热血吼狮又在华东发威，听众反应热烈，当局甚为紧张。在严峻的形势之中，马寅初出人意料地写了篇《我的人生观》的文章，简述了中外自然哲学与人生哲学的发展脉络，而最终的落脚点还是关注民族命运，呼唤民主自由。“中国在抗战期中，民生凋敝，道德堕落，以致政治、经济、社会各方面发生莫大危机。救济之法，应着重于经济建设与精神修养……今日盛行之贪污，在一党专政之下，决无法铲除，盖以大贪污来杀小贪污，不仅违反天理，且将造成混乱之局面。‘上无道揆，下无法守’，则天下乱矣。今日吾国一切问题之症结在政治，而

①《向王若飞诸先生学习》，马寅初著，田雪原主编：《马寅初全集》第十二卷，浙江人民出版社1999年版，第325页。

政治问题之症结在民主与不民主。”①

国内“反内战，争民主”的呼声一浪高过一浪，马寅初以社会名流的身份积极投入其中。6月7日，他与马叙伦、郑振铎等163位上海著名文化人士联名向蒋介石发出了《要和平，不要内战》的呼吁书。国民政府行政院欲对外“开放内河航行权”的消息传到杭州，13日下午，杭州20所大中学校的近万名学生集会抗议。大会即将开始，马寅初突然出现在主席台上，会场群众报以意味深长的热烈掌声。人们知道，保安司令部事先有个通知，不准马寅初参加集会。然而，他不屑一顾地来了。大会主席作简短讲话后，请马寅初演讲。马寅初开门见山：“中国弄得这样糟！为什么会这样糟？一句话，就是没有正气。大家只晓得你抢我夺，贪污的贪污，做强盗的做强盗，官做得越大越会贪污，上行下效，下属人员乌七八糟自然不必说了。这么一来，弄得老百姓没有饭吃，当兵的没有饭吃，公务人员更没有饭吃，只有那些发胜利财、发接收财的贪官污吏才有饭吃。”最后，他表示：“今天，大家出来维持正气，来反对内战，机会非常难得，我虽没用，但绝对要跟着大家走。”②

群众开始游行。年逾花甲的马寅初站在游行队伍的最前列，振臂高呼：“打倒官僚资本！”“反对打内战！”行至中途，天降大雨，人们见马老全身湿透，主动递上雨衣雨伞，他婉言谢绝：

---

①《我的人生观》，马寅初著，田雪原主编：《马寅初全集》第十二卷，浙江人民出版社1999年版，第363—365页。

②《文汇报》1946年6月16日。

“别人都冒雨游行，我走在队伍前边，更不能特殊！”众人笑称他真是一马当先！来到戒备森严的省府门前，师生高呼：“打倒贪官污吏！”“反对内战！”“打倒官僚资本！”“反对开放内河航行权！”“反对外国军队留驻中国！”

游行按计划走到终点市体育场，马寅初用手帕拭去脸上的雨水，湿漉漉的黑领带贴在白衬衫上。学生们高呼：“拥护马寅初先生！”马寅初连忙摇手说：“不要拥护我，不要拥护我。”他说：“这一次游行胜读十年书。以后凡是杭州市学生为正义而游行，我一定参加！”①

这次游行后，马寅初在杭州法院路的家里便时而有些身份不明的人“光临”“看望”，家人担心再受迫害，不得不加倍提防。浙江大学接到不准聘请马寅初的命令，杭州的报刊亦奉命不准刊载马寅初的文章。面对如此严峻的环境，马寅初不以为意，照旧“天马行空”，顾自赴中华工商专科学校就教职。1940年年底在重庆，他就是为这个学校“青年星期讲座”进行一场公开演讲后被捕的。今天，地点转换到上海，他继续与董必武、郭沫若等密切联系，站在民主运动的最前列。

1946年12月24日，北平发生美军士兵强奸北京大学女学生沈崇事件，马寅初、张东荪、罗隆基、章伯钧、陈家康等发表严正谈话，抗议美军暴行。

---

①《人民反战运动》,《和平新编》1946年,参见杨勋、徐汤莘、朱正直著:《马寅初传》,北京出版社1986年版,第119页。

1946年年底，新一年到来前夕，国人关心来年时局。12月26日晚，马寅初和马夷初（叙伦）应邀来到上海《联合晚报》。二位马先生都是浙江人，叙起家谱来，祖先同属会稽，寅初先生时年65岁，夷初先生62岁，同姓、同半名、同事（北大教授），又同为气势如虹的社会活动家。他俩以对谈的形式就国内政治经济局势发表见解，颇有创意，世人瞩目。12月31日，《二马对谈》与读者见面：

马寅初说："今年过年，苦是苦了，但这年内，老百姓都还敢怒而不敢言，敢言而不敢动。中国老百姓就是没有团结力，要不然，早就反抗了。即使有点团结力的，又有人来分化你，拆散你。由于缺乏团结，又缺乏人领导，盲人骑瞎马，所以老百姓现在心里虽怨愤，一时还革不起命来，见不到普遍的反抗。"

马寅初接着说："今年年关固然难过，但大致可以过去。就拿我自己来说，有人邀我到杭州去过年，那可非花上五十万元不行，我就在这里过过，十万元也可对付了。"

马夷初对寅初的话表示赞同："这一年来的政治，可说比民国三十五年来任何一年都坏……现在重要的是农村，农村总崩溃，也可促成都市一定跟着崩溃，不过目前农村似尚未到此地步……今年年成还好，终算尚能勉强过去，否则便不得了。"

寅初连连点头说："是的，要过不去，也不在年关过不去，中国人的仇恨不会发生在年关。就历史上说，洪秀全也不是在年关起义啊！中国人逢年过节，都要穿红戴绿，讨个'利时'，大年夜躲过债，新年里就不向你开口讨了。几千年传统如此……与其说经济上会出毛病，据我看来，毛病恐怕还是出在军事上。”

夷初颇表同意：“是呀，那农村方面，刚才寅初先生说刺激，恐怕也还是征粮抽丁的刺激最大。其他方面，在农村里还不会直接感受到。”

寅初进一步说：“少数人享福，多数人拼命，而且又是打自己人，这仗怎么打得下去？一旦打仗的人醒悟起来，事情就不简单了。”他接着说：“国大开完，政治上的‘年’可说已经过去了……他们过年容易得很，印印钞票就是了。可以无限制地发！”

这时，夷初忽然提起当年国民党政府放工贷的事，要寅初谈谈看法。马寅初立即表示：“今年如果没有工贷，工商恐怕更摇动了：工厂关门，工人失业，那可真的一哄就闹起来了。现在总算打了一针强心针，勉强得有透一口气的机会……工贷一放，物价一定要涨。政府也希望物价涨，工厂可以因货价增值赚一笔钱，才能还他的账，代放银行也是一样，否则就毫无保障。物价这样子一来是不得了了，顶吃亏倒霉还是老百姓！”

“人民倒霉！人民倒霉！”夷初也频频叹息。

对谈话题随后转入今后的政治形势。夷初说：“政府如今搞了一个所谓‘宪法’的‘保障’，说是明年十二月行宪，代表留任，这似乎算是弄到了一个很大的武器了……就过去两个月的过程看，当然是‘改组政府’的一幕了……总而言之，还是要

‘拖’。要使得拖不下，只有靠民主的力量。要不然就是刚才所说的军事方面的漏洞……在某次战役以后，传马歇尔自己也说，他已明白打是不会有前途的。于是，就在政治上玩了许多花样。”

两位马先生分析了中国形势暂时“安定”、人民还没有普遍觉醒起来的原因：第一，民众方面还没有深入的民主教育，也就是说觉悟性还不够；第二，中国人民有高度的忍耐心、极深的命运观念；第三，从前的农民可以“揭竿而起”，一支竹竿打掉你官兵手里的大刀，就能反了，可是如今是枪炮时代、原子时代，这一点很重要；第四，最重要的还是残酷压制，使你不能动，不能有组织。

寅初感叹地说：“有些人也就此以为：我道大可以行下去了！”结合社会现实，他们认为，今后的民主运动必须简化，首先，目标要简单明了。只能断然地提出以民主力量来击破反民主，不能再有别的调和的东西，更丝毫含糊不得。

寅初说：“有人说保守的仅仅代表了大地主、大买办、大官僚。但依我看来，他们且仅仅代表自己的几家。照现在趋势下去，简直比日本还不如，日本还有十五个大家族，连天皇十六个，中国却只有那么几家！因此在中国……中上和中等以下的，以至于农人、工人、贩夫走卒，都应该联合起来，先把这个集团拖下来再说。”

夷初说：“现在的趋势是在打倒中等，要把你中等打下去。如果说你要代表中等，中等的利益实在已和老百姓打成一片，分不开了。这是铁一般的事实，上海的情形就是如此的。”“目前已到了非全国奋起联合不可的时候了，希望各方面共同促成这一大结合！”

寅初先生插上一句：“不错，就是在经济方面，这个局面拖下去，工厂商店统统关门，迫得失业的人都走投无路，也就需要有人来组织他们。同命运的人的确应该同生死。”

话题转到币制问题，寅初先生说：“至于说那个新币怎样发法，这要看美国的五亿贷款成功不成功……贷款成功了，当然要打得更厉害，要多死几十万人！”

窗外，雨声淅沥；屋内，二老慷慨陈词。对谈一直进行到深夜。

夜阑人静，这一高一矮、一胖一瘦的两位马先生才走出门，各自跳上接他们回家的车子。①

《二马对谈》犹如在国民党统治区投放了一颗舆论“炸弹”，让当局恼火万分。

1947年2月17日，国民政府颁布《经济紧急措施方案》。当天马寅初正出席上海经济团体联谊会在银行俱乐部举行的第19次座谈会，他即席痛加驳斥：“现在这办法，一涨涨起了快四倍，中国人可真要倒霉了。尤其是前方将士，前线打仗，后方家属要挨苦，军心怎能维持？所以这也好，可以垮得快一

---

① 参见《二马对谈》，马寅初著，田雪原主编：《马寅初全集》第十二卷，浙江人民出版社1999年版，第515—526页。

点……如果内战不停，今年老百姓能否过得下去，很成问题。所以我们要快快宣传，使老百姓罢税！使士兵罢战！他们什么都以武力对付，‘我人杀得愈多，我就愈伟大’。真是狼心狗肺！我说的这几句话，我请在场的新闻记者，全部登出来，不要改动一个字，这些话是我马寅初说的！”①

1947年10月4日，马寅初在《经济评论》上发表题为《中国经济问题决于政治》一文，明确传达从政治上推翻国民党政权之意。“在中国是政治问题较为重要；假若政治腐败，则任凭具有良好的经济计划均无法实行，即是勉强实施，亦是害多利少……在内战之背后，尚有更深刻的病源，就是政府之贪污与无能。”对此痼疾，马寅初给出了切而除之的药方：“中国之健康状况固极衰弱，然以其疾病过深，非实行大手术，不能见效……在这样一个祸国、无能之政府领导之下，老百姓忍无可忍，起而为生存战斗。”②

马寅初的言行表明，他已完全站到国民党政权的对立面，越来越像共产党的党外代言人。对此，国民党忍无可忍，于1947年开除了他的国民党党籍。这对马寅初来说，不啻为一个内心期待的结果。

1946年至1948年三年之中，马寅初始终战斗在“反内战，

---

①《对〈经济紧急措施方案〉的看法》，马寅初著，田雪原主编：《马寅初全集》第十二卷，浙江人民出版社1999年版，第430—432页。

②《中国经济问题决于政治》，马寅初著，田雪原主编：《马寅初全集》第十二卷，浙江人民出版社1999年版，第494—496页。

争民主”、推翻国民党政权的第一线。同时，他对整个经济学界的转型、变革亦十分关切。抗日战争胜利后，中国经济学社的成员多从重庆回到南京、上海，代社长陈其采自动退位。1946年5月17日，《经济周报》记者就经济学社开年会之事访问社长马寅初。马寅初说，有许多社员建议在南京开会，但他觉得“在南京开会就难免‘官’气太重，今后理想的开会所在，也许还是上海”。1948年6月出版的《国立中央研究院院士录》里，马寅初在其“参加学术团体”一栏内，填为“中国经济学社社长”。因此，直至1948年，马寅初仍是中国经济学社社长。[①]到上海后，马寅初很快促成了“上海各经济团体联谊会”的成立，被公推为名誉会长。联谊会每两周就活动一次，着重讨论有关“中国建设道路”的各种问题。成员多为知名的专家，如马寅初、吴觉农、张锡昌、孙晓村、秦柳方、吴大琨、勇龙桂、寿进文和吴承禧等。与会者各抒己见，主张发扬民主，反对独裁；停止内战，维护和平；肃清官僚资本，抵制列强资本；抨击反动的经济政策，反对通货膨胀；呼吁保护民族工商业，提倡以工立国、以农为辅，全面推进现代工业化。座谈内容被整理成文，发表于《经济周报》《文汇报》上。

尽管马寅初成为国民党政权的眼中钉，但学术界还保持着独立的尊严，不是政党、政府可以随便干预的，更遑论看政府眼色行事了。1948年年初，中央研究院选举第一届院士，经济

① 参阅孙大权:《中国经济学社的兴衰及其影响》,《经济学家》2006年第4期。

学候选人有8位，选举结果，只有马寅初一人当选。

马寅初任何时候都未忘自己的立身之本——学术，操心时局之际仍孜孜于求学问道。1948年，马寅初推出50余万字的大作《财政学与中国财政——理论与现实》，署名“中央研究院院士马寅初”，并在扉页上标明“此书献给母亲”。全书分8篇23章，对过去有关财政学的研究做一系统思考，同时进一步探讨了该领域的新现象和新问题，如公库制和专买制等。学界对马老在纷乱的世道中如此辛勤耕耘、巨著迭出，除了感佩更有惊叹。惜乎，对于理论创造力如此旺健的马寅初而言，随后风雷激荡，天地翻覆，他的学术之路因之拐弯，再也没有撰写出版过如此体系严整、学理精湛的专著。

马寅初的学术地位加上敢于直言的品格，让他的道德文章有口皆碑，社会声望如日中天，以至有舆论将他与鲁迅相提并论：“今日马寅初先生在中国经济学界的声望与地位，可与过去文学界的巨人鲁迅先生相比。在争取国家自由民族解放的过程中，马寅初与鲁迅一样，遭受着恶势力的仇恨，但却雄视阔步于各种压迫之下，却始终敢说，敢笑，敢怒，几十年来态度一贯。”[①]

马寅初的社会声望越高，越招国民党政权忌恨，便衣不时出没身边，处境危险。周恩来专门打电报指示：“已取得社会地位的进步人士（如郭、马）只有暂时韬晦。民主人士只要坚持

---

① 下行:《马寅初在上海》,《联合晚报》1946年11月21日。

原来立场不参加政府，其作用自大。”[①]1948年年底，出于保护与共产党合作多年的民主人士安全的考虑，地下组织安排马寅初等人离沪，假道中国香港，转移到已和平解放的北平。因为马寅初在社会上影响很大，目标显眼，地下党组织特意给他弄了一张香港轮上大菜师傅的假身份证，以为掩护。

离沪前几天，马寅初像平常往返沪杭间一样，先回杭州家中待了几天，处理一些事宜。然后回到上海，按党组织的安排，轮换着在亲友家借住。离境那天，特地在包达三先生家中进行化装，略微肥胖的马寅初穿上大师傅的工作服，还真像“大菜师傅”。“大菜师傅”混过了码头上的卡子，顺利登上海轮，直奔不为人注意的底舱角落。等到轮船起锚，出了吴淞口，他才走上甲板，迎着清新的海风尽情呼吸。

轮船载着马寅初驰向新的人生航程。

参与制定《共同纲领》

历史的车轮驰入1949年，国共决战的三大战役，胜负已见分晓，国民党政权日薄西山，共产党加快了创建新中国的脚步。马寅初等人到港，正是为了北上参与建国大计。

2月27日上午，马寅初和柳亚子、陈叔通、黄炎培、叶圣陶等一行20多人乘“华中轮”离港。这是在港的第五批也是最后一批民主人士北上。行动的总指挥是周恩来。行前，毛泽东

① 童小鹏著:《风雨四十年》,中央文献出版社1994年版,第548页。

电令沿途参与护送的中共各单位，对柳亚子、陈叔通、马寅初几位老先生要加意关照。经过20个昼夜的海陆颠簸，一行人于3月18日上午10时抵达北平。北平市军管会主任叶剑英及民主人士沈钧儒、马叙伦、郭沫若等20余人在车站迎候。

3月25日下午，马寅初同黄炎培、沈钧儒、李济深、郭沫若、马叙伦等和北平各界代表1000多人来到西郊机场，欢迎毛泽东、刘少奇、周恩来、朱德、任弼时等中共领导率中央机关从西柏坡迁入北平。马寅初见到周恩来激动万分，跑上前去大声说："遵照你的指示，我已平安来到北平。"周恩来亲切地握着马寅初的手回答："欢迎你同我们一道为新中国工作。"

马寅初为新中国工作的头一件事情，是代表中国文化界出席4月召开的第一届世界和平大会。起初人们共推马寅初担任代表团团长，由董必武出面与之磋商。马寅初坚辞不就，力荐郭沫若更为合适。3月24日，出席大会的40名代表在北京饭店集会，正式组成中国代表团，选出郭沫若为团长，刘宁一、马寅初为副团长，钱俊瑞为秘书长。

3月27日晚，北平市军管会主任叶剑英领衔，在西长安街国民大戏院举行欢送出席世界和平大会代表团大会。大会氛围热烈，与会人士对即将诞生的新中国满怀期待，心气高昂，情不自禁地一遍遍高呼：人民革命万岁，人民政府万岁，中国共产党万岁，毛主席万岁！

不少民主人士多年后回忆道：对个人山呼万岁，乃是皇权专制年代的腐习，与民主理念本格格不入。新中国成立前后，群众为社会的天翻地覆所鼓舞，出于对毛泽东的崇拜而掀起呼喊“万岁”的浪潮，构成一个时代的强音。文化界人士开始觉得别扭，但很快为群众的情绪所感染，也跟着自如地振臂高呼了。马寅初亦属此列。他在晚年又一次“隐居”时，曾上书批评“个人崇拜”，也对此进行了反思。

3月29日，代表团起程经由苏联抵达捷克斯洛伐克，在分会场布拉格参加了盛会。5月25日下午，代表团回到北平。周恩来、林伯渠、董必武及各界代表2000余人到北平车站欢迎，10万名群众在天安门广场举行盛大的庆祝会，代表们下火车后立即赶到天安门广场。北平市市长叶剑英致欢迎词后，代表团团长郭沫若、副团长马寅初先后演讲。

马寅初说：“此次我们完成任务归国，又蒙诸位在此热烈地欢迎，这实在使我们异常兴奋，非常感谢……参加大会的国家共有七十二个，代表人数有二千零五人，拥护世界和平大会的人数不下八亿，声势之浩大，力量之雄厚为从来所未有……此次兄弟与同人等三十九人代表中国四亿七千五百万同胞，出席保卫世界和平大会……中国代表之人数虽少，而所得收获，实在不少；对于世界和平之贡献，亦不可谓不多。此非鄙人夸大之词，实乃实际情形之写真。”[①]说到大会期间忽闻解放军渡江消息，马寅初的兴奋之情，更是溢于言表。

---

①《在北平人民欢迎出席第一届世界和平大会代表团回国大会上的讲演》，马寅初著，田雪原主编：《马寅初全集》第十四卷，浙江人民出版社1999年版，第46—47页。

1950年11月，代表团再次赴波兰华沙参加第二届世界和平大会。大会通过了《告全世界人民宣言》。

马寅初到北平后，即参与政治协商会议的筹备事宜，担负起创建新中国的责任。这是他心目中的神圣工作。1949年6月15—19日，新政治协商会议筹备会第一次全体会议在北平召开，会议决定成立常务委员会，毛泽东为主任，常务委员有周恩来、朱德、章伯钧、黄炎培等21人，马寅初名列其中。常务委员会的职责为：起草《共同纲领》，拟定政府方案，全面展开筹建新中国政权的工作。是为开国建政的最高决策机构。

马寅初在全面参加建国事务之际，工作的重点在于《共同纲领》的制定。筹备会下设若干小组，马寅初分在第三小组，组长为周恩来，任务是负责起草《共同纲领》中的"经济政策"。这是《共同纲领》中的核心内容。

中华民族自1840年后的百余年间，备受外侵内乱的蹂躏，终于在中国共产党的领导下，实现了国家统一、民族独立，马寅初欢欣鼓舞，万分珍惜当前的历史机遇，希望将世界先进文明的成果、中国百年奋斗的经验，一并融入新民主主义国家的"临时宪法"——《共同纲领》之中，为今后几十年乃至上百年的中国现代化进程定路径、绘蓝图。他逐字逐句地研究、斟酌、修改《共同纲领》，为之倾注了巨大的心血和才智。在新政协筹备会举行的第六次常委会上，黄炎培坚持职业教育的意见得到马寅初的肯定与支持。最后在《共同纲领》第四十七条上加了"注重技术"四个字。

1949年9月21—30日，马寅初出席中国人民政治协商会议第一届全体会议。图为马寅初与毛泽东、朱德、周恩来等合影

《共同纲领》于1949年9月29日由中国人民政治协商会议第一届全体会议通过。宣告："中国人民民主专政是中国工人阶级、农民阶级、小资产阶级、民族资产阶级及其他爱国民主分子的人民民主统一战线的政权……中国人民政治协商会议一致同意以新民主主义即人民民主主义为中华人民共和国建国的政治基础。""中华人民共和国必须取消帝国主义国家在中国的一切特权，没收官僚资本归人民的国家所有，有步骤地将封建半封建的土地所有制改变为农民的土地所有制，保护国家的公共财产和合作社的财产，保护工人、农民、小资产阶级和民族资产阶级的经济利益及其私有财产，发展新民主主义的人民经济，稳步地变农业国为工业国。""中华人民共和国人民有思想、言论、出版、集会、结社、通讯、人身、居住、迁徙、宗教信仰

及示威游行的自由权。”“中华人民共和国经济建设的根本方针，是以公私兼顾、劳资两利、城乡互助、内外交流的政策，达到发展生产、繁荣经济之目的。国家应在经营范围、原料供给、销售市场、劳动条件、技术设备、财政政策、金融政策等方面，调剂国营经济、合作社经济、农民和手工业者的个体经济、私人资本主义经济和国家资本主义经济，使各种社会经济成分在国营经济领导之下，分工合作，各得其所，以促进整个社会经济的发展。”“凡有利于国计民生的私营经济事业，人民政府应鼓励其经营的积极性，并扶助其发展。”①

这些核心内容，在马寅初看来，自己毕生追求的政治民主化和经济市场化目标，都在其中得到了体现。此后，在工作和讲演中，他处处以《共同纲领》为指针，像爱护自己的眼睛一样爱护《共同纲领》。

由于负责研究国名、国旗、国徽、国歌、纪年、国都方案的第四小组遇到了一个议而未决的问题，马寅初在最后关头亦参与其中，发挥了作用。第四小组自6月15日开始至9月下旬，多次开会，进行了大量工作，在9月24日的会议上就各项议案基本达成共识，但就国名“中华人民共和国”是否沿用“中华民国”作为简称发生分歧。9月26日中午，周恩来在六国饭店设宴，23位赴宴者无一不是德高望重的勋老。周恩来开场言道，

① 中共中央文献研究室编:《建国以来重要文献选编》第一册，中央文献出版社1992年版，第1—8页。

有关议案屡经小组讨论，大致上已没有什么不同意见。只有“中华人民共和国”名称下加括号简称“中华民国”，每次会议都有人表示似乎累赘，当初之所以在《共同纲领》草案中写入这一条，主要是为了顾及一部分人的意见，表示不忘辛亥革命创始的功绩。究竟如何定名方为“妥帖”，他称受毛主席之命，特约各位长老到这里讨论。

黄炎培率先发言，认为“我国老百姓教育落后，感情上习惯用‘中华民国’，一旦改掉，会引起不必要的反感。留个简称，是非常必要的”。但他的态度并非坚决，补充说，三年之后再去掉也可以。黄的意见，得到对“中华民国”四字颇有感情的何香凝老人的声援。她认为：“中华民国是孙中山先生革命的一个结果，那是用许多烈士的鲜血换来的。关于改国号问题，我个人认为，如果能照旧，用它也是好的，如果大家不赞成，我就不坚持自己的意见了。”然而，更多的先生不赞成他们的意见。

陈叔通、陈嘉庚、沈钧儒、徐特立、张元济等主张删，华侨代表司徒美堂对“中华民国”的历史阴影作了一番批评之后，马寅初激烈地表态说：“（中华民国）这个简称，实在不伦不类，不像话！”

看到大家的意见基本趋于一致，周恩来最后说，我会把大家的这些意见综合起来送主席团参考，并作出最后决定。结果，“中华民国”称号不再使用。

1949年9月30日，政协第一届全体会议闭幕，马寅初当选为中央人民政府委员会委员。10月1日，他登上天安门城楼出席开国大典，就站在毛泽东身后，亲闻亲见了这位伟人向全世界宣告：中华人民共和国中央人民政府成立了！回到家中，他对亲人说：这是我一生中最欢乐最幸福的时刻。

10月19日的中央人民政府委员会第三次会议任命陈云担任政务院财政经济委员会主任，薄一波和马寅初为副主任，李富春等50人为委员。马寅初实际上坐在了中央政府最高经济顾问的位置上。据《陈云传》载，马寅初“是在周恩来的推荐和陈云的一再敦促下担任中财委副主任的”[①]。这一届的政务院，从副总理到各部部长，民主党派和无党派人士占到三分之一以上，的确体现了《共同纲领》多党合作的原则。马寅初即是以无党派人士身份出任要职的。这让马寅初进一步觉得共产党、毛主席的伟大。马寅初次子马本初的几个孩子在1952年、1953年和1957年先后出生，马寅初亲自为他们分别取名为：思润（毛泽东字润之）、思泽、思东，以表对毛泽东的感念。

马寅初在新中国出任的第一个实际职务是浙江大学校长。他是浙江人、著名的教育家，与浙江大学的渊源颇深。1946年4月22日，他曾应浙大学生自治会之邀请，作过题为《中国目前经济之危机》的演讲。同年6月，又参加浙大学生反内战、争民主的示威游行。1947年、1948年竺可桢校长曾两度登门聘请马寅初任教，但由于执政当局的阻挠而未果。1949年5月，共产

---

① 金冲及、陈群主编：《陈云传》，中央文献出版社2005年版，第606页。

党接管杭州后不久，因竺可桢应邀赴北京任事，浙江省人民政府即委任马寅初为浙大校务委员会主任兼校长。当时的浙大教务长严仁赓回忆说：六七月间，“沿沪杭一线埋设大量地雷一时未及起出，火车未通，马老是乘坐汽车来杭的。为了看看刚刚解放的家乡，他不辞辛苦，也冒了生命危险。马老做事，往往不顾一切”①。

8月26日这一天，马寅初在浙江省政府主席谭震林的陪同下，至浙大履新。

下午2时，全校师生在健身房举行了欢迎马寅初就职大会。谭震林向浙大师生介绍说：“马寅初先生是坚强的民主斗士，他赤手空拳跟反动派进行生死搏斗，因为跟着人民一道，所以也终于和人民一同胜利。马先生英勇斗争的光荣是中国人民的光荣，是马先生自己的光荣，亦是浙大的光荣。”马寅初致就职词：

> 过去在国民党统治下，曾数次应竺可桢校长之召来浙大任教，但都被反动派特务所阻挠。做教授尚且如此之难，何况做校长？现在由于毛主席的英明指导及人民解放军的英勇斗争，打败了帝国主义，铲除了国民党的反动势力，所以我才能够被任为校长。

---

① 严仁赓：《我所了解的马寅初先生》，见浙江大学1981年编：《百年大寿——马寅初先生百岁寿辰庆祝会文集》，第24页。

今后的浙大，要在人民民主的总方针下，大家学习新的思想，确定为人民服务的立场，要与建设相结合，培养切合实际要求的专门技术人才，在人民政府的领导下，响应谭震林主席的号召，协力加速建设新浙江。全校师生职工，同心协力建设人民的新浙大。①

因忙于政协的建国大事，马寅初完全进入浙大校长的角色已经是10月底的事了。他做的头件大事便是宣讲《共同纲领》。

10月31日深夜，马寅初返回杭州，第二天清早就来到办公室处理各种事务。当晚，他召集全校师生开会，报告全国政协召开的情形及所通过的《共同纲领》内容，重点讲解了《共同纲领》中的经济政策。他说："革命推翻一切，我们的共同纲领不是根据什么法统、正统、道统，是根据人民的需要而定的。""我们的经济政策基本精神就是毛主席所说的'发展生产，繁荣经济，公私兼顾，劳资两利'，再加上'城乡互助，内外交流'。在新民主主义经济中，民族资本主义经济在国营经济领导下是无危险性的，因为我们不是让民族资本主义经济无限地发展，以致形成操纵国家，走资本主义、帝国主义的道路，我们的方向是社会主义，有关国计民生的事业是由国家经营的，民族资本经济是由国营经济领导的。"

①《在浙江大学校长就职典礼上的演说》，马寅初著，田雪原主编：《马寅初全集》第十四卷，浙江人民出版社1999年版，第50页。

根据《共同纲领》的精神，马寅初还联系浙大情况作了发挥："全国可能重点地发展五六个基本大学，浙大有许多名教授，但校舍简陋，需要改善，希望能建一座五千人的大礼堂和一个图书馆。"他号召全校师生员工"共同努力学习，加紧改造自己，使浙大成为祖国最好的大学"。这场报告历时两个多小时。报告后，全校出现了一个以实际行动学习、贯彻《共同纲领》的热潮。

紧接着，马寅初应邀到杭州工商联和杭州银钱业学术会议上发表《工商业者消除顾虑，为建设新中国而奋斗》和《人民政协召开的经过》的演讲，重点说明《共同纲领》的要义。他还专门整理了一篇《〈共同纲领〉中之经济政策》，刊于12月5日出版的《上海工商》上。针对某些资本家对"共产"的担心，他还作了一番有意思的解释："有些资本家问了：不管怎样的和平，但走上社会主义的时候我们不是完了吗？不会的，中国资本家始终是中国人，中国变成社会主义，你也是中国社会主义国家的一分子，你过去既然有能力办工厂，将来的工厂也一定要请你办的。你过去管理一个工厂管理得好，证明你有本事，将来一定会叫你管五个十个工厂的。"①

1950年1月1日，新中国迎来第一个元旦。全校师生员工欢聚一堂，团拜庆祝。马校长精神昂扬，发表了新年祝词："我首

①《人民政协召开的经过》，马寅初著，田雪原主编：《马寅初全集》第十四卷，浙江人民出版社1999年版，第66页。

先向各位拜年，这个拜年是有重大意义的。因为中华人民共和国和中央人民政府的诞生，今天是第一个周岁，大家吃红蛋，是特别高兴的时候。”“现在母亲临盆生产的痛苦业已度过了，但是困难仍然存在着，因为我们一方面要将解放战争进行到底，解放台湾、西藏、海南岛和定海；另一方面又要担负起建设新中国的责任，所以财政上，暂时还存在着收支不平衡的困难。可是，这些困难是一定有办法克服的，发行人民胜利折实公债，就是解决困难的办法之一，希望大家竭力完成这项光荣任务。”

马寅初在元旦祝词中号召大家完成人民胜利折实公债，这是他建议陈云向中央提议的。一位原华东局的老干部回忆：马寅初当时提议时称“建设折实公债”，得到许多人的赞同，意思是发行是为了恢复生产进行建设，但陈云认为应谓“胜利折实公债”，他说没有胜利哪来建设。于是两人决定在财经委进行表决。结果大多数人赞同陈云的意见，于是就叫作了“胜利折实公债”。这件事，得到了时为粮食部部长的章乃器的证实。[①]

元旦当晚，浙大又召开紧急会议，马寅初亲自动员：“国家发行公债意义重大，同学们虽然财力绝对不及工商界，人数不及工人同志那么多，但你们有热情，你们可担任起有钱出钱有力出力的责任来，我可以跟你们一道去宣传。”

翌日下午，进行了充分准备的浙大师生在冷风细雨中出发

---

① 参阅章乃器记录《全国委员会财经组第一次会议讨论发行公债问题纪要》，马寅初纪念馆存。

了，马校长亲自率领去湖滨的一支队伍。到了沧州饭店前面，文工团打起鼓，扭起秧歌，很快围上来许多观众。近70岁高龄的马寅初，跳上学生从沧州饭店借来的八仙桌，用他那地道的笃腔，滔滔不绝地讲起来。过路的人一看是马寅初在讲演，都聚拢来，竟达四五百人。马寅初通俗生动地解释了发行人民胜利折实公债的意义和好处，劝父老兄弟姊妹们能节衣缩食踊跃认购。校长的带头，鼓舞了浙大师生，一些向来不愿上街的老教授，也争先恐后地上街发表演讲。浙大的公债认购数不几天就近万分，基本完成任务。

马寅初带头认购公债，去上海参加军政委员会成立会议时也不忘此事，函授秘书主任张令杭代办：

> 令杭先生：……折实公债拟再加三十分，共一百五十分（上月已买了十分），可以凑足全校一万分之数。本月二十七日，先由浙江兴业银行汇来二百二十余万元，近来书籍版税已由代销之书馆送来，可以集合足数。①

对于社会主义的新型大学这个新事物，马寅初努力探索与之相匹配的办学套路。1950年4月1日，马寅初倡导召开浙江大学校代表会议。他说，我们现在的情况和过去完全不同了。今

---

①《致张令杭函》，马寅初著，田雪原主编：《马寅初全集》第十五卷，浙江人民出版社1999年版，第352页。

天，我们应当是全校师生员工团结一致，大家都以主人翁的态度，来共同努力创造新浙大，这和以前由校长统治一切是完全不同的。师生们要以知无不言、言无不尽的精神，对于学校行政、学制、课程内容、教学方法、师生关系、职工生活等方面，充分发表意见。在马寅初“人人提方案，个个想办法”的提议下，师生员工热情响应，一下就提出了900多条提案。马寅初亲自领导进行研究，区分轻重缓急，责成有关部门逐一加以处理，并召开全校师生员工代表会议，把这些提案、意见和建议交给代表会议讨论研究。

代表们认真地把意见归纳为几大类：一类提案如教员名额、经费预算、体制改革等是本校无权解决的，需要报请教育部核批；一类是学校可以马上解决的，就立即采取措施解决；再一类是暂时还没有条件办的，也应当向群众讲明道理。马寅初的总思路是：有困难，不隐瞒，有办法，要去做，有希望，要大家加倍努力。对此浙大校史上的创举，马寅初要求代表会议制度化，“每年都要召开”，成为浙大办学的一项基本制度。

作为一校之长，科研和教学自然是马寅初关注的重点。首先他自己就是科研标兵。此时马寅初兼职颇多，中财委副主任、华东军政委员会副主席等，常奔波于杭、京、沪之间。但他见缝插针，决不荒废学问。凡在学校，每天坚持读书到深夜，学习新中国的经济政策以及苏联计划经济的理论与实践，为熟悉日新月异的经济建设加紧充电。他相继发表了《新中国现阶段统一财经工作的轮廓》《新民主主义的经济》《革命政府的经济政策与反动政府的经济政策之比较》等论文，在国内外引起很大反响。

对师生的科研成果，他也极为重视，亲自为之宣传推广。1950年春，浙江省农业厅在岳庙举办新中国首届农业展览会。马寅初听说展览会上浙大展品不少，遂抽时间前往参观。他在园艺系培植的大萝卜品种前停了下来，端详实物，细读说明：萝卜长达二尺五寸左右，粗壮如臂，半在土中，半在地上，每个平均重四至五斤，最大的一个达十四斤半，亩产较普通品种多二至三倍，达一万斤以上。师生认为此品种有推广价值，乃取名“浙大长”，意思是“浙江大学育成的大而长的萝卜”。他遂询问在场的园艺系主任、蔬菜专家吴耕民教授。吴耕民将得之不易的大萝卜品种的培育经过详做介绍。据他回忆：“马校长听此汇报后，即叫我们送给他10个标准型的样品，他不日要到北京去，拟用实物向中央有关部门和领导宣传，以便早日推广。从此这种初出茅庐的大萝卜，一经马老携京宣传，名闻全国，推广极速。全国各省市均遍地着根开花，迄今30年，在萝卜增产上当有一定贡献。至目前为止，每年各地向浙江农大订购种子者络绎不绝，供不应求。”①

老浙大的人都知道马校长挂在嘴边的一句话：“学校里最重要的事就是读书上课，凡是有条件的人都应当到第一线上去给

① 见浙江大学1981年编:《百年大寿——马寅初先生百岁寿辰庆祝会文集》,第31页。

学生讲课，并力求把课讲好。在社会上的诸种罪恶中，误人子弟是最大的罪过。”[①]浙大教学一直坚持高水准，近70岁高龄的马寅初以身作则，千方百计抽时间为师生授课。1950年3月15日，马寅初讲了“财政经济政策”一课，阐述了新中国面临的困难、采取的政策，给师生们留下了极深的印象：“现代的中国，是一个帝国主义反动派遗留下来的，被帝国主义、封建主义、官僚资本主义剥削了许多年的国家，民穷财尽，遍地灾荒，农业衰败，人民贫困。在这些客观情况下，拟定了许多政策，争取今年农业增产粮食一百亿斤，棉花四百五十万担，工业希望内迁，贸易方面发展国内外贸易，准备粮食供应城市，保证米价不波动。”并说：“我国物价稳定已有效果，我们用的办法是增加收入，减少开支，要力争财政收支平衡。财经统一使用现金，做到现金出纳平衡，物资调度平衡……”[②]这堂课，马寅初一口气讲了三个多钟头，同学们听得如醉如痴，连中间休息也忘了。

新型大学与民国时期高校的最大不同，便是坚持政治挂帅、思想统一。革命胜利的成功经验以及普遍高涨的社会主义热情，要求所有的人调整认识，跟上革命潮流。马寅初超前地意识到这一点，自觉地学习新理论，清理旧思想，让自己从观念到感情全面地与共产党步调一致。他非常重视师生的革命传统教育，

---

① 邓加荣著:《马寅初传》，上海文艺出版社1986年版，第216页。

②《浙大校刊》1950年3月18日。

曾亲率师生五上凤凰山，悼念于子三烈士。[①]1950年2月，国民党飞机轰炸上海后，他冒雨身先士卒，在浙大挖防空壕，鼓舞师生的战斗精神。

马寅初也清醒地看到，并非所有的知识分子都能达到这样的水平，他们与共产党、新政权之间还存有种种隔阂和不适，需要主动地加以改变。于是，他送浙大的教师到"华东革大"学习，并在浙大发起了一场学习新思想的活动，号召师生研习马列主义、毛泽东思想，补充新知识，以适应新社会发展的需求。不久，他在上海又提出知识分子应改进思想。这些思路和做法，成为日后全国知识分子思想改造的先声。

碧绿秀美、百态千姿的杭州山色，更增添了马寅初的爬山兴趣。凡在杭州，他每星期都要坚持爬山两次，保俶山、棋盘山、凤凰山、城隍山、将台山、桃源岭……处处留下他的足迹。

在浙大期间，也发生了一件令马寅初有点不舒服的事情。他在美国留学时，成为"可口可乐"的爱好者，回国后一直保持了这种嗜好。无论在家中还是办公场所，只要有条件，他便以此解渴。这本是桩个人生活上的小事，但在革命热潮中，受到一些人的非议，对他扣以几顶不大不小的帽子："崇洋媚外"，"水都要喝外国的"，"吃了洋面包，喝了洋墨水还不够，还要喝洋饮料"，"贪图享乐，迷恋资产阶级生活方式"，等等。马寅初耳闻后既感意外又觉荒唐，难道革命要"革"到干涉个人生活

① 于子三，老浙大学生自治会主席，1947年10月被国民党当局杀害。

空间吗?

好在浙江省政府主席谭震林是位开明的领导，到浙大作报告时专门讲起此事。“我们党和政府一直强调尊重知识，尊重人才，这也包括尊重个人的生活习惯……马寅初教授喜欢喝那种怪味的可口可乐，这是他在美国养成的习惯，只要他买得到，他又有钱买，那就听其自然。不要以为你喜欢吃茶叶，人家就要跟着你吃茶叶，你不喜欢可口可乐那种怪味道，就要求人家也不要喜欢。其实，可口可乐就像喝济众水一样，不习惯还真不好喝呢。不要给人家扣帽子，干涉别人的私人生活。”

一番话平息了舆论，马寅初一笑了之，对谭震林更添几分好感。谁也没有料到，“扣帽子”“干涉私人生活”的现象，此时不过微风拂面，暴风骤雨尚在后边。

稳定新中国经济秩序

新中国成立后，面临的最艰巨任务，便是稳定经济秩序、恢复生产，让四亿多人的生活得到保障。中财委作为全国财政经济工作的最高决策机构，责任重大。职责上要指导政务院各经济部委的工作，拟定、部署全国财经工作的方针政策，安排全国财经收支概算等。而眼下火烧眉毛的事情，是对旧中国留下的经济烂摊子——通货膨胀、物价飞涨，供销皆滞、市场紊乱，资金短缺、生产停顿，劳资紧张、经营不畅，缺米少粮、民生困乏等，拿出治病“良方”。

中财委自1949年10月21日成立之时起，便为搬掉这些“大山”夜以继日地操劳着。中财委的办公地点在北京朝阳门大街俗称的“九爷府”院内。此邸正名“孚王府”，是清道光皇帝第九个儿子孚亲王奕譓的府邸，屋宇华丽，庭院开阔，形制严整。北平和平解放后，这里曾经是四野司令部。四野挺进江南后，曾担任过东北联军（四野前身）领导的陈云接手为中财委所用。这时候，中财委已有工作人员300多人，马寅初与另一位副主任、中共党内财政专家薄一波坐在同一房间，办公桌面对面摆放。

陈云不仅在工作中尊重马寅初，生活上也十分关照。马寅初自香港到北京后，一直住北京饭店，家仍在杭州。为了给马寅初安排一长久的住处，陈云亲自张罗，让秘书周太和操办，作了三点指示：第一，马老家人多，住房要宽敞；第二，马老好安静，质量、环境要好；第三，与中财委办公地点要近。工作人员看了很多房子，物色了三个地方，马寅初从中选定东总布胡同62号（后改为32号）。

东总布胡同位于北京东城，元代形成，清末以后渐成规模。这里有京城第一条柏油马路，出入的名人数也数不清，清末民初的达官贵人不用说，近现代的张学良、沈钧儒、史良、李宗仁、李济深、陈香梅、陈岱孙等名流名家都曾在这里居住过。胡同不长，都是古色古香的青砖跨院，老60号院1949年后是作协的宿舍。62号院在胡同中段南侧，独门独户，与周边房屋夹墙相隔，虽也是青砖黑瓦，但整座建筑为西洋风格，围墙相对较高，西式街门面北，有五步台阶。小院占地面积1092.7平方米，共有房屋43间。院内主要建筑是一座二层西式楼房，面积共444.1平方米，隔为大大小小30个房间。楼内一层有宽敞的会客厅以及几间卧室，二楼是卧室和书房。小楼的南端是一个院落，海棠树、榆树、槐树、松树、柏树等错落有致，间着小小的假山石，幽雅而不失生机。

经过一番修葺，添置了所需的家具，马寅初与两位夫人、儿女，第三代的孙儿、孙女们欢欢喜喜地住了进来。这是马寅初1927年离北平后又一次安家北京。这个温馨的小院，他生活了30多年，是一生中居住时间最长的处所。夏天热时，马寅初睡一楼会客厅旁的一间卧室；冬天冷了，住二楼一间采光好的正房。

至于马寅初的行政待遇，陈云表现了对党外专家的充分尊重。他专门去和周恩来商议，认为像马寅初这样首屈一指的经济学家担任中财委副主任，级别要定得高一些。周恩来表示赞同，结果评为行政三级，属于正部级中的最高档次，同好几位副总理平级。这个级别，备有专用小汽车及司机，警卫员、公务员（服务员）二位，秘书二位（其中生活秘书为三女儿马仰惠），厨师本为一位，考虑到马寅初天天“开夜车”，有吃夜宵的习惯，又多配了一位。这个待遇，让马寅初不免惶恐，工资虽不能说很高，但所配的工作和生活服务团队，是过去想也不敢想的。他当面向陈云表示：定得过高了，实不敢当。陈云解释，给你定这个级别也是周总理的意思，就欣然接受吧！

这一段时间，马寅初仍主持着浙大的校务，但时常来中财委办公、开会。不论马寅初在北京还是杭州，凡中央重要的经济决策，无不与之商议。11月间，高层酝酿发行公债问题。21日，“由周恩来起草，经毛泽东修改，以中央人民政府秘书长林伯渠名义发给在浙江的马寅初的电报中说‘中央人民政府委员会将于本月二十五日后开会讨论若干重大问题，其中将商讨发行公债问题，望先生能赶来北京开会，并希望能于十一月二十七日或二十八日到京，是否能来盼复’。显然，毛泽东、周恩来都想听听著名经济学家马寅初对发行公债的意见”[①]。马寅初接到电报后认真思考了此事。他在11月22日的日记中写道：发行公债的几个必要条件：（一）支付能力；（二）安全性；（三）收益的保证；（四）投资余力。赴京面呈意见后，他又于29日参加由毛泽东主持的政协第一届会议。毛泽东认为，财政收支有赤字，“就要靠发行公债来弥补这个赤字”。公债发行多少为宜？他说：有的主张发多，有的主张发少，发多了不妥当，发少了不解决问题，目的还在收回通货。请同志们研究一下。会议推定陈云和周恩来、黄炎培、薄一波、马寅初、施复亮、章乃器等进一步研究。第二天晚上7点半，在颐年堂毛泽东处继续开会讨论概算和公债问题。[②]

12月8日，农业部召开全国农业生产会议，马寅初与陈云、薄一波共同提出了三点指导性意见：

---

① 金冲及、陈群主编：《陈云传》，中央文献出版社2005年版，第652页。

② 金冲及、陈群主编：《陈云传》，中央文献出版社2005年版，第653页。

一、明年农业生产，应切实掌握“生产长一寸”的精神。由于过去资料的缺乏，很难定出确切的要求，希望能通过这次会议，了解情况吸收各地代表意见，订出明年比较恰当的计划。

二、新老解放区情况不同，不仅在农业生产的要求上应有不同，在整个工作中的比重及政策上亦应有所区别，希望在会议上充分讨论，以便分别掌握。

三、增产粮食、增产棉花是明年极为重要而艰巨的任务，对增产的重要环节及方法希亦能在会议上作具体的研究，如改良品种应弄清如何选种、育种及繁殖种子，如何推广，定出要求和执行步骤，务期五年之后能将全国农作物完全换成良种，达到增加产量并提高质量之目的。其他有关增产的重要关节，希均能根据情况定出具体的要求和执行的步骤。①

马寅初不在北京之际，中财委的事宜仍向他通气、咨询。12月17日，陈云、薄一波联名发电报给马寅初：

一、关于原大华民航公司事，与周总理再次交换意见，我们认为航空事业归国营这个原则是肯定的。但是，我国私人和华侨方面也确有愿意投资于民航事业者，中国航空公司应吸收一部分本国私人的投资。私人投资的方式，不必先由私人筹设新公司后再投入中国航空公司，而可以将

① 参见《陈云、薄一波、马寅初对农业生产会议报告初稿的几点意见》，金冲及、陈群主编：《陈云传》，中央文献出版社2005年版，第662—663页。

资本直接投入。如将来希望投资于民航者很多，则中国航空公司可于一定时间内专作一次征集私股的号召。考虑到航空所需的器材都购之国外，私人投入中国航空公司的股金，也应该是外币。

二、根据华北、华东的报告，因为今年先旱后涝，明年缺粮不少，政务院昨日通过救灾指示，中财委正在开农业会议、粮食会议和城市供应会议。各地所报情况不一，但根据华北、华东最低限度的估算，华东缺粮十一亿斤，华北缺粮十八亿斤，共二十九亿斤。中财委决定，由东北调入十五亿斤，华中调来十一亿斤，共二十六亿斤，尚少三亿斤，正在电询四川的收成和明年可能下江的粮数。如果四川能下江三四亿斤，则明年克服粮荒的可能是存在的。我们的方针，力争不饿死人。广东粮食也很缺乏，准备以湘米济粤。此外，国内私商或留港人士愿以自己外汇购粮运回者，一律欢迎。救灾重点放在组织灾民生产自救和民间互助。中财委调度之粮食，将大力组织运输，使其及时到达需粮地点。总之，明年缺粮情况甚严重，必须全力以赴解决之。

三、公债条例昨日政务院已通过，即可于报上发表。各方反映，目前经济虽有困难，但发行公债是较好之一者。沪杭反映如何，便中乞告。

四、中财委所管各部之专业会议，已开过者有：茶叶、鬃毛、油脂、海关、税务、盐务、水利、煤炭、航务、公路、铁路等。正在开者有：粮食、城市供应、钢铁、邮务等。即将召开者有：财政、机械、有色金属、电业、石油、纸张、电讯等。其中，最重要者为财政会议。由于各大行政区在中央人民政府通过概算之后，需集会讨论，故中财委所召集的各大行政区财经领导人会议，须于一月下旬召开。届时您如能来京出席则最好。专业会议所定要点，当陆续奉告。

五、铁路修复进展较快。京汉线已于本月十五日修通。粤汉线二十五日接轨。同蒲路北起忻县南至运城已修通，年内可到风陵渡。衡阳至桂林亦可于年内修竣。上述各线均可于年底通车。赣江桥争取明年一月修好，上海至广州即可直达。铁路方面，今年修路成绩超过年初预计，此系员工共同努力及苏联专家协助之结果。明年铁路任务仍很大。目前抢修之路，明年均须补工，有二千余座临时桥，明年必须争取大部改建为永久工程。

上述均系您离京后财经工作的要事，希望您把对中财委工作的意见以及南方所反映的意见，随时告诉我们。[①]

电报中的大华民航公司一事，乃是马寅初想尽力促成的一件好事。大华公司为民国时期一家颇具声誉的民营航空公司。

①《陈云、薄一波同志给马寅初的电报》，马寅初著，田雪原主编：《马寅初全集》第十四卷，浙江人民出版社1999年版，第553—554页。

新中国成立后，原公司经理吴世昌和航空界几位同人来找马寅初，表示愿出面募资，开办一个航空公司，为人民航空事业贡献力量。马寅初甚为赞赏，出面与经济界人士商议，得到积极响应。但此举牵涉到大的体制背景——新中国是否允许民办航空公司。这是马寅初心中无数的，故写信与陈云沟通。陈云与周恩来反复研究，认为航空事业归由国营是个原则，不宜开私营这个口子。但对马寅初的热心，还是很尊重，设想了若干可变通之法。

其余四件事均系马寅初离京期间中财委应对的要事，及时知会。

马寅初阅后复电："陈云主任、薄一波副主任：来电收到，阅后我非常高兴！关于华东财经情况，我正在给中央和你们起草报告，近几日内即可电告。马寅初　十二月十七日。"[①]

就在此前后，中央给马寅初添加了一项新职务，他在"平抑物价、统一财经"中的责任更为重大了。11月中旬，马寅初出公差到上海，下榻上海大厦。晚间上海市市长陈毅登门造访。他风趣地说：马老，我侦察到你晚上在家，所以就来了个突然袭击，你不反对吧？快人快语让马寅初如坐春风。寒暄过后，陈毅转入正题：中央人民政府决定，即将在各大区设立军政委员会，拟请马老出任华东军政委员会副主席。今天是专门来听

---

①《给中央财经委员会陈云、薄一波同志的复电》，马寅初著，田雪原主编：《马寅初全集》第十四卷，浙江人民出版社1999年版，第75页。

取你的意见。陈毅解释道，中央之所以这样安排，是考虑到上海及华东地区为全国经济中心，关系到全国经济稳定、发展之大局。马老是著名经济学家，又熟悉上海的情况，担任此职可以发挥更重要的作用。陈毅特别说明，马老今后工作的重点要放在华东，来上海办公，杭州与北京的工作还同时兼任。

马寅初颇感意外，随即表达了自己的意思：在大区设一级行政机关很有必要，我完全赞成。至于出任华东军政委员会副主席一职，因年事已高，精力和能力都很有限，一身二任，已勉为其难，更不敢想身兼三职。最好不再添新职，以免有负中央期望。陈毅早有准备，再三做说服工作。

此次谈话后不久的12月初，中央下达了此项任命。马寅初赴上海走马上任，入住永嘉路563号。此前，马寅初多次出入沪上，从求学到任教，由考察而兼商，一直从理论指导、出谋划策的角度，为中国经济的现代化使劲。如今，他不再仅仅是置身局外的参谋指导，一场改天换地的变革将经过自己之手成为现实，马寅初感慨万千。

马寅初成为中国经济界既参与决策又具体实施的特殊人物。洞悉经济前沿的各种问题，让他的决策有的放矢，而站在全局的高度又让他对复杂的形势能够通盘考虑，处置得当。1950年2月13日至25日，第一次全国财政会议在北京举行，通过了马寅初参与起草、修改的《关于统一国家财政经济工作的决定》，将财政收支、公粮、税收、编制、贸易、银行等诸项经济事务，集中到中央管理。实行两个月后，全国财政收支很快出现了接近平衡的新局面，金融物价状况开始好转，全国的经济秩序趋于稳定。马寅初专门撰写了《新中国现阶段统一财经工作的轮廓》一文，分实现统一国家财经工作的目的、政治条件、利益、困难、手段、与1950年任务的关系六个部分，论证了此项工作的理论依据和现实需要，发表于1950年4月出版的《展望》杂志上。[①]

1950年是新中国稳定经济、恢复生产的关键一年。其中面临的最重要事宜，便是让工商界在新的社会条件下正常运行。基于马寅初过去在工商界的巨大影响，他的态度和意见颇受关注。马寅初清醒地知道这一点，为此殚精竭虑，留下诸多思考：《工商局长会议总结》（1950年6月）、《金融贸易状况》（1950年6月）、《调整工商业（公私关系）（要点）》（1950年7月）等。思考的核心问题是，政府在多大程度上参与经济运行，让私营经济有适当的市场空间。他给出的总原则是："《共同纲领》五种经济统筹兼顾，分工合作。这五种经济有所不同，但应大体上一视同仁，反对不利于国计民生的投机和逃避。税收的改变，即同样照顾。公私企业工人同样光荣，均为人民服务。"[②]最后，他对各种复杂的现象进行了理论思考，于1950年7月发表论文《新民主主义的经济》，以《共同纲领》为指针，从多个方面说

① 参见马寅初著，田雪原主编：《马寅初全集》第十四卷，浙江人民出版社1999年版，第103页。

②《工商局长会议总结》，马寅初著，田雪原主编：《马寅初全集》第十四卷，浙江人民出版社1999年版，第111页。

明了“为什么要保存富农（容忍资本主义式的剥削）”，他说：“在目前，一方面我们固然要积极地去消灭封建主义的剥削，但另一方面，我们却要容忍一下资本主义性质的剥削。这个时期很长，可能是二十年，或三十年，一直要到社会主义的时候，一切的剥削才可以完全被消灭。”[①]但新民主主义经济是要转到社会主义经济的。在这一过程中，国家以买主的身份，购买原料与产品，实施价格调控，既维持私人企业运转，又防止资本暴利，不失为一种好的“领导方法”。马寅初关于私人企业长期存在、政府有限调控市场的思路，在改革开放的年代里才完全体现。

据华东军政委员会的老人回忆，马寅初在上海还管过这样一件事情。当时有关部门决定撤销上海交通大学的管理专业，马寅初闻讯打电话对学校说，管理学科很重要，这个专业是他当年引进来的，取消不妥。学校答复说，这是中央领导的决定。马寅初说，那我打电话给中央领导。他果然给中央领导打了电话。结果，管理专业还是被撤销了。

马寅初当了华东军政委员会的领导，还是书生本色。他专门召集家人和亲戚，讲了一通新政权新气象的道理，不能像旧中国那样，一人当官，裙带一串，家人沾光。现在对于所有的私人请托，一概不能办理，希望大家谅解。他自己出门也尽量

①《新民主主义的经济》，马寅初著，田雪原主编：《马寅初全集》第十四卷，浙江人民出版社1999年版，第122页。

从简，减少公费开支。他参加华东军政委员会成立大会后返回浙大，按规定，华东军政委员会为他配了警卫两名。为安排两名警卫的食宿，马寅初专门写信给浙大校办秘书主任张令杭：

> 弟拟于军政委员会成立后即来杭住三四天，后要束装北上。此来拟住校内，吃客饭。惟警卫两名，须住校内（在弟卧室外间，请预备床铺两张）。他们的伙食是否可以由学校供给，（他们不支薪水，生活极苦。）请就近商诸范总务长后示知为感。[①]

1952年年初，全国掀起声势浩大的“三反”“五反”运动。在“五反”运动中，一些资本家备感压力，认为此举违背了《共同纲领》精神。为了平息这种舆论，马寅初于1952年2月8日对上海《解放日报》记者发表谈话，他说：“我们今天要反掉的，并不是一般资产阶级，而是资产阶级的腐朽堕落思想和行为。至于民族资产阶级，仍然是四个朋友中的一个，党的政策一点也没有变。”他指出反贪污、反浪费、反官僚主义运动，是有法律根据的，《共同纲领》第十八条，不是明白规定严惩贪污、禁止浪费、反对脱离人民群众的官僚主义作风吗？

马寅初解释道：《共同纲领》是大家签字同意的。《共同纲

---

①《致张令杭函》，马寅初著，田雪原主编：《马寅初全集》第十五卷，浙江人民出版社1999年版，第352页。

领》第二十六条，明明白白地规定："中华人民共和国经济建设的根本方针，是以公私兼顾、劳资两利、城乡互助、内外交流的政策，达到发展生产、繁荣经济之目的……使各种社会经济成分在国营经济领导之下，分工合作，各得其所，以促进整个社会经济的发展。"这不是很明白吗？必须是"在国营经济领导"的前提之下，才能谈到"分工合作，各得其所"。由此看来，《共同纲领》是赖以保障我国工商企业合法地位和正当经济利益的根本法规，工商界理应严格遵守。但是，今天有些资产阶级的所作所为，早已脱离了他们的代表人物所签字同意的《共同纲领》的轨道，公私兼顾变成了以私害公，完全和《共同纲领》背道而驰。

中国经济学学术团体的延续与重建，是马寅初在上海期间操心的另一件大事。新旧政权交替之际，中国经济学社社员选择了不同的道路。马寅初和一些社员如黎照寰、陈长蘅、金国宝、叶元龙、杨荫溥、杨端六等留在中国大陆，陈其采、刘振东等去了中国台湾，刘大钧、何廉、顾翊群等远赴美国。

在马寅初的积极张罗下，1950年8月，以马寅初、许涤新为正副理事长的"中国新经济学研究会上海分会"在上海成立，留在上海的前中国经济学社部分社员和前上海各经济团体联谊会成员，参加了这一新组织。马寅初、杨荫溥、王志莘、叶元龙、李炳焕均为该会的理事，李炳华、朱斯煌、武堉幹、徐永祚等是该会的会员。中国经济学社的部分社员在马寅初的带领下，正在进行学术思想的转型。在新的时代，传播新古典经济学的中国经济学社失去了生存的土壤。1953年7月，中国经济学社向“中国新经济学研究会上海分会”完成了移交。移交清册前37种都是账册，第38种为中国经济学社理事部章和书记章，最具象征意义，它标志着中国经济学社组织的结束。

马寅初就这样跟随共产党踏着新民主主义革命的步点不断前行。他在1951年6月出任北大校长后，仍然履行着中财委副主任和华东军政委员会副主席的职责。20世纪50年代中期，这两个机构调整撤销后，马寅初仍以经济学家的身份，继续指导着新中国的经济走势。

第八章　重返北大

按中央方针办校

马寅初三任在身，奔忙于杭州、上海、北京之间的状态，随着1951年6月一项新的重要任命——北京大学校长而告一段落。这以后，马寅初虽然还兼着中财委和华东军政委员会的职责，但工作重心转移到北大。

选中马寅初就任北大校长，实在是颇具匠心的一招高棋。当时教育界的基本任务是改造民国留下的旧教育，创建社会主义新教育。这项工作怎样做，后果又如何，教育界的大多数人心里没底。北大是教育界的旗帜，它的动向和做法足以引导整个教育界。这就需要挑选一位既在社会上德高望重又能自觉认同新教育方针的专家出任此职，马寅初可谓不二人选。促成此项任命的周恩来和陈云还有另一层考虑，马寅初年事已高，长期奔走于京、沪、杭之间，终非长久之计，而稳定经济秩序最艰难的时期已经度过，马寅初的主要岗位转移到北京，遇事也

在北大师生欢迎马校长就职典礼上发表演说

好就近商议。

马寅初对重返北大满怀感慨与期待："北京大学是我娘家，回到了娘家，见了红楼，心中有一种说不出的感情。北京大学正在发生巨大变化，学生与大部分教员思想很有进步，大家都愿意使北京大学不断进步，成为新中国第一流的大学。"

1951年6月1日，坐落于沙滩红楼前的北大民主广场，洋溢着那个时代特有的热烈气氛，几千名师生隆重集会，欢迎马寅初校长就职。教育部部长马叙伦出席了大会，副部长钱俊瑞讲话。他说："马寅初先生疾恶如仇，对恶势力从不讲情面；马寅初先生治学严谨，作风正派，他的行动表明，他坚持和发扬了北大的民主传统。"

马寅初在欢迎会上发表了就职演讲。

今天在此讲话，诸位同学或许要听取我的建校方针，这点不免使诸位同学失望。我以为建校方针是中央所定，一个大学校长只有工作任务，没有建校方针，一个校长应以执行中央的政策、推动中央的方针为任务，所以我今天不谈方针。我今天要讲的是如何以团结一致的精神来发扬北大的光荣的——革命传统，保持北大的学术地位，并配合国家建设工作的开展，为国家造就大批建设人才。

在列举了新中国一系列经济、社会及思想巨变后，马寅初讲到了知识分子改造的重要性。

如果我们在今天还不赶紧改造，将来不免有追悔不及之感。知识分子的改造与不改造，关系太大。他若能在旧学基础之上，架起新的建筑，他会成为一个大有用的人才。反之，若他抱残守缺，故步自封，则旧学等于无用，所有他从前所得的学士、硕士、博士悉数丢在字纸篓里，还有什么用。所以这个思想转变，关系太大，不仅关系他本人，而且关系到社会，不能不仔仔细细想一想。

现在，我们研究社会科学的人和研究自然科学的人不同。自然科学还可以参看许多英文书，社会科学却非大改不可。我们华东有一个大学，教经济的教授讲授银行学，还讲资本主义的一套。但资本主义式的银行制度及作风，在今天的中国已经不存在了。我们的人民银行已经实行现金管理和货币管理。

……

我们北京大学是全国最高学府，在教育界向来居领导地位。但若不急起而求进步，这地位就不容易维持。因为五四运动时，别的大学大半是静态的，比较起来，北大进步得多，而现在时代不同了，别的大学，正在着手改造，我们若不团结一致，积极推进，不免落在人家后面。我们不愿意与别的大学竞争，但愿意与别的大学竞赛，而且要配合国家的政策，在教育部直接领导之下，全心全意为人民推进文化工作，提高文化水准。

……

最后，北大以后的工作，慢慢地与前不同了。以前我们为资产阶级服务，此后要为人民服务，尤其要为工农开门。教工农子弟与教资产阶级的子弟，性质不甚相同。我们要晓得工农的情绪、思想、作风习惯，而后方可教得好，否则收效不宏。我们不能再以资产阶级的一套原封不动地传给他们。教育者必自己先受教育。[①]

随后各系同学代表向马校长致辞，欢迎大会在学生代表向马校长献花中结束。

新校长的就职演说，向北大师生明确传达了这样的信息：校长在基本思想、立场和办学理念方面，全面贯彻新的教育路线。校方将改造旧教育，创建一种与过去“性质不甚相同”的新教育。

主持校务中，马寅初积极贯彻中央方针，把政治建设放在

---

①《在北京大学校长就职典礼上的讲话》，马寅初著，田雪原主编：《马寅初全集》第十四卷，浙江人民出版社1999年版，第188—195页。

首位，十分重视师生的政治学习，促使他们“认清时代”“提高认识”。为此，他利用自己的特殊身份，多次请中央政要来北大作报告。据传，有一次在中南海开会时，马寅初向毛泽东提出了请求：“要兄弟把北大办成第一流的学府，主席您就得支持我的工作。”毛泽东笑着问：“马老，您要怎样的支持呢?”马寅初说：“不要别的，只希望主席能批准：兄弟点名邀请谁到北大演讲，就请不要拒绝。”毛泽东高兴地答应了马寅初的请求：“这个好办，我批准了。”然后又风趣地说：“马老，我给你这个尚方宝剑!”①在不长的一段时间里，在北京大学做过报告的，除了政务院总理周恩来，还有中央财经委员会副主任薄一波、政务院副总理李富春、中组部副部长安子文等党政领导。

薄一波与马寅初同在财政经济委员会工作，因此他很快就受到邀请。他在报告前说道：“我今天是被点名来北大的，我的办公桌跟马老的摆在一起，马老抬头就看得见我，所以我很快就被点名来北大了。”薄一波着重介绍了当前财经方面的成就与困难。党政领导高屋建瓴的气势和识见，让同学们眼界大开。

1952年，全国的财政经济状况基本好转，困扰民生许久的金融紊乱和物价飞涨现象彻底消除了，这个过程中有一系列方针政策的设计。为了让学生们及时了解全国财政的形势，马寅初特地邀请中国人民银行行长南汉宸到北京大学作报告。马寅初的主持别开生面：“这是我们国家银行总行的行长，他的手里

① 参见彭华:《初任北大校长时的马寅初》,《书摘》,2005年第12期。

有很多钞票。今后，我们北京大学的智力投资，有很多事要找南行长了！”南汉宸很有礼貌地回答说：“马老是我念大学时的老师，马老的四大本演讲集，给我们的印象都很深。我也是北大毕业的学生，胳臂肘儿怎敢向外弯！”几句话，说得台上台下的人都哄堂大笑起来。①

陈毅也被马寅初请来作关于亚非会议的报告。马寅初介绍陈毅时说：“他不仅会打仗，是总理外交上的得力帮手，还会写诗，是个诗人。”介绍完演讲人后，马寅初便搬一把椅子，横放在演讲人小桌子边上，边听边记。陈毅上台第一句话就说：“今天是马老掐着我的脖子让我来的。”接着十分生动地介绍刚闭幕的亚非会议的一些内情。

这些报告对于北大师生认清时代走势、跟上发展潮流起了重要推进作用。然而，与北大有渊源的毛泽东，虽经马寅初多次邀请，却始终没来演讲。毛泽东以自己特有的方式关注着北大。

毛泽东年轻时曾任过一段时间的北大图书馆管理员，工作地点在红楼一层东端。马寅初将这间屋子和李大钊的办公室布置为纪念馆，供人瞻仰、参观，并将这一安排当面告诉了毛泽东。1952年，北大搬往西郊原燕京大学校园时，马寅初专门交代保持红楼原貌。1954年，他又在第一届全国人民代表大会第一次会议上递交提案，建议对已有40年历史的红楼重新修整，

---

① 参阅邓加荣著：《马寅初传》，上海文艺出版社1986年版，第224页。

改名“革命博物馆”，把毛泽东工作室、李大钊纪念馆照原样保持，以供后世观瞻。提案得到全体代表的支持。

1951年国庆前夕，北大学生队伍游行演练，马寅初鼓励大家说：“你们好好地排练，等到明天游行，你们的队伍经过天安门，我一定亲自指给毛主席看，告诉他这就是北京大学的队伍！”国庆那天，天空飘起了毛毛细雨，气温骤然下降，北大的学生依然情绪高昂，排着整齐的队伍，抬着红楼模型，从天安门前走过。马寅初向毛泽东作了介绍，毛泽东很是高兴，笑着向北京大学学生挥手致意。彭真市长在扩音器前高声呼喊：“北大同学万岁！”现场一片欢腾。马寅初赶忙从天安门城楼下来给学校打电话，让食堂为冒雨游行的同学预备好红糖姜汤，同学们刚回学校，炊事员就把又甜又热的姜汤端送过来。散会后，牵挂着学生的马寅初，又乘车赶到学校，看看同学是否有人感冒。①

马寅初执掌北大后，多次恳请中央派一位经验丰富的党员来指导北大办校。这也符合中央办高校的方针，在学校设立党委，负学校全责，从教学、科研到思想、人事，统归其掌管。马寅初属无党派人士，身份特别，中央政府精心挑选了党委负责人，1952年夏秋之交，调来与马寅初有师生之谊的党内教育家江隆基，任北大党委书记兼第一副校长。马寅初对党委的领导衷心拥护，注重与之配合协作，江隆基也尊重、维护马校长的职权，他俩的合作颇为融洽。

---

① 参见邓加荣著:《马寅初传》,上海文艺出版社1986年版,第222—223页。

1956年春，中共中央开展全党整风，据《毛泽东传》载：4月30日，毛泽东在颐年堂召开最高国务会议第十二次会议，议题就是关于全党的整风运动。出席会议的有党和国家领导人、各民主党派负责人、无党派民主人士，共44人。毛泽东讲话说："整风会影响党外。规定非党员自愿参加，自由退出。最近两个月就是这个方式，就是整风的办法。我攻你，你攻我，有意见就说，党内外打成一片，此即整风。已经整了两个月。""统战工作中的矛盾，几年不得解决。过去不好解决的原因主要是思想不通。过去是共产党员有职有权有责，民主人士只有职而无权无责。现在应是大家有职有权有责。现在党内外应改变成平等关系，不是形式上的而是真正的有职有权。以后无论哪个地方，谁当长的就归他管。"讲到这里，毛泽东问北大校长马寅初："你那里怎么样？"马寅初说："是不够的。"毛泽东又问："他们要不要你管？"马寅初说："矛盾是有的。"毛泽东见马寅初讲得很委婉，便直截了当地把问题挑明："你讲话不彻底，矛盾存在，敷衍过去不能解决。"毛泽东又问了一些情况后继续说："教授治校恐怕有道理。是否分两个组织，一个校务委员会管行政，一个教授会议管教学。这些问题要研究。由邓小平同志负责找党外人士和民盟、九三学社等开座谈会，对有职有权和学校党委制的问题征求意见。"①

毛泽东说的"教授治校"并未变成现实，但马寅初对党委

① 逄先知、金冲及主编：《毛泽东传》（上），中央文献出版社2003年版，第670页。

制的存在也还是赞成和适应的。1957年春夏之际，一些民主党派和无党派人士提意见帮助党整风，有人提出党委撤出高校的要求。马寅初现身说法，发表不同看法：目前，有些批评不够实事求是，有否定一切的现象。应当从团结的愿望出发，不能光讲坏处，好处一点不说。如现在对北京大学的批评，坏的地方说得很详细，好的地方一点也不说。这是无法令人心服的，也不好共事。伏罗希洛夫主席这次来参观，就一直称赞北京大学。如果这些好处都不谈，就不是从团结的愿望出发，也不是和风细雨。学校党委制有它的好处，北大有8000个正规生，这8000个正规生的思想、家庭情况，党委都知道。如果党委退出去，我是无法了解的，叫我做校长，我也管不了，而且我管得多了，俄文也不能念了，研究工作也不能做了，山也不能爬了，身体也不能锻炼了。照我想，北京大学的教授是靠近共产党的，因为他们都亲眼看到共产党的好处，只要共产党接近他们，他们一定愿与党合作。单纯批评党委制不好是不对的，党委制好的地方也要表扬。墙必须从共产党和民主党派、无党派人士两方面拆，单靠一方面拆是不行的。我之前在北大教了16年书，那时先生讲课没有大纲，没有计划，一年的功课不讲完也无人过问，考试出几个题目，也不来监考，学生考试等于是抄书。现在不同了，教学改革已经基本完成，有了教学计划、教学大纲。这都是党委制的好处。比比过去，看看现在，学校中的党委制无论如何不能退出学校。[①]有人不同意马寅初的观点，当场反驳，马寅初仍坚持己见。

在教学方面，北大首先是按中央学习苏联模式的方针，进行正规化、体系化的变革。马寅初认为，过去大学强调老师的个性化教学，存在过于随意的毛病，使学生掌握的知识不够系统完整，苏联的经验正可弥补。他与周培源、江隆基、汤用彤等校领导，在苏联专家顾问的协助下，组织师生积极改革，创建了以“三严”（严密的教学计划、严格的基础训练、严谨的科学作风）、“三基”（基础理论、基本知识、基本技能）为核心内容的新校风。马寅初在1955年著文谈到了教改的思路与成绩：

> 在教学方法上我们注意理论联系实际，一九五四年暑假有八百余学生出外进行生产实习。为了培养学生的独立思考和独立工作的能力，已推行了学年论文与毕业论文的制度，并在很多课程中进行课堂讨论，每个学生在参加课堂讨论前必须对各问题准备系统的发言提纲……
>
> 我们十分重视提高教学内容的科学性，既努力学习苏联先进文化科学，也注意吸收欧美进步文化科学，对中国过去的文化遗产更不遗余力地整理传授。例如，我校中文系的学生必须学习祖国古典文学、苏联文学和西洋文学。

---

① 参见《民主党派也在拆“墙” 学校党委制不能退出学校》，马寅初著，田雪原主编：《马寅初全集》第十四卷，浙江人民出版社1999年版，第587—588页。

生物系的学生不但学习米丘林和巴甫洛夫学说，也必须学习达尔文的学说。此外，我校已开展了在教师与研究生中的科学研究工作。一九五四年我校科学研究计划中列有近三百个专题，大部分将于一九五五年内完成……教师和研究生研究的结果常在系内或教研室中报告，随即大家展开讨论。在这些科学研究中我们提倡学术思想自由，在科学讨论时，各种不同见解都可以展开论争，只要是真理都被教师所接受，并以之充实教学内容。[①]

学苏联模式的过程出现僵化、机械的偏向，马寅初有了一些不满意，批评说："有的课程生硬地甚至牵强附会地结合马列主义，把马列主义庸俗化了。"[②]"现在是老师上课念笔记，学生记笔记下课对笔记。先生上课不用脑子，只起一架留声机的作用。学生呢，不仅被迫无法用脑子，只是起了一个劣等速记员的作用，而且也影响了学生们的身体健康。从早到晚忙于抄笔记，哪有工夫运动锻炼呢？我建议大家一起动脑筋、想办法，打破这种恶性循环的教学方法，创造出一种生动活泼的教学方法来。青年学生应当是生龙活虎的青年，不应当变成一架死板的收音机！连我这老头子一天到晚都生龙活虎似的，你们这班

①《今日的北京大学》，马寅初著，田雪原主编：《马寅初全集》第十四卷，浙江人民出版社1999年版，第349页。

②《北京大学一九五二年至一九五三学年度工作报告》，马寅初著，田雪原主编：《马寅初全集》第十四卷，浙江人民出版社1999年版，第303页。

青年怎能不生龙活虎似的呢？欢迎你们大家都跟我这老头子竞赛吧！看谁在学习上、身体锻炼上，取得更大的成绩！”[①]

为此，他尽力在教学中支持“个性化”的生存空间，让学生感受多样化的熏陶。宋运郊记述了马寅初赞赏川岛讲课的一幕：

川岛，原名章廷谦，是鲁迅的得意弟子，“因为是绍兴人，嗜酒，且只饮黄酒，自己坦言早上起来必先喝够了酒才能上课，尤其是冬天，因此他的课必定是上午的第三第四节”。那天讲柳永的词作《雨霖铃》，因词与酒相关，“引起了章先生洋洋洒洒一大篇，说得满脸涨红，舞之蹈之，神采飞扬。先生精神振奋，学生气氛活跃。正是高潮处，教室门轻轻地开了。那天我来得晚，只能在靠门口的座位就座，文史楼的阶梯教室门开在教室东面正中。我抬头一看，是马老，正要招呼，马老半弯身子示意不要声张，要继续听课。台下马老在静心听课，台上章先生照讲不停。马老听了三五分钟，俯身弯腰问我：这位是谁？我告诉他是章廷谦先生。又问：绍兴人？马老是浙江宁波一带人（嵊县人），熟悉当地方言。我点头肯定。最后一句话是问我：你们认为讲得如何？我说阐述得很精彩。他笑一笑说：‘章先生真是海量啊！’然后轻轻转身出了教室”[②]。

据宋运郊回忆，马寅初还应学生要求，出面请来许广平报告，而自己则没到场主持。“事后我们颇觉遗憾，为什么马老邀

---

① 邓加荣著：《马寅初传》，上海文艺出版社1986年版，第231页。

② 宋运郊：《忆北大最忆是马老》，《马寅初纪念馆专刊》2005年第7期。

请许广平先生，自己却不践约。有人问到校长办公室主任高望之先生，不料得到的是当头棒喝：你们还是北大的文科学生呢！我们一惊，怎么能这样说？后来经高手点拨，稍加思索就明白了，也许是因为三十年代马老和鲁迅先生在观念上有分歧，有过笔墨官司，碍于情感方面的因素，马老才没有到会。这个事情让我们好一阵子感慨：为了同学们的要求，为了体谅许先生的情感，马老做了他该做的，我们却丝毫没有领会。”①

1956年，“百家争鸣”风起，《人民日报》向马寅初约稿，他借此机会发了些牢骚：

> 某系某年级的某班全体学生反映，他们科里的大部分课程是按照这样一个公式进行的：课前先生写好讲稿（不发给同学，甚至连提纲也不发），到课堂上一字一句地念出来，同学在下面一字一句地记下来，连引号、删节号、破折号也念出来。速度很慢，声调很少变化，快慢也几乎一致，大家听不出重点，听不出层次，甚至连段落也听不出，根本没有思考的时间，因为手臂酸痛，也不想再干别的了……在一个学期里，先生一共给他们讲了三十二学时的课。根据五个不同程度的同学的笔记调查，大家平均记下了五万七千三百七十六个字的笔记。这就是这班同学一学期的收获。倘把这五万七千三百七十六个字的讲稿印出来，

---

① 宋运郊：《忆北大最忆是马老》，《马寅初纪念馆专刊》2005年第7期。

可以印成五十页纸的一本小册子，学生最多花四个学时就可以比较仔细地看完，而效果也会比听讲大得多。这等于说学生有百分之八十七点五的上课时间被浪费掉了。说起来实在令人寒心。还有一位先生也按照他的系统讲，在讲课时很少具体分析说明，讲起来既没有表情，又没有抑扬顿挫，音调、音长、音强几乎没有变化。同学们当堂不能听懂，于是只好拼命记笔记，但因为听不懂，笔记仍记不好。记得最快的在全学期六十二节课中记下了十五万个字，平均每分钟记五十五点三个字。在这样紧张的体力劳动下，还有什么方法来利用思考呢？……

总之，以上两个课程的教课方式带给学生的危害是难以计算的。最主要的不但是蔑视学生的接受能力，而且残害了学生的独立思考机能，使脑子无法进行活动，把生龙活虎似的青年变成死板板的收音机。在这样的风气之下，怎样能培养出有独立思考能力的青年来达到“百家争鸣”的目的呢？

……但据我个人的了解，大部分应由今日的教学制度负责。教师的负担太重，他们的工作主要地是放在编写教学大纲和整理教材。加以很多专业课程是新开课程，为解放前所没有的，一切都要从头做起。北大经济系有一位教师告诉我，他实足预备了二十几个小时的教材还不够二小时的讲授云云……工资一般都低，心中不能不有一种顾虑；若小孩一多，晚间不能安静地睡觉和休息，日中也缺乏安静的地方备课，就是有了科学研究的时间，也缺乏进行科学研究的设备资料和环境。

……我们应向苏联学习，这是不能动摇的原则，但是不是要依样画葫芦地学习。我们自己也应努力摸索创造经验，因此迫切地需要高等教育部大力加强领导，使我们能更快地脱离机械式的教学制度，早日走上结合中国实际情形的高等学校轨道。不然的话，“百家争鸣”难免变成“百家争吵”。①

推动思想改造运动

新中国成立之初，对中国知识分子影响最大的事情莫过于思想改造运动。此项运动的发生发展与马寅初颇有一些关系。马寅初在浙大和华东军政委员会任职时，就提出过知识分子要学习新思想、改进思想认识的要求。到北大后，形势的发展使这一任务愈加刻不容缓。1950年6月，毛泽东在政协会议的闭幕词《做一个完全的革命派》中讲到，要在知识界开展自我改造的教育运动，利用暑假、寒假举办教师讲习会，学习时事政治和马列主义。在七届三中全会的讲话中又指出：对知识分子要办各种训练班，办军政大学、革命大学，要使用他们，同时

①《我也来谈谈百家争鸣》，马寅初著，田雪原主编：《马寅初全集》第十四卷，浙江人民出版社1999年版，第448—450页。

对他们进行改造。要让他们学社会发展史、历史唯物论等几门课程。就是那些唯心论者，我们也有办法使他们不反对我们。他们讲上帝造人，我们讲从猿到人。有些知识分子老了，七十几岁了，只要他们拥护党和人民政府，就把他们养起来。毛泽东作报告后，负责执行落实的周恩来随之发表了相关讲话。

1951年暑假到来之际，马寅初响应号召，率先在北京大学设立了“暑期学习会”，组织本校职员集中40天，听报告、读文件，联系本人思想和学校情况，开展批评与自我批评。8月1日，马寅初专门到场动员：“这次学习是为诸位的好处，也是为学校的好处，中国的好处。”“政府交给我们北京大学的任务，是要做全国的模范。”“我想：北大的革命传统要保持下去，学生是进步的，教员跟着也进步。你们怎么样？将来人一多，逼上梁山，你就非进步不可。所以，我们要学习，使主观思想与客观条件相一致。不要时代进步了，你的思想停止着；不要老保住你眼前的利益，维持你现在的利益，不向前进，是要落后的。坚持落后，就会变成反动，所以要学习，时代向前跑，你要跟着前进。”①

周恩来的关注和介入，把思想改造运动引向深入。据《周恩来年谱》记载，1951年9月3日，“（周恩来）和北京大学校长马寅初谈话，听他介绍北大汤用彤、张景钺、杨晦、张龙翔

---

①《职员暑假学习》，马寅初著，田雪原主编：《马寅初全集》第十四卷，浙江人民出版社1999年版，第196—200页。

等12位教授响应周恩来关于进行思想改造的号召，发起北大教师政治学习运动的情况，并就马提出拟邀请中央负责人为北大教师学习会作报告事交换意见”。周恩来认为，这是件好事，当即表示赞同。

回校之后，马寅初给周恩来写了一封信：北京大学教授中有新思想者，如汤用彤副校长、张景钺教务长、杨晦副教务长、张龙翔秘书长等12位教授，响应周总理改造思想的号召，发起北大教员政治学习运动，“他们决定敦请毛主席、刘副主席、周总理、朱总司令、董必老、陈云主任、彭真市长、钱俊瑞副部长、陆定一副主任和胡乔木先生为教师，嘱代函诸先生转达以上10位教师”。9月9日，周恩来将马寅初的来信转给了毛泽东，同时附以己函。《周恩来年谱》载：“九日，致信毛泽东、刘少奇，报告本月以来马寅初以口头和书面邀请周恩来和其他中共中央负责人为北大教师会作报告，以推动思想改造运动为目的的学习运动开展的情况。”9月11日，毛泽东在马寅初给周恩来的信上批示：“这种学习很好，可请几个同志去讲演。我不能去。”①

9月24日，周恩来在征求教育部意见的基础上，召集彭真、胡乔木、齐燕铭、阳翰笙、蒋南翔等有关负责人座谈，主持制定了知识分子思想改造运动学习的内容、目的和方法。北京、

---

① 毛泽东：《在马寅初关于北京大学教员政治学习问题给周恩来的信上的批语》，《建国以来毛泽东文稿》第二册，中央文献出版社1988年版，第448页。

天津20所高等学校的3000多名教师，在教育部的领导下，开始了以改造教师思想、改革高等教育为目的的学习运动。

9月29日，周恩来应马寅初和北大“教师学习会”的邀请，赴北大校园作了《关于知识分子的改造问题》的报告。周恩来的开场白，语气平和，从剖析自己进入主题，并无居高临下之态：

> 北京大学教师学习会和马校长要我给他们做一个报告。我想，既然给北京大学讲，也就应该给别的大学讲。因此，我同教育部商量了一下，这个报告会就以北京大学为主，把北京、天津其他大学的教师和同学代表也请来了。
>
> ……
>
> 讲到改造问题，我想还是先从自己讲起。我中学毕业后，名义上进了大学一年级，但是正赶上五四运动，没有好好读书。我也到过日本、法国、德国，所谓留过学，但是从来没有进过这些国家的大学之门。所以，我是一个中等知识分子。今天在你们这些大知识分子、大学同学面前讲话，还有一点恐慌呢。不过，我总算是知识分子出身的，对知识分子的改造有一些体会，联系自己来谈这个问题，可能对大家有一点帮助，有一点参考作用，总不至于成为一种空论吧！
>
> 大家学习的目的是为了改造自己……拿我个人来说，参加五四运动以来，已经三十多年了，也是不断地进步，

不断地改造……但也犯过很多错误，栽过筋斗，碰过钉子。可是，我从不灰心，革命的信心和革命的乐观主义鼓舞了自己……

我讲这一段话，是为了使同志们在学习的过程中建立这样一个信心：只要决心改造自己，不论你是怎么样从旧社会过来的，都可以改造好。在座的同志多数在旧社会生活过较长时间，会带来很多旧的东西，要求一下子把旧的影响肃清，这是不可能的。只有在不断的斗争中，才能求得进步。①

报告分七个问题：即（一）立场问题；（二）态度问题；（三）为谁服务的问题；（四）思想问题；（五）知识问题；（六）民主问题；（七）批评与自我批评的问题。

周恩来以自己的革命生涯为题材，就知识分子如何树立革命的立场、观点和方法作了精辟的阐述：知识分子经过锻炼、学习、实践，完成从民族立场到人民立场，更进一步到工人阶级立场的转变。这一过程，既是改造的过程，亦是随时代前进、不断自我升华的过程。

报告时间长达5个小时，和风细雨，循循善诱，感情真挚，沁人心脾。最打动与会者的是，周恩来公开解剖自己，以示改

---

① 中共中央文献研究室编:《建国以来重要文献选编》第二册，中央文献出版社1992年版，第439—441页。

造有百利而无一害。这个报告影响甚大。

马寅初坐在侧桌悉心听讲，仔细地做着笔记。周恩来讲完后，马寅初兴奋地点评道：周总理的这次报告，对于推动我们的政治学习真是太重要了！特别令人敬佩的是，“周总理以自我批评的精神坦白地说出自己的社会关系，听者莫不感动。以这样的办法来领导知识分子改造思想，在我看来是最有效的。这不仅启发了知识分子学习的要求，而且巩固了学习者的信心，提高了学习者的情绪，推进了思想改造的过程”[①]。

马寅初根据报告精神检讨自己以及北大的工作，将体会写成《北京大学教员的政治学习运动》一文，发表在1951年10月26日的《人民日报》。文章写道：“北京大学不是没有缺点的，自由散漫就是我们的缺点。这和我们的教职员工居所分散也有关系。但这种自由散漫的作风却有更重要的思想根源，必须加以克服。其中最明显的是职员思想水准和主人翁自觉性都不高，因此在暑假中发动职员学习了四十余天，成效甚好，开学后工作效率提高不少。”“解放后的两年多来，我们一直在向新的方向努力。为了这个目的，必须按照国家的需要，彻底地调整院系，改革课程，改进教学内容与教学方法。而要达到这一目的，一个最主要的关键，就是要使全校师生都能真正认识到改革的必要，自觉自愿地进行思想改造，使我们自己能更好地为人民

①《北京大学教员的政治学习运动》，马寅初著，田雪原主编：《马寅初全集》第十四卷，浙江人民出版社1999年版，第213页。

服务。”“我们这一次学习的目标，就是希望经过思想改造来推进学校的改造。学习的方法，是听报告，学文件，展开批评与自我批评，使我们能够以马列主义和毛泽东思想来武装自己。”①

一场全国性的知识分子思想改造运动迅速铺开，知识分子普遍检讨了个人主义、自由主义和欧美资产阶级文化思想。有的批判了自己的唯心主义思想，开始接受辩证唯物主义和历史唯物主义思想；有的运用马列主义观点对照自己的思想和工作，找问题，找差距，决心改弦易辙；有的表示要用共产党员标准要求自己，希望将来能够加入中国共产党。

这场思想改造运动，是在中华民族经过百多年奋斗赢得国家独立的背景下进行的，胜利者的自信心以及整个社会的高度认同，造就了历史长河中罕见的思想文化感召力。马寅初是这场运动的主动发起者，比之大多数知识分子，更多一份自觉，这与他在民国后期受到国民党的排斥以及和共产党的亲近是分不开的，他比其他人更清晰地认识到时代巨变的走向，并走在了潮流的前头。

经过思想改造运动，广大知识分子集中学习马列主义、毛泽东思想，批判了过去的自己，大大提高了对共产党的认同感，思想认识趋向统一。这对巩固新政权、推行社会主义思想文化

---

①《北京大学教员的政治学习运动》，马寅初著，田雪原主编：《马寅初全集》第十四卷，浙江人民出版社1999年版，第210—211页。

具有积极的现实影响，但它的一些负面影响到许多年后才显现出来。在清算资产阶级、封建主义思想文化中，中外传统文化经典如儒家学说、亚当·斯密理论之类，统统被视为反动；西方经济学、社会学、法学、财政学一概被指斥为“废纸”。更严重的后果是使知识分子产生了“原罪感”，过去的问学、求知，与投身革命运动或务工务农相比，属于可耻的寄生虫生活，需要接受政府和工农的改造，这个包袱一背就是几十年。当年参加“改造”运动的一些当事人，晚年不乏反思：曾经积极自我改造的冯友兰先生写了《三松堂自序》；杨绛先生的作品《洗澡》，则是那场运动中部分知识分子真实感受的写照。马寅初在他后来大遭批判、被剥夺发言权的时光里，想必也曾重新思考这场思想改造运动的得与失。

知识分子思想改造运动连带催生了一场中国高教体制大调整。1952年6月，中央决定，按照重点培养工业人才和师资的要求，进行全国高校院系调整工作，撤销教会大学，并将许多综合性大学的理、工、农、师范等学院分出来独立建校。北大的工学院划归清华，同时将清华、燕京、辅仁三校的文、理、法三大学院收入囊中，燕京大学的地盘也转归北大，北大从沙滩迁往西郊，无论办学实力还是办学规模，都受益颇丰。马寅初离开了感情深厚的红楼，搬到风景如画的燕园。办公室设在办公楼201房间3号。20多平方米的空间中，摆放着一张深棕色的办公桌，前面一把皮转椅，枣红色地板擦得锃亮，外间为秘书室。北大为校长安排了一处校内公寓——燕南园63号。这是一座古典式的平房，翠竹环绕，古木参天，是个十分幽静的小天地。此后，马寅初住在西郊居多，节假日才有空回到东总布胡同家中。

搬到新校区后，北大进行了教学和生活设施的建设。当基建遇到财政困难时，马寅初向陈云请求拨款支援。陈云当即表示："尽管国家财政还不富裕，但是支援教育事业义不容辞。"基建工程顺利完成。

思想改造运动之后的"肃反"运动中，发生了一件让马寅初感到困惑又无奈的事情。秘书王克宥，一直是他的写作助手，也曾在他危难中挺身而出。但王在民国时当过浙江省天台县县长，"肃反"中被认为阶级阵线有问题，不能继续留在校长办公室。当时的政治经济学教研室主任张友仁教授回忆："马老和我商量，要给王找一条出路。我说让王克宥先生到政治经济学教研室资料室来当主任吧，得到马老的赞同。王就到我室工作了约二十年，直到逝世。马老又要物色一位新秘书，我将我教研室资料室的一名年轻党员、浙江人姜明同志推荐给他，姜明同志就此长期担任马老的随身秘书。"①

率性坦诚的魅力

马寅初天生率性，有着表里如一、坦诚处世的人格底色，并且坦诚中透露着文化人身上少见的天真和透明。如他经常于

---

① 张友仁：《马寅初在北京大学》，《马寅初纪念馆专刊》2004年第12期。

年初公布个人年度计划，包括公务、治学和锻炼身体几个项目，到第二年年初还要报告完成情况，成为名流中的一道风景，也是人们喜欢马寅初的一个原因。到北大后，这一风格磁石般地吸引着师生们。

就职演讲中，马寅初说道："毛泽东主席把'身体好'放在第一条，就是叫我们青年人先要把身体锻炼好，这是建设国家的本钱。我虽然年龄大了，每天还坚持洗冷水澡，经常爬山，我要争取再活30年。"师生们甚感振奋："马校长70多岁了，还每天坚持洗冷水澡，经常爬山，活力四射，似有用不完的精力。""北大要年轻化了！"不少老教授也被马寅初感动："听马校长讲话，自己也好像年轻了10岁。"

马寅初言出行随，天天洗冷水澡，只要没有公务上的时间冲突，他每周爬香山数次，得空还要加爬颐和园的万寿山。北大校友周其湘回忆：一次马寅初校长身着T恤、短裤，率先在操场跑步，在他的带动下，师生跟在后面，人越聚越多，队伍浩浩荡荡，甚为壮观……马校长的身体锻炼成为北大师生的热门话题，每见他汗淋淋地返回校园，师生就知道，他又一次爬山归来。张友仁教授回忆："1956年他搞研究，有观点后先请一些经济学家到北大临湖轩征求意见。午后，同往颐和园北门内登山，他很快爬到山顶，别人都落在后面。"[①]看到他如此高龄，精神矍铄、健步如飞的身影，北大校园里自然出现一场健身热。

---

① 张友仁：《马寅初在北京大学》，《马寅初纪念馆专刊》2004年第12期。

马寅初的锻炼还引起社会的广泛关注，1957年1月号的《新建设》，以马寅初爬香山的照片为封面，并发表了马寅初健身的体会。真是春风得意马蹄疾。

古稀之年的老校长学俄文，更是北大校园里的一段佳话。1952年，由于工作、学习的需要和时代的要求，71岁高龄的马寅初开始自学俄文。有人对他说："年纪大了，记忆力衰退了，怎能再学外语呢？"马寅初回答说："年纪大了，记忆力是不如青年，但是恒心与勤奋是能够弥补这方面的不足的！据说，俄国的列夫·托尔斯泰在70岁时才开始学骑自行车，我70岁也可以学俄文嘛！"又有人说："你兼职那么多，工作那么忙，哪有工夫学呢？"马寅初回答说："时间是可以争取的，关键在于毅力。有了毅力，就有了时间！"

陈云得知马寅初的惊人之举后，觉得如此高龄全靠自学究竟难度甚大，就与他商量请一位俄文教师指导。几经辗转，物色到一位苏联籍姑娘，名叫苏别兹。她碧眼金发，身材高挑，青春美丽，刚从哈尔滨工业大学毕业，俄文水平高超，富有责任心，向往教师生涯。当得知要从字母开始教一位老校长时，她不免心生疑虑。然而，当她到了马家，见识了马寅初的韧劲和悟性后，便带着惊奇和钦佩进入了角色。

在马寅初学俄文近三年的时间里，苏别兹的编制在北大俄语系。因马校长白天忙，她就住在马寅初家中，马寅初外出休养，也带着她。每天一早一晚上两次课，早晨7点至8点半；晚上7点半至9点，然后她给"学生"留下作业。有这样一位"先生”牵引，马寅初劲头更足，每天起床甚早，冷水淋浴后，便坐在书桌前诵读俄文，上下班的途中，在车上背诵单词，并自己规定每天不完成作业坚决不休息。有一次，马仰惠过来劝说：“爸爸，天这么晚了，还不收拾睡觉?”马老望了望练习本，抬起头对女儿说：“快了，快了，就这一道题了，做完我就去睡觉!”女儿见父亲顶真的样子，笑着摇了摇头，说：“爸爸，你都这么大年纪了，还要像小学生那样做作业吗?”马寅初一本正经地回答：“没有做小学生的精神，是学不到任何知识的!”他发挥道：“研究学问，只有一条捷径，就是老老实实埋头苦干，否则不会成功！我国战国时期的思想家、教育家荀子曾经说过：‘不积跬步，无以至千里；不积小流，无以成江海。’他还说：‘锲而舍之，朽木不折；锲而不舍，金石可镂。’你们应该好好记着。”

马寅初学得勤勉，苏别兹教得一丝不苟。她每次上课前都要求“学生”复述上节课的内容，检查作业质量，课中不断提问，全部以俄语讨论。每月小考，半年大考。考试时，笔试和口试各占一半，判定成绩决不通融。这种严格认真，正是马寅初所欣赏的。苏别兹不断在心里为老“学生”加油，他的记忆力和领悟力超过了许多年轻人，顽强精神更为人所不及，听、说、读、写全面要求的教学进度，居然被抽空学习的老人全部完成。不过，她也曾遗憾地指出：“学生”的俄文书法不够漂亮。马寅初笑着敬请多多包涵。

如此三番寒暑、几度春秋，马寅初在精通英语，掌握德文、法文的基础上，又学会了俄文，能用俄语自如交谈，阅读苏联的原版书报。他细读了俄文版的《联共（布）党史简明教程》《政治经济学》《辩证唯物论》，列宁的《唯物主义与经验批判主义》、斯大林的《苏联社会主义经济问题》等原著。苏别兹感动万分："我从来没有见过70多岁的人这样认真学习，而且竟然获得成功！真是奇迹！不可思议的奇迹！"马寅初亦不无得意："我学俄文，是用了九牛二虎之力才学会的。"马寅初年逾古稀学俄文的事迹，在社会上影响也很大，教育部副部长钱俊瑞在一次会议上赞扬说："中国有句古语'活到老，学到老'，马校长为国家、为工作、为事业刻苦学习的精神，值得每一个人学习。"北大师生无不为校长的"神奇"感到自豪。

马寅初的坦诚风格还表现在他胸无城府，讲话出自真心，喜怒哀乐一览无余。他是新中国成立后少有的几个仍保存着旧时话语风格的人，张口闭口常把"兄弟我"挂在嘴边，如"教育部杨秀峰刚请兄弟我吃过酒"。在当时环境中，这样的语言显得十分另类，很有几分遗老的味道，但却有种率真、别致的风韵。科学家王选当年在北大数力系读书，他回忆说："马老讲话时自称'兄弟'，说话随便，没有套话，也不带官腔。一次讲话中他抱怨说，他写了一篇文章，题为'洗冷水澡的八大好处'，投给《北大学报》被退回，说这篇文章不是学术文章。他为此而不平。"[①]真情不加掩饰的流露，正是他最为学生敬爱之处。

① 王选：《在大饭厅听报告》，《马寅初纪念馆专刊》2007年第4期。

马寅初喜欢和学生在一起，通常每隔一天就要到学生生活区走一走，边走边看，有求必应，有问必答。宋运郊回忆：

> 1955年9月，到校报到之后一两天的下午，马老来到我们住的小饭厅逐一查看我们的床铺，这是我们第一次见到校长。他沿着走道不时翻开被褥细看，还问我们夜里冷不冷。那年我十七岁，血气方刚，连忙说不冷不冷，想不到犯了众怒，旁边有人纠正我说，这么大的屋子，已经是9月了，我们从南方来的感觉是有点冷，他是北京的学生，年纪又小，还不知道什么是冷呢。这时马老说，年年增招许多学生，宿舍不够，年年建设新楼，再有不多日子新宿舍楼完工了，大家就可以进楼了。说完，马老侧过身来对随行的人说：请总务处的同志去城里租些被子来，给大家添被，千万不能冻着他们。当天傍晚就运来了一大批棉被，挨床分发，一床一条，好像也没有签字登记之类的麻烦。
>
> 一次正在低头吃饭，那天买的是肉片白菜，忽然有人伸手接我的筷子，抬头一看是马老，立马递过筷子给他，心里却还疑惑他为什么要我的筷子。待他接过筷子就在我的碗里挑起肉片来，把肉片全都挑在一边后，大概知道了肉片的数量，然后问我：这是什么菜，多少钱？我告诉他这是肉片炒白菜，两毛钱，他听了后微微点头说：还可以嘛。
>
> 我在小饭厅的南头吃饭，马老进来了，问同学们吃的

什么，好吃吗，营养够不够。快考试了，吃这样的饭菜能够应付考试吗？当时我有点茫然，自己还没考虑过呢。不久就统一发给每个同学一大张红纸的餐券，30个小格，每格1角钱，这是考试期间的餐费补助。[1]

1957年5月初的一个下午，马寅初刚刚从西山爬山回来，还没有来得及休息就接待了经济系一年级春季班的二十几位学生。

学生们说，入学以后，感觉不到大学里的气氛，对经济系似乎不甚满意，问应如何才能学到东西。马寅初坦白地告诉他们："北大的经济系在国内是数一数二的，教师的阵容也相当好，看不起的心理要快快地改过来。"[2]他向同学们介绍了国内外经济学发展和研究的状况：英国资产阶级经济学有四五百年历史，美国有一二百年历史，出了很多有名的经济学家；经济理论著作也很多，各家有各家的看法。他对同学们说，不少教授对资产阶级经济学很有研究，这是学习的有利条件。

在谈到社会主义经济学成就时，马寅初说：社会主义经济学和资产阶级经济学是有本质不同的，同学们首先要学好马列主义，学好社会主义的经济学，但要学好社会主义经济学也必须了解和懂得资产阶级经济学，否则就很难懂得社会主义制度

① 宋运郊:《忆北大最忆是马老》,《马寅初纪念馆专刊》2005年第7期。

②《与经济系二年级的谈话》,孙大权、马大成编注:《马寅初全集补编》,上海三联书店2007年版,第593页。

的优越性，也无法批判资产阶级经济学。马克思主义政治经济学已有100年的历史，在苏联已有40年的历史，在中国只有几年的历史，由于时间短，著名的著作还不多，你们研究经济学，要以马列主义为指导，批判地分析英美等国的材料。

有位学生插言道，我们不懂外文。马寅初很是吃惊，语重心长地对同学们说：你们不能终日忙于写笔记、抄笔记、对笔记，外文的参考书和杂志一本也不能看。他劝同学们快快学外文，至少能通一国外文，而且以后要继续学，绝对不可间断。他以自己的亲身经历教育学生说："我自己在耶鲁大学学过拉丁文（强制的），在哥伦比亚大学研究院学过德文法文（都是研究生必修的）。因看英文书快得多，看德法文很吃力，久而久之，把德法两文放弃了，现在只掌握了英俄两文，决不任其放弃，因为看资本主义国家的书报要用英文，看社会主义国家的书报就得用俄文。"[①]他勉励学生，钻研学问大部分要靠自己努力，只有苦干，此外并无捷径。他还说，本来自己是抱着"实业救国"的思想去学矿冶的，到美国留学后，才逐渐发现自己的想法太狭隘，才改学经济，被迫下了一番苦功夫，学了几国外文才有点成就。学习经济学，一定要广泛阅读中外期刊，越多越好。"（我）把切身体会告诉同学们，希望你们及早想到自己的前途。"

---

①《与经济系二年级的谈话》，孙大权、马大成编注：《马寅初全集补编》，上海三联书店2007年版，第593页。

马寅初出于对青年的关心和爱护，讲了不少知心话。他鼓励学生们克服困难，锻炼身体，努力学习，强调研究理论必须联系实际，耐心地向学生们解释教学和科研相结合的重要性。同学们被老校长的诚恳感动，他的热情、他奋发向上的精神更让同学们有“胜读十年书”之叹。第二天，就有许多同学行动起来，强烈要求开设第二外语和世界经济学史方面的课程，并表示一定要尽最大的努力学习。

马寅初的做派使他成为北大学生眼中的传奇人物。

马寅初在北大的威望，更重要的还来自他谦虚好学、不断进步、成果迭出的学者风范。1949年以来，马寅初非常重视对苏联理论与经验的学习，并结合本国实际，提出发展经济生产的思路。一次，他邀请胡愈之及校内外几位经济学教授进行学术座谈，提出正在研究的一个论点——“统筹兼顾，综合平衡”是中国社会主义经济的基本规律。

新中国成立后，如何对资本主义经济进行社会主义改造，是关乎立国基础的战略要务，《共同纲领》规定了这一方向，但如何实施尚需探索。作为政府首席经济顾问的马寅初对此高度关注，重点研究。1954年，他深入调查，于1955年初完成了《我国资本主义经济的社会主义改造》初稿。在此基础上，又开始撰写力作《我国资本主义工业的社会主义改造》。文章写成后投《北京大学学报》，审稿者认为此文有袒护资方和“剽窃”国家政策之嫌，说是“这篇论文在观点上有毛病，唯恐马校长因此会犯错误”而未予刊发。1957年整风运动中，北大冯友兰、郑昕等不少教师认为“这种情况就是阻碍了‘百家争鸣’，以这种态度对待科学家的科学研究成果是很错误的。任何人发表文章，有他自己负责，不需要别人担忧”[①]。在这样的情形下，马寅初认为有让这篇文章发表出来的必要，以消除各方的疑问，遂将此文送中央工商行政管理局审阅，得到肯定和好评。文章发表时，马寅初用“作者附记”介绍了研究的过程、成果及其现实作用：

> 这篇写作开始于1955年1月，完成于1955年4月底。我写这篇论文是因为我预见到政府本一贯的政策，对民族资产阶级迟早一定会采取和平改造的方式，而且一定采取逐行逐业改造的方式。换句话说，政府一定采取“吃葡萄”的方式，不采取“摘苹果”的方式，决不致大企业一个一个地合营，置中小企业于不顾。北京由于瑞蚨祥、稻香村、同仁堂的被批准公私合营，三业的同业皆遭受很大的影响，以致造成公私合营的同仁堂拥挤不堪，买药者需领牌子排队，而私营药店门前可罗雀，几于不能维持生活；同时患病者很感不便，大为不满。因此，我就想到政府既承认民族资产阶级为四友之一，势必依照“一视同仁”的方针，采取逐行逐业的合营。这对资方来说，是一条光明的道路。而在企业改造的过程中，同时也进行资方个人的改造。但

---

①《春夜谈心》,《光明日报》1957年5月4日。

政府亦不会忽视民族资产阶级的两面性，故办法上亦当“有所不同”，这就是说私方要接受公方的领导，就是要接受改造，这是“有所不同”的真意义。把两句结合起来，就是“有所不同，一视同仁”。把企业改造与个人改造结合在一起，以便最后改造成为社会主义社会的企业和公民。

在20世纪50年代中期私营企业面临全面改造的情况下，马寅初仍不忘站在学术立场说话，专门予以申明，且对公方的某些做法有所异议：

但公方代表在处理内部事务时，也有做得不够合理的地方，如我讲第一方面的矛盾时，讲到的公方对私方没有使用的地皮不予估价。我认为这不合理，我的朋友就说我有庇护资方之嫌。不料国务院在1956年2月8日（在本文后一年）规定“土地也应该进行适当的估价”，把这个偏差纠正过来，足以证明我并没有庇护资方之嫌。

……

这篇论文是根据公方和私方的意见写成的。当然，从政府主管部门工作人员来讲，对其中某些私方观点，应该批复，但因为我是站在科学研究工作者的地位说话的，故我的说法可以不必与他们完全相同。陈云副总理在致我的信中亦认为可以不必完全相同。[1]

论文写成后，马寅初送陈云征询意见，陈云作了一处修改，“附记”介绍道：

> 这篇稿子曾于1955年5月送请陈云副总理看过，求他指出错误，以便更正。他在回信中说：“这篇文章中许多关于政府方面公布过的或讲过的政策，我看了之后，觉得符合情况。关于‘有所不同，一视同仁’的说法，后来我改过一些，改为‘既要有所不同，又要在一些方面一视同仁’。因为在一视同仁前面加‘在一些方面’几个字，更合乎事实些，决不可能在一切方面都一视同仁。所以加‘一些方面’几个字，更合乎事实些，立论更牢靠些。”现在我就依照陈云副总理的意见，把“有所不同，一视同仁”的提法，改为“既要有所不同，又要在一些方面一视同仁”。[2]

马寅初在文中审视了资本主义工业社会主义改造过程中，公私之间、劳资之间、供产销之间、盈利多少与有无之间、改造的计划与步骤之间、社会主义改造与资本主义经营管理之间

---

①《我国资本主义工业的社会主义改造》，马寅初著，田雪原主编：《马寅初全集》第十五卷，浙江人民出版社1999年版，第29—30页“作者附记”。

②②《我国资本主义工业的社会主义改造》，马寅初著，田雪原主编：《马寅初全集》第十五卷，浙江人民出版社1999年版，第30页“作者附记”。

的矛盾，分析了原因，提出了解决问题的办法。这些办法，多为政府采用，推动了资本主义经济社会主义改造的快速完成。到这篇论文正式发表的1957年，这桩大事已成历史，故马寅初写道：

> 事情演变到今日，我在文中提出的所有矛盾，都已按照我所提出的解决方法一一解决了，我所主张的全行全业合营，亦已完全做到。我的预见已变为现实，心中觉得非常愉快。我平日喜读经济史，以史学研究者的身份，不能预见最近经济发展的趋向，则何贵乎有此史学研究者耶？为慎重起见，最近我把这篇论文送请中央工商行政管理局仔细地核对一遍，并请其作些补充。兹将其补充文字，加以括弧，作为几段按语，列入本文，以供读者参考。[②]

当时人们普遍为社会主义革命和建设进程的不断加快而欢欣鼓舞，很少有人在乎一个问题：消灭“资本家”（大多数还算不上）的进度，比《共同纲领》的规定快了许多。以致邓小平30年后启动改革开放时，提出了“补课”的任务。

1955年5月，全国人大组织全国视察，温州区视察组由马寅初、王国松、邱清华、沈炼之4人组成。马寅初主撰了《浙江省温州区视察报告》。

报告中，粮食问题（即统购统销）是考察的重点。那时代的汇报材料，报喜不报忧者居多，马寅初则实话实说，较多地谈到了存在的问题。

他说：农业增产了，实行统购统销，得到了大多数农民的理解，但也有缺点，这主要是干部作风、强迫命令造成的：

> （1）订计划时不够切实，部分区乡有层层增加数字的现象，乐清、永嘉等县个别乡推广连作稻采取划片的办法，强迫种植，结果计划流于形式，实际推广数缩小了。（2）秧田治虫不彻底。（3）春花良种留得少。（4）部分地区合作社、互助组农民不愿种小土地出租者的田地，个别富农因土地多，劳力少，雇不到工就抛弃了土地。
>
> ……
>
> 在统销工作中，对中央“多缺多供应，少缺少供应，不缺不供应”的指示执行不够好，该供应的没供应，不该供应的反而得到了供应，干部乱发了周转粮证。五月间整顿统销时，对于有麦子收成的农民收回周转粮证，农民的意见最多。梧埏镇一个农民说：“干部收购周转粮时曾经说过半斤、一斤都还给农民，现在连饭也不给农民吃，没有信用。”一个鱼贩农民说：“有钞票买不到米，肚子挨饿，共产党什么都好，只有这件事做得不好。”个别乡干部强迫命令，有的开会开到天亮，随便扣人，有的搜仓，引起农民的不满。该供应而没有得到供应的叫着要供应，有的不缺粮的怕人家说他有粮，也跟着叫。永嘉县双岭乡大陆村祝宝钊对干部说：“毛主席说保证不饿死一个人，你不供应

我，就是你不好。”

……

麦子收成以后，农民反映全部吃麦不习惯，吃麦的量要比吃米多，手续麻烦，而价格又贵（麦子每百斤八点五元，谷子每百斤六点五元；麦子磨成粉每百斤加工费一元五角，打成面每百斤加工费二元），老年、小孩有疾病的和产妇需要吃米。有的说：五六口之家一天有一斤米也好。希望政府收购一部分麦子，供应一部分米。永嘉梧埏镇农民唐永祥说：“如果政府允许的话，我看有的人就是一百斤麦子同国家换调一百斤谷子也是愿意的。”

……

农民对于“三定”政策，一般是拥护的，但部分农民存在着怀疑态度，双岭乡农民杨素容说：“对于‘三定’政策，有的人怀疑、不相信，认为定不牢的，下半年恐怕要变动，去年划片评产，发了周转粮证，今年还要变动。经过‘三定’之后如再这样来一个变动，农民就吃亏。”也有的人认为，去年产量定高了，今年不敢种。

……

农民对城市里有很多意见，农民说：“种稻的吃麦，不种稻的吃米，城内还有客米。”“工人思想好，农民吃得饱，思想也会好。”“吃一斤半米的（指工人）八点钟办公，我们吃十二两（旧制：十六两一斤。作者注）的这样早起做什么？”“国民党时期农民当兵，现在参军的还是农民多，工人少，工人是亲儿子，农民是干儿子。”这反映农村对城市有隔阂，农民对工人有不满。以后应当加强工农联盟的思想教育。[1]

阅读这份报告可感到，马寅初的下乡调查是多么深入、细致，着眼于发现问题，并提出对症下药的改进办法。

1956年4月28日，毛泽东提出科学、文艺都要百花齐放、百家争鸣。6月13日，《人民日报》发表毛泽东的讲话；7月、8月，辟《百家争鸣》专刊，朱光潜、马寅初等都有文章刊出。马寅初对朱光潜《百家争鸣，定于一是》一文十分赞赏，在朱文旁用正楷抄录，并作阐发：“朱光潜先生说学术界最不健康的风气是没有公是公非。没有公是公非，人们才各是其是，各非其非，以至于是非混淆，莫衷一是。正确的批评与自我批评的功用就在于建立公是公非。最坏的现象是对人而不对事，目的在压服人而不在解决问题，压服人的办法是乱扣帽子，片面看问题的现象尤其普遍。”看来，尽管马寅初对共产党的领导衷心拥护，但他对思想文化领域存在的某些“霸道”作风颇有些看法。这也是他后来在人口问题上“单身匹马”坚持己见的思想基础。

在“双百”方针的鼓舞下，马寅初的研究切入国民经济发

①《浙江省温州区视察报告》，马寅初著，田雪原主编：《马寅初全集》第十四卷，浙江人民出版社1999年版，第401—406页。

展面临的新难题：计划经济如何有效运作。1956年至1957年，他连续发表《联系中国实际来谈谈综合平衡理论和按比例发展规律》和《联系中国实际再来谈谈综合平衡理论和按比例发展规律》两篇重要文章。这是马寅初以自己西方经济学底子学习苏联社会主义经济政策后的新成果：团团转理论。他解释说："国民经济的各个方面是一个有机地结合着的整体，其中一定有一个按比例发展的规律。我们要透彻地研究这个规律，要全面地了解经济情况，要预见各个方面、各个部门、各个环节的发展趋势，才能对各种经济成分确定计划指标时，做出一个好的统筹安排工作，把国民经济的各部门各地区联系在一个国家计划之内。这个工作异常艰巨细致，可谓千头万绪，错综复杂。若对实际经济情况了解得不够而要定出适当的指标，是很难的，势必在计划执行的过程中，产生一些前松后紧、时松时紧的不均衡现象。但要注意，虽然我们要正确地掌握国民经济按比例发展的规律，但是所定的比例，并不是呆板的公式，在不同的经济情况下，必然有程度不同的比例关系；只有根据实际需要和可能，进行反复的平衡计算，才能比较恰当地规定出国民经济各方面的比例关系，而且要在实践中加以修正补充。"①

谈到国民经济综合平衡的内容，马寅初在"用团团转的方法来说明全面平衡理论"的过程中，仔细考察经济现象的多重

①《联系中国实际来谈谈综合平衡理论和按比例发展规律》，马寅初著，田雪原主编：《马寅初全集》第十四卷，浙江人民出版社1999年版，第495—496页。

关系：工业与农业之间、重工业和轻工业之间、工农业和商业之间、生产和运输之间、物资供应和物资储备之间、进口和出口之间、积累和消费之间、经济和财政之间、财政收入与支出之间以及物质生产与人口发展之间的平衡关系。在这些部门内部和各个环节里面，还有许多必须考虑到的极其重要的比例关系需要平衡，例如，在工业内部，除了重工业与轻工业之间的平衡关系外，还有原有工业与新建工业之间、原料工业与加工工业之间、工业企业与运输企业之间、沿海工业与内地工业之间、中央工业与地方工业之间、大型工业与中小型工业之间、工业建设与城市建设之间的平衡关系，等等。他认为，只有把各个部门之间以及每个部门内部、各个环节之间以及每个环节内部的比例关系都考虑到了，这些比例关系都大体平衡了，才能说国民经济有计划按比例发展规律所要求的主要之点抓住了，才能有国民经济的协调发展，才能实现国民经济的高速增长。否则就是对国民经济有计划按比例发展规律的违背，就要犯错误，欲速则不达。马寅初的理论探索，对全国计划经济工作中形成“综合平衡”的基本理念，有着积极影响。

职务多、庶务多，责任大、年寿高，这些都没有影响马寅初不断推出新的学术成果，赢得思想文化界的齐声称颂。1955年6月，他当选为中国科学院首届哲学社会学部学部委员。

在1951年至1957年担任北大校长的6年时间里，马寅初怀着尽快改变中国贫穷、落后以及一盘散沙面貌的强烈愿望，跟随着时代的潮流，全心全意地拥护以《共同纲领》为基础的建国方针，是民主人士中与新政权关系最为密切者之一。但这一时期也是他一生中较少展现个人独立精神和理性判断的时期，对新中国成立初的各项方针政策，自觉自愿地认同、贯彻。

第九章　新人口论

在人口陡增面前

新中国成立后的头几年，经济生产迅速恢复，各行各业除旧布新，整个社会沉浸于巨大的振奋之中，很自然地向往着历史上的盛世气象："民安其业……户口滋殖焉。"人丁繁茂乃是传统观念里国泰民安的应有之义。传统观念之外，苏联"社会主义不存在人口问题"，"人口的不断增长是社会主义人口现象基本特征"的理论认识，以及鼓励人口增长、表彰多生多育"英雄母亲"的具体做法，也对"一边倒"学苏联的中国政府颇有影响，先后出台过《限制节育及人工流产暂行办法》等规定，做人工流产要受到处分，甚至会被开除公职，虽然其中蕴含着保护妇女身体健康的用意，然而客观效果则是鼓励人口增长，只有极少数具备现代文明头脑的人有着人口过多会导致社会矛盾的意识。1953年第一次全国人口普查的统计数字出来后，这种意识转化为担忧。

马寅初就是这极少数中的一员。对于中国所特有的人口问题，他在早年的学术活动中就有关注，1920年4月于《新青年》上发表《计算人口的数学》论文，1928年在《现代新经济政策》演讲中，对中国人口的迅速增长表示惊诧，并提出了“节制生育，减少人口，移民教育”等主张。

1953年，新中国进行了第一次运用现代调查方法的全国性人口普查，与选民登记同时进行，以1953年6月30日24时为全国人口调查登记的标准计算时间。考虑到人民的文化水平较低，农村中连中学生都很少，登记表只确定最急需的五个普查项目：姓名、性别、年龄、民族、住址。登记工作于9月底前完成。11月1日，国家统计局发表关于全国人口调查登记结果的公报：截至1953年6月30日，全国人口总数为601938035人。其中城镇人口77257282人，占13.26%；乡村人口505346135人，占86.74%。男子为297553518人，占51.82%；女子为276652422人，占48.18%。民国末期，中国的总人口是4.7亿人，至1953年净增加1.3亿多人，自然增长率高达20‰。

面对如此庞大的人口数字，大多数人的反应是兴奋、自豪，国家统计局人口司司长沈益民说：“这个数字刷新了多年来沿用的四万万七千五百万这个估算的数字，这个数字给大家一个深刻的印象：新中国有六万万人口。”国家统计局副局长孙兢新说，这在国际上是一个很大的贡献。人口最多的国家，人口查清了，这对国际人口学也是一个很大的贡献。

马寅初等有识之士则对人口数额如此迅捷地越过6亿大关忧

心如焚。不仅如此，他还以自己擅长的统计学眼光，认为这个数字和增长率还是被低估的，实际情况更为严峻，他解释了自己的统计方法：

> 增殖率千分之二十是怎样得来的呢？一九五三年政府在二十九个大中城市、宁夏全省、其余各省每省选十个县进行普查，另有三十五个县只查一区、两镇、五十八个乡、九个村，共有人口三千零一十八万人，出生率千分之三十七，死亡率千分之十七，因此人口增殖率为千分之二十。并且说城市的增殖率高于乡村，上海一地的增殖率是千分之三十九，城乡平均起来每年增加千分之二十。我很怀疑四年来增殖率是否仍旧是千分之二十呢？普查的数字在当时是正确的，但拿千分之二十来解释以后四年的情况，恐怕有出入。[①]

为何人口增长如此之快？马寅初认为有七大因素：

> （一）结婚人数增加。在解放以前青年人毕业即失业，现在毕业以后，国家分配工作，经济情况改善，就具备了组成家庭的条件。社会上大家都有职业，对于父兄、亲友

---

①《新人口论》，马寅初著，田雪原主编：《马寅初全集》第十五卷，浙江人民出版社1999年版，第2页。

的接济少了，负担减轻，也促使结婚人数增加，并且政府照顾已婚夫妇，原则上分配在一个城市内工作，生育的机会也就增加了。（二）政府对于孕妇、产妇和婴儿的福利照顾。产妇产前产后有五十六天的休假，这在解放前是没有的。随着卫生事业的发展，乡村中产婆接生已为正规接生所代替，婴儿死亡率下降；托儿机构普遍建立，可替多子女的家庭进行一部分教养儿童工作；子女入学可以享受公费待遇。（三）老人死亡率减少了。以往是人生七十古来稀，现在是人生七十多来兮。对孤寡老人政府有照顾，退休有养老金，真是鳏寡孤独皆有所养。（四）以往几乎年年有内战，人民遭受兵燹、水旱灾害，流离失所，大量死亡。现在国内秩序空前安定，内战消灭，盗匪绝迹，凶杀案件减少，人民死于非命的大大减少。（五）随着社会制度的改变，尼姑与和尚大半还俗结婚，将来和尚和尼姑的人数也不会多。在资本主义国家不能解决的娼妓问题，我们也彻底解决，大家都知道妓女因“丈夫”太多，是不能生育的。（六）农业合作化以后，人民生活改善，老年人尚有旧思想的残余，希望多福多寿，什么五世其昌，儿孙满堂，不孝有三，无后为大，种种格言，到处传播。只要经济上许可，就忙着替儿子娶媳妇，成家立业。（七）政府对于一胎多婴的家庭，除了奖励以外，还有经济上的补助。诸如此类，都是增加出生率，减少死亡率的因素。因此，我认为近四年来人口增殖率很可能在千分之二十以上。[①]

马寅初向人们分析了这个增长率的可怕后患，每年增20‰，如果是在一个小的国家里，绝对数还不算太大，但是在我们这个大国里，要给它乘上的基数是6亿，其得数就大得惊人了。我国每年净增加的人口是1300万人，相当于世界上一个中等国家的人口啊！这1300万人一生下来，就要穿衣吃饭，要房子住，接着就要上学读书，要坐公共汽车、火车，要看戏看电影，最后还要就业。吃和穿，在目前的科学技术条件下，还只能从地里要。而我国在历史上就是一个人多地少的国家，新中国成立初期每人平均2亩9分地，在世界上除日本外，我们算是人均占地最少的国家了。这几年的趋势又是人增地减，到了20世纪50年代中期，平均每人只有2亩6分地了。试想在这种情况下，我们该用怎样的速度来提高土地的单位面积产量，才能提供如此高速增长的人口所需要的粮食啊！所以这些年来我们一直感到粮油紧张，布也紧张。另外，我们还是一个以农业为主的国家，农业收成好坏，决定着工业交通、各行各业的发展速度。农业不提供一定数量的积累，其他各行各业的发展根本谈不上。人口大量增加吃掉了农业所提供的积累的大部分，一年增产的粮食百分之七八十被新增的人口吃掉了。因此，各行各业的发展

①《新人口论》，马寅初著，田雪原主编：《马寅初全集》第十五卷，浙江人民出版社1999年版，第2—3页。

就受到了限制，教育事业发展不快，孩子上学紧张；交通部门发展不快，坐公共汽车紧张；基本建设发展不快，住房紧张。还有一个更为麻烦的事，就是青年就业问题。按今天的技术条件来说，每增加一个工人，就要增加一万元的技术设备。如果将新增加的1300万人都安排在工业与交通运输部门，国家每年就要投资1300亿元，我们国家哪里有那么多的积累呢？现在我国城镇每年只能安排100万人，那么其余1200万人怎么办呢？许多人就要由城市转向农村。而我国大部分农村已经是人多地少，劳力过剩，在当时尚无能力大量垦荒和实行农业机械化的条件下，每年下乡那么多的人，势必与农民争地、争粮、争收入，其结果是"难免农民把一切恩德变为失望与不满，不免给政府带来很多的困难"。

马寅初还认为，第一次人口普查存在缺陷，只掌握到一个静态的数字。如果五三年以后每年都有人口统计数字，这样就成为动态人口记录。可惜的是这些数字现在没有。今后必须建立生命统计，登记各个区域人口出生、死亡、结婚、离婚、迁入、迁出的人数，这样才有正确的人口统计。考虑到当时的客观条件还难以投入如此大的人力、物力、财力，马寅初决定花力气深入实地调查，以弥补1953年人口普查工作的不足，为今后人口政策的调整提供有说服力的依据。

除了马寅初，还有少数几位民主人士和学者意识到人口压力的日益严重。同盟会元老邵力子先生是关注中国人口问题的先行者，早在1921年他担任《民国日报》主笔的时候，就积极提倡计划生育。1922年5月，他发表了《生育节制释疑》一文，主张“女子在23岁前不便生育，结婚未经二三年不便生育”，并认为节育和节欲应同时进行，“生育节制果要实行，我以为必须与节欲同时做起”，同时还提出要加强节育技术的研究，“尽可用科学的功夫去发明”。新中国成立后，邵力子以全国政协常委的身份，继续关注着人口问题。1950年年初，邵力子就当着卫生部部长李德全的面，对“光荣妈妈”的号召表示忧虑。1953年冬天召开政务院会议，邵力子第一次在政治决策场合提出计划生育主张：“避孕要求不要限制，医生对生育已多的妇女应同意施行避孕手术。”第一次人口普查数字公布后，邵力子加大力度，在1954年9月的第一届全国人民代表大会第一次会议上作了《控制人口，提倡避孕节育》的主题发言。

然而，邵力子的呼吁却无几个人响应。他知道马寅初正在做此调查，便于1955年春天约了李德全去拜访马寅初，共商计划生育事宜。对同盟军的到来，马寅初很是高兴，直奔主题地亮明了自己的观点：“经我调查，浙江每年人口增长率平均是百分之二点五至百分之三，有的地方甚至高达百分之五。其实，岂止是浙江？全国许多省市都是这样……这是一个极大的问题。如果不采取措施，长期任其发展下去，就会给国民经济带来极大的困难，人民物质文化生活就不能很快提高，新中国就会背上一个沉重的包袱，就不能迅速向前发展。”邵力子出主意说，马老可以将几次去浙江调查的材料写成含有学术思考的报告，正式提出计划生育、控制人口的议案，这样更易引起决策者的重视。邵力子的建议，马寅初深以为然。

与此同时，还有不多的几位知名学者从不同学科的角度论述了节育与控制人口的必要。清华大学教授陈达先生和吴景超先生相继发表过《1953年新中国的人口普查与国家建设及人口研究的关系》《中国人口问题新论》等文。问题在于，上述呼吁计划生育的声音，湮没于社会主义制度本身足以解决所有问题的理想之中："社会主义制度下的人口法则创造着人口无限增殖和发展的可能性，从而也创造着社会发展的无限的可能性，因为人口无论怎样增殖，增添出来的人口无论怎样多，在社会主义社会的不断增长着的生产中是永远可以为自己找到工作岗位的。"凡是不同意这些观点的人，都被斥为"马尔萨斯主义"。

在这一阶段中，面对实际工作的政治高层还是听进了一些邵力子、马寅初等人关于控制人口的建言。1953年8月，政务院常务副总理邓小平表示赞同节制生育，要求卫生部改变反对节育的政策。1954年第一届全国人民代表大会常务委员会的一次会议上，刘少奇委员长说道，最近毛泽东主席和中央书记处其他几位同志议了一下，大家一致认为中国需要节制生育，控制人口。同年12月27日，刘少奇召集国务院（1954年9月，政务院改为国务院。编者注）各有关部门负责人座谈节制生育问题，作了题为《提倡节育》的总结讲话：

> 我们已经有了六万万人，每年生的比死的多得多……全世界的人口增加，以中国为最快，现在每年平均增长率

为百分之二。如果不节育……小孩生多了困难很大，父母、家庭、小孩子本身都困难，社会和国家也困难。衣、食、医药、学校等等都不够，而且一下子也解决不了。因此，应当赞成节育。①

刘少奇还特别讲到，节制生育问题目前公开登报宣传还无必要，应先搞一个党内指示，在党刊上发表，把党内的思想统一起来，要适当地传播节育技术常识。周恩来总理在各种场合也发表过赞成节制生育的意见。

控制人口增长初步得到中央认可，尽管尚未被当作重要问题，但这已经让久受苏联“社会主义人口理论”压抑的学术界欢欣鼓舞了。马寅初正是在这样的形势激励下，集中精力，深入研究，以《新人口论》为题，给自己心目中重要的基本国策构建科学的理论框架。

寒暑三度探究竟

与当时国内有识之士不同的是，马寅初是将控制人口放到国策的位置上来考虑的，所以格外慎重、严谨，以自己充分掌握资料的治学风格，花了三年时间实地考察。浙江，就去过三次，他说：“旧时代的浙江分成十一个府，我跑了十个。”此外，

---

① 中共中央文献研究室编：《建国以来重要文献选编》第五册，中央文献出版社1993年版，第713页。

他还视察过江西、陕西、山东、上海、江苏、广东、湖北、河南和北京郊区。

1954年春，马寅初被选为浙江省的人大代表后，回到阔别多年的家乡。离浦口还有10余里，他便坚持下了车，徒步前行，以表达一位游子对故土、对父老的敬畏。

在嵊县，见到土地改革后经济发展、百姓生活安定，马寅初由衷地高兴。然而，一个现象很快引起了他的注意，无论走到哪里，总能见到一堆三四岁的幼童跑来跑去，很年轻的妇女大多抱着婴儿。他问了问几位亲戚家的生育情况，结果大吃一惊：正在育龄的青壮年夫妻，几乎处于连年生育的状态中，无一例外地沉醉于多子多福、四世同堂、五世其昌的憧憬中。马寅初心如汤煮，彻夜难眠。

在浦口镇的基层干部座谈会上，马寅初一坐下就自言自语地说："不得了，不得了，不得了！"在座的干部不知所云，老半天才弄清楚，马寅初发现农村儿童特别多，说明人口增长过快，这在马老看来是"不得了"的坏事情。马寅初还一再向陪同他的浙江省有关领导说："人口这样发展下去不得了，势必会冲破经济，冲破一切。""中国人口多，土地少，人口这样发展下去，多少年以后，如果生产跟不上来，国家就很难富强起来。"

此次深入基层，马寅初了解到第一手资料，掌握了大量的数据，再与全国第一次人口普查相对照，得出结论：中国人口增长率已高得"不得了"。每年增长20‰以上，甚至可能已接近

30‰；育龄妇女生育率接近于4%；每年净增人口达1300万人之多，相当于捷克斯洛伐克一个国家的总人口；随着人口基数的增大，每年净增人数将更惊人。

1955年春，马寅初以政协常委和人大代表的身份再赴浙江等地考察，留下这样一张行程表：

> 五月二十日上午八时自杭州出发，下午抵黄岩，晚上举行各界代表座谈会。二十六日中午抵乐清，下午举行各界代表座谈会，傍晚到温州。二十七日上午听取温州徐寿考副专员、永嘉谢县长、温州市丁代市长的报告，晚上举行各界代表座谈会。二十八日视察永嘉县梧埏镇。二十九日在温州的省人民代表金嵘轩、林毓根、俞登润同去，上午视察永嘉县双岭乡，下午视察温州市城郊区新桥乡。三十日马委员转赴宁波视察。[①]

视察结束，马寅初写了《浙江省温州区视察报告》，着重汇报了粮食、互助合作和治安三个问题。

报告中虽未提及人口问题，然马寅初视察期间每到一地，都要向当地农民和农业社干部了解农村人口增长的情况。回京以后，马寅初对秘书讲，这次视察看到了农村土地改革之后的

---

①《浙江省温州区视察报告》，马寅初著，田雪原主编：《马寅初全集》第十四卷，浙江人民出版社1999年版，第400页。

变化，很值得高兴，但是农村孩子太多，不能不使人担忧。又说，我们国家还比较穷，在国民党那个烂摊子上建设，不可能一下子就建设起来，如果人口不控制一下，将来国家会负担很重，势必影响工业化。

他一边调研，一边思考，及时地总结成果，以促进政策层面的转变。然而，这个过程并不顺利。1955年夏季，根据在浙江、上海等地的调查材料，马寅初写了一份“控制人口”的发言稿，准备在一届人大二次会议上提交。会前，他将发言稿交浙江代表团小组征求意见。宋云彬是浙江代表团小组副组长，人大常委竺可桢为浙江代表团小组的成员。

2002年，宋云彬先生的一部日记《红尘冷眼——一个文化名人笔下的中国三十年》出版。该书序言中有“可找相关的书来对勘，以求互有发明”语，恰好竺可桢先生也出版了一部日记，正可与之“对勘”。

7月12日

（宋记）下午，浙江小组讨论五年计划，邵力子、马寅初强调中国人口过剩，余起而驳之。

（竺记）下午3点至全国委员会，开浙江省小组会议讨论五年计划……邵力子提出了以限制生育减少人口，提出辩论，主张结婚后小孩多者可以割断男子输精管作为最好办法。并以赵以炳为例，赵以其妻生育后出危险，所以于十年前割断，迄今夫妇和好。此点引起宋云彬、李士豪的反对。马寅初和我个人均赞成。据说，寅初拟在报上发表文章。

7月13日

（宋记）马寅初、邵力子等大谈人口问题，实则不满意五年计划……余两次起立发言，问此种论点与马尔萨斯有何不同之处，则皆哑然无言。马寅初面红耳赤，谓余不能企图阻止他在大会发言（此公准备在大会发言中谈人口问题）。

7月14日

（宋记）上下午讨论均由余主持。余特声明：昨天两次提到马尔萨斯，盖恐邵、马二公对于人口问题之见解不自觉地陷入马尔萨斯人口论之泥潭，所谓心所谓危，不敢不告耳。

（竺记）今日继续在浙江组讨论五年计划的农业部门。据浙江省长沙文汉……等报告及谈话，知浙江省人口目前（有）2300万……

7月15日

（宋记）马寅初将发言稿清样送请王国松看，其内容谓目前兴修水利、开荒等等皆非根本办法，根本办法在限制人口，满纸荒唐言，不仅贻笑大方，且将为帝国主义及反动派据为口实。沙文汉看后，大为惊诧，与王国松商议，由王找竺可桢谈，请向马劝告。晚饭后，王赴竺公馆，又赴马公馆，归来已11时矣。

（竺记）晚9点劲夫（即王国松）来，示以马寅初发言稿，对于人口问题提出要控制在6亿数目，大家以为是马尔萨斯的气味太浓，必须修改。9点多，去东总布胡同32号与马寅初谈，约明日提出意见作为修改，11点回。

7月16日

（宋记）上午，竺可桢、闵刚侯先后来，谈甚久，欲赴人民市场买古董，未果。

（竺记）9点半，至新侨饭店581号晤王劲夫、宋云彬、沙文汉，谈马寅初拟在代表大会发言的稿。马主张限制人口，以为我们人口增长速度超出了农产品增长速度，如1953、1954年2年粮食增产统未达到预期3.3%的增（长），而人口增加2%—3%，目前要开荒又有水土流失的危险，所以主张把人口限制在6亿。沙以为此是绝对反动的马尔萨斯人口论的复现，和政府五年计划要积极增加生产背道而驰，所以要他另外换题讲预算。我则主张把他的演讲稿加以修改，把主题从限制人口改为促进科学技术。余允对马稿提意见。回后，于傍晚得马寅初电话，知他决计把稿抽回不讲，大概另有人劝阻他之故。

7月19日

（宋记）邵力子、马寅初等又大谈人口问题，争吵甚烈。

（竺记）大家又讨论人口问题，宋云彬、周建人、冯雪峰等均反对马寅初限制人口在6亿及邵力子宣传生育限制的看法。宋甚至不承认人口的几何级数（递）进的理论，我做了发言。认为国家对于人口应有一个政策，不能任其自由发展。[①]

马寅初的发言遭遇群起而攻之，有的说他的观点是马尔萨斯的，是以失学、失业为名对第一个五年计划的不满；有的说苏联都没讨论人口问题我们也不要讨论；有的认为马寅初的观点将成为帝国主义及反动派攻击中国的口实；更有一些人立即想到要对马寅初进行批判，只是由于周总理的阻止才未实现。

马寅初感到气氛太紧张，于是就说："我为什么要这样讲呢？这完全是因为人口问题对我们的国家和民族确实太重要了，我既然认识到了这一问题的极端重要性，就一定要坚持到底，直到最后胜利。否则，作为一个经济学家和人民代表，我就没有尽到自己对祖国和人民应尽的责任。""大家可以不同意我的意见，我暂时收回发言稿，但我认为，我的意见和主张是正确的，我将对这一问题继续进行调查、研究、补充，完善后，下次人大会上我还将提出来。"后来，马寅初回忆当时的情况时说："虽然他们的意见我不能接受，但我认为大部分人都是出于善意，故我自动地把这篇发言稿收回，静待时机成熟再在大会

① 参见宋云彬著:《红尘冷眼——一个文化名人笔下的中国三十年》,山西人民出版社2002年版;竺可桢著:《竺可桢日记》,科学出版社1990年版。

上提出来。”[①]

马寅初对自己的见解有足够的自信，丝毫未因大众一时不能接受而放弃努力。他继续调查研究，广泛征询意见，联络有识之士，以取得更多的知音和支持者，先后与竺可桢、柳亚子、马叙伦、陈达、潘序伦等人深谈。同潘序伦交谈时，马寅初说：“我的人口论，既不是马尔萨斯的人口论，也不是马克思的人口论，而是我马寅初的人口论。”继而他风趣地说：“我这个马寅初的马，不是马尔萨斯的马，而是马克思的马。”马寅初把自己归到了马克思门下，自认为这才是脚下的根基。他的主张得到了陈云的理解与支持，陈云在“二次会议”之后派秘书给马老送去一张便条，上面仅有七个字：“气可鼓而不可泄。”身处逆境的马寅初受到莫大安慰，更加相信会有越来越多的人明白控制人口的重要性。而陈云在此之后经常讲到经济发展与人口的关系，并与中央高层讨论马寅初建议的合理性，加速了高层认识上的跟进。

1956年初夏，马寅初又回到浙江视察。这次的视察方法有别于前两次，由他一个人进行单独的观察，他说：“我视察浙江先后三次，第一、第二次的视察方式是先听取领导报告情况，然后根据情况分别开座谈会，实地视察，并选择比较好的、比较坏的、中等的三种类型同时进行。因为许多代表联合起来进

---

① 马寅初著:《马寅初经济论文选集》(下册),北京大学出版社1981年版,第177页。

行视察，每人所问不过几次，且各人皆凭个人兴趣发问，很难得出一个系统。最近一次视察，改变了视察方式，我依照常务委员会的决定，个人单独视察，座谈时采用对谈方式，一问一答，均由同去的友人（现任会议记录秘书）用速记法录下，共视察了十个县市，约二十个农业生产合作社，一个渔业合作社。”①

视察期间，马寅初每个周末都回杭州休息，最多的活动就是爬山，由侄女马逢顺作陪。马寅初与在浙江省中医院当医生的侄女有20年未谋面了，他直接来到位于邮电路的省中医院人事科，说：“我是马寅初，要见我的侄女马逢顺，她在吗？”从这时起，人们才知道马逢顺有位名人叔叔。马逢顺回忆：

> 第一次，爬的是玉皇山。玉皇山高240多米，74岁的叔叔一路跑在前面，没有一点劳累疲倦的样子，反把40来岁的马逢顺累得气喘吁吁，两腿发抖。爬到山顶，马寅初高兴地喊她快爬上来，手指着山脚下的一片景色，像孩子一样叫着：“快看八卦田！多好啊！……”
>
> 第二个星期天，叔侄俩相约爬小和山，同行的还有两位“保卫”。小和山比玉皇山还高，一路攀缘而上，沿途绿意森森，大家都非常开心。②

---

①《视察中的八个印象》，马寅初著，田雪原主编：《马寅初全集》第十四卷，浙江人民出版社1999年版，第438页。

② 参见裘立群：《马逢顺回忆》，《马寅初纪念馆专刊》2005年第5期。

第三次浙江视察后，马寅初于1956年6月21日在一届人大第三次会议上作了《视察中的八个印象》的发言，对农村、农民的新变化高度评价，同时注意并指出了一些不尽如人意处。

在这次视察中，马寅初一如既往地调研人口与生产的关系，并开始思考节制生育的政策，“多生孩子多征税”的想法趋于成熟：生两个小孩比较好，生三个孩子的就应征税，生四个孩子的就应当征重税。马寅初与邵力子共同认为，不避孕、多生育，对妇女权益就是一种极大的损害。不同的是，他不太赞成人工流产。他认为，以人为本的计划生育要降低和控制的，是非意愿的怀孕、生育和非意愿的不孕不育以及非理性的怀孕和生育。一则已成形的胎儿就应该有生命权，人工流产就是杀生。二则人工流产会伤害妇女的健康，使之一生多病。三则会冲淡避孕的意义，年轻夫妇会将希望寄托在人工流产上，不去避孕；尤其是男子，对避孕不负责，对妇女造成不公。四则会增加医生的负担，造成很大浪费。他以上海国棉二厂为例说明，生育率太高导致工人住房拥挤，因妇科疾病而造成缺勤，因家务繁重和营养不良导致健康不佳，因子女多无法学习文化以及降低了政治上的进取心等。

在马寅初深入调研的过程中，虽然绝大多数干部群众对节制生育尚无认识，但中央高层控制人口的观念却渐趋明晰。1956年制定的《一九五六年到一九六七年全国农业发展纲要（草案）》第二十九条第三项规定：“除了少数民族地区以外，在一切人口稠密的地方，宣传和推广节制生育，提倡有计划地生育子女，使家庭避免过重的生活负担，使子女受到较好的教育，并且得到充分就业的机会。”1956年9月，周恩来在党的八大《关于发展国民经济的第二个五年计划的建议的报告》中提出：“为了保护妇女和儿童，很好地教养后代，以利民族的健康和繁荣，我们赞成在生育方面加以适当的节制。”①1957年2月，毛泽东主席在最高国务会议上说：“我们这个国家有这么多的人，这是世界上各国都没有的。要提倡节育，要有计划地生育。我看人类是最不会管理自己了。工厂生产布匹、桌椅板凳、钢铁有计划，而人类对于生产人类自己就没有计划了，这是无政府主义，无组织无纪律。这样下去，我看人类是要提前毁掉的。”“关于这个问题，政府可能要设一个部门，或者设一个节育委员会，作为政府的机关。人民团体也可以组织一个。因为要解决技术问题，设一个部门，要有经费，要想办法，要宣传。”②

马寅初感到时机成熟，在1957年3月2日的最高国务会议第十一次（扩大）会议上，再一次就“控制人口”问题发言：

> 我听了两次毛主席的谈话，他对于中国人口的问题有深刻的了解，也有很正确的地方，他主张我们中国人口控

---

① 彭珮云主编:《中国计划生育全书》,中国人口出版社1997年版,第3页。

② 彭珮云主编:《中国计划生育全书》,中国人口出版社1997年版,第3页,第131页。

制在六亿左右。

两年前，在全国人民代表大会上，我在浙江小组提出了我国的人口问题。为什么提出这个问题呢？我两次视察，没有到别的地方去，只到了浙江。浙江有代表性的乡村我都去了，好的、坏的、中等的都去过。每次去的时候，我就问他们有多少人？去年一年生了多少，死了多少？大概一年人口增加百分之三，也有增加百分之四、百分之五甚至百分之七的。一年增加这么多，到处看到小孩，我想不得了。到了上海，弄堂里也到处都是小孩，洋车都进不去。这个问题怎么办？所以回来以后写了个提案，但在浙江小组里一讨论，赞成我的除邵力子先生外，还有几位科学家，有科学院副院长竺可桢，另有科学家赵忠尧、王国松、顾功叙。不赞成的很多，他们认为这个问题不要讨论。为什么不讨论？说是苏联没有讨论，所以中国也就不讨论。彻底的教条主义，十二万分的教条主义！苏联与我们不同，苏联是地多人少，只有两亿人口，可以不谈，我们却有很大的问题，人口这样多，多于苏联三倍，不能不谈。但因为反对的人多，我自动收回。不料两年后的今天，我们的最高领袖毛主席对人口问题有同样的看法，这是一件可喜的事，他所见所闻远比我广，得出的结论一定更正确，因此我对毛主席表示最崇高的敬意。

如按万分之三的增长率来算，中国六亿人口，十年后有八亿一千万，十五年后有九亿三千万，五十年后多少？

吓死人！二十六亿一千九百万。那是不得了的！那有好几个问题要发生了，第一教育，现在我们就有五六万人不能升大学，还要房子，教师也来不及。五十年后二十六亿人口吃的东西怎么办？上山去开荒？向外发展嘛！那就不能和平共处，我想政治界人士对和平共处也要想想这个问题，要看到五十年以后怎么样？因此，正如毛主席所说的要控制在六亿人口左右，尽一切力量来发展科学，倘若人口增长与科学发展同时进行，那是不行的，一定要使科学进步超过人口的增长，那么人民生活水平、物质水平、文化水平才能提高。这个问题要请科学家们努力。苏联大概有二十二万人研究科学，都是一面在校培养学生，一面从事研究工作。科学家一定要与年轻人在一起才能年轻，我不是在拉科学家，而是说教学与研究应该一致，研究出来了就应告诉学生。我同意邵力子先生提出的避孕方法。不过，我要提出一些意见：农村女人封建思想很多，要多子多孙，五世其昌，不孝有三，无后为大。避孕工具太贵，要一块多钱，而且套子一弄就破，为什么要这么贵，而且质量不高？我想一定要用行政手段，提高技术。这个问题值得研究，请毛主席出个主意，让周总理去执行。①

---

①《在最高国务会议上的发言》，马寅初著，田雪原主编：《马寅初全集》第十四卷，浙江人民出版社1999年版，第501—502页。

这篇发言，把马寅初的率真个性和兴奋心情展露无遗。对最高领导控制人口的认识，欣喜之情溢于言表；对教条主义的痛恨，毫不掩饰。

马寅初的发言，当天得到毛泽东的赞赏。毛泽东还特别注意到邵力子就坐在马寅初身旁，便一语双关地笑着说："邵先生，你们两人坐在一起。"邵力子和马寅初对视了一下，开心地笑起来。这次会议在人口问题上得出一个共识：人口控制在六亿（控制一个时期少增长，以待条件具备，再作适当增长）。

1957年3月31日，马寅初在中华医学会节育技术指导委员会成立会上着重谈了控制人口问题。他说："毛主席和党中央非常英明。从'百花齐放'和'百家争鸣'的政策出来后，过去多少不敢谈和不能谈的问题都开始谈了，可以想见今后学术界的繁荣和兴旺，我愿意把这个问题摊开来，提供大家讨论。""浙江每年人口增长率平均是百分之二点五至百分之三，有的地方高达百分之五。如果全国人口的平均增长率以百分之三来推算，十年以后人口将达八亿多，十五年后将达九亿八千万，五十年后将增加到二十六亿，这个数字是惊人的……在目前的我国，人口和生活资料都是按几何级数增加，生活资料的增长不能说不快，即使这样，人民的生活也只能维持现状，不能够得到改善。今天我们的目的是要提高人民的文化生活，那么，生活资料的增长必须要比人口增长快，方能达到提高物质和文化生活的目的。又因为我们中国科学落后，因此，我们就要一面控制人口，一面发展科学，控制人口必须用政治力量才能达到。”马寅初最后强调：“我们的经济是计划经济，生育也必须要有计划。这两件事必须同时进行，否则就要给计划经济带来很多困难。”①

振聋发聩的呐喊

在“百花齐放，百家争鸣”的政治气候下，马寅初加快了整理《新人口论》发言稿的步伐。1957年4月下旬，《新人口论》初稿完成之际，马寅初接受了《文汇报》记者的采访，他一扫前几年谈人口问题的忌讳和压力，开诚布公地侃侃而谈。

> “人口太多就是我们的致命伤。”马寅初先生在接见记者的时候首先就提出了他对这个问题的看法。
>
> 他说：“你想，一九五三年六月三十日我们全国人口普查的时候，人口是六亿零一百九十三万八千零三十五人，现在过了四年，按照我国人口增殖率千分之二十五计算，每年要增加一千五百万人，那么现在我国的人口至少是六亿五千万，以我的估计，人口增殖率不止千分之二十五，而是千分之三十，照这样计算下去，五十年后我国人口就有二十六亿，超过现在全世界人口的总和。你看这还得了！”

---

①《马寅初在中华医学会节育技术指导委员会成立会上谈控制人口问题》，马寅初著，田雪原主编：《马寅初全集》第十四卷，浙江人民出版社1999年版，第573—574页。

我们常说：地大物博、人口众多，人口众多正是我们的骄傲条件之一，现在怎么倒成了问题呢？

我们的老教授说："你看看我们的人过去是怎样生活的，过去很多人是糠菜半年粮，饥荒时连糠菜都吃不到，吃草根，吃树皮，死亡遍野，乞丐满天下。"

马老认为帝国主义、封建主义和以"四大家族"为代表的官僚资本主义的残酷剥削，固然是造成我们贫困的根本原因，但是人口众多这个事情的本身，也是我们贫困的原因。解放后生产力提高了，人民的生活改善了，但是这个改善受到很大限制。

他说："中央和毛主席对这个问题早就认识到了。陈云同志是管米的，他当然对这个问题很清楚，过去所以没有把这个问题提出来，可能是时机不到，现在如果再不谈就不得了啦！"

马寅初教授认为这个问题过去不谈，教条主义从中作祟也发生了影响。一九五五年全国人民代表大会上马老就提出了这个问题，当时小组会议通不过，有人说苏联没谈，我们也不能谈，他那篇发言稿子一直到今天还压在那儿。

马老说："时间过了两年，现在人口问题可以公开谈了，这说明我们国家进步真快，也说明这个问题的确很严重了，今年七月全国人民代表大会上我还要谈这个问题。"

人口繁殖的确是"无组织"、"无纪律"的，马老认为不能再这样下去，我们现在有计划搞经济，同时也应该有计划生育。

马老主张推迟结婚年龄，大力宣传避孕，而且这还不够，要用行政手段控制生育。

他说："赫鲁晓夫曾经说过一个家庭最好只有三个孩子，苏联地大、人少，他们的耕地面积和我国比是二点二比一，而人口只有我们的三分之一，用数学计算，我们比他们大六倍，他们主张三个，我们只能有两个。"

马老说，他个人的主张是两个孩子的有奖，三个孩子的要征税，四个孩子的要征重税，就以征来的税款作奖金，国家的预算上既不支出，也不收入。

这样的主张会不会有人反对呢？马老认为一定会有。事情总是这样的。过去北京就有一些顽固的老人，他们认为北京街头的牌坊一个也不能拆，城墙的豁口也不能开。现在豁口打开了，交通便利了，牌坊送到公园安装起来了，这又有什么不好。

他说，年前在人民代表大会会议上，他提出这个问题的时候，当时在场的科学家都赞成，非科学家有人反对，有人守中立。他认为不管赞成或反对，只要有道理，可以听，最招人生气的是那么一种人，他们见风使舵，看着共产党员反对的多，他也就反对，而又说不出个所以然来。马老很气愤地说："这种人在哪一行里都有，共产党要是听他们这些人的话，早晚要上当。"

接着马老回到本题上说，现在粮食紧张，猪肉紧张，布票对折使用，煤也不够烧，这一切都牵连着人口众多的问题。人口多了，疾病、瘟疫都来了，粮食不够吃要闹事，马老拍拍肚子说：“毛病就出在这里，六亿五千万人要吃啊，有人说猪食不够，人要吃饱还有问题呢，还谈得到猪吗？”

“我们不是有很多荒地可以开垦吗？开荒不是可以容纳大量的人口吗？”记者问。

“是的，我们有不少荒地”，马老说，“但是数量并不那么多，我们的耕地只有十六亿市亩，生荒地只有十五亿市亩，加在一起只有二亿公顷多一点，而且不是所有的荒地都能开垦，譬如荒山。说实在的，开荒又谈何容易。”

马老说，大量开荒需要拖拉机，拖拉机从哪里来？即使说我们能造拖拉机，也不能把钢铁都用在拖拉机上；有了拖拉机，也不顶事，拖拉机要喝，汽油从哪儿来？玉门石油矿因为缺少钢板、水泥和木料，不能扩建，就是有了这三项材料，运输也成问题。现在从石家庄、郑州往西的铁路线上货物到处都堆满了，运输能力不够，都囤在那儿了。另外开荒要人，要盖房子，修马路，办医院，设学校，还需要大卡车，火车不是什么地方都能去，而且有些地方有地方病，有人去了，不服水土，抗不了。

马老认为人口问题不仅是量的问题，也有质的问题。他举例子说，一辆大板车过桥，要十来个人前拉后推，哼呀哼呀地，拉的人脑袋都要碰着地了，干吗不用机器，一推就上去呢？我们要给他们技术，给他们知识，有了机器，一千人做的苦工，只要一个人操纵机器就够了。可是话又说回来了，那九百九十九人做什么呢，哪里去找那九百九十九部机器呢？

马老说："也许有人想过，将来自动化了，生产力提高了，每人每天做两小时工作就够了。这个想法很美丽，可是空下来的时间做什么，读书吗？有很多人连扫盲过程都没经过，书也读不懂，中国现在有百分之七十至百分之八十的人还不能阅读。好，即使能读书，教员在哪儿，书在哪儿，纸张这么贵。"

马老接着说："我们总的情况是劳力多，资金少。资金少，投资就少，就不能很快地机械化、自动化，所以现在安插人是第一位的。大型工业不要多，可以因地制宜，多搞一些中小型工业。这是解决人口问题的一个办法。"

马老再次地提出来必须计划生育和控制生育。我们既然认识教育是国家的事情，那末生育同样是国家的事情。我国的经济是由小农经济转变为集体经济，私有制转变为全民所有制和集体所有制。我们的社会是集体的社会，集体的社会要有集体的生活，因此不能够认为结婚生孩子，仅仅是私人的事情，它牵涉到我们的集体利益。

"那么你对马尔萨斯《人口论》的看法怎样？"记者问。

马老答道："马尔萨斯的理论肯定是反动的。他说粮食按算术级数增加，是不对的。粮食也是按几何级数增加的。”

他举出我国的例子，人口增加率是千分之三十，粮食增加率几年来是千分之四十到千分之五十，可见粮食增加得快，但是粮食增加的速率不能长期地这样下去，因为耕地有限，将来总要成为问题的。

他认为马尔萨斯理论的出发点是维护资产阶级和它的政府。我们是为人民，为了我们人民自己的政府，我们不要战争，更不能想象用战争来消灭人，我们从爱人出发，要我们国家繁荣，人民生活幸福。

最后，马老谈到他对刮子宫和人工流产的看法。他说：“邵力老赞成，我可反对。这对母亲的身体影响很大。”他有几个亲戚身体本来很好，刮了子宫后不是生这样病，就生那样病，而且马老认为这样做，也是犯罪行为。孩子在母体里已经成形了，他就有了生命权，除非母亲身体不好，一般不能这样做。他说：“如果一提倡，医院就得专门搞刮子宫了，别的病不用看了，我们哪有那么多医生和床位呀，再说提倡人工流产就会冲淡迟婚的宣传，男性觉得反正可以刮子宫，就更无顾忌了。”

马老非常兴奋。他同记者谈了两个多小时，他认为毛主席和党中央非常英明。从“百花齐放”和“百家争鸣”的政策提出来后，过去多少不敢谈和不能谈的问题都开始谈了，可以想见今后学术界的繁荣和兴旺，他愿意把这个问题摊开来，提供大家研究、讨论。[①]

4月的北京，春光明媚，柳絮飘扬，接受完记者采访的马寅初意犹未尽，亲自在北大校园里贴出演讲人口问题的海报。4月27日，《文汇报》为“海报”加上“编者按”，与人口问题的演讲一起发表。“编者按”云：

“马老要开炮了！”这是两天来北京大学师生最感兴趣的话题。各处的布告板前，经常围着不少的人在看马寅初校长惹人注意的大海报。上面写着：

“八大”文件指出：我国目前有一个新矛盾，就是：进步的社会制度与落后的生产力之间的矛盾。我认为要解决这个矛盾，非从人口问题与科学研究两方面着想不可。谨订于本月27日下午三至六时一刻，在大饭厅（记者按：这是北京大学容人最多的大厅）发表些不成熟的意见。敬请本校师生职员莅临指教。

马寅初[②]

报告地点被数千师生挤得满满当当，大饭厅周围也站了许

①《马寅初谈人口问题》，马寅初著，田雪原主编：《马寅初全集》第十四卷，浙江人民出版社1999年版，第575—579页。

②《在北大演讲人口问题的海报》，孙大权、马大成编注：《马寅初全集补编》，上海三联书店2007年版，第592页。

多听众。在热烈的掌声中，76岁高龄的马寅初健步走上讲台。他说：“我国目前有一个新的矛盾，就是先进的社会主义制度和落后的社会生产力之间的矛盾。要解决这个矛盾，必须从人口问题和科学研究两个方面着想。”“要解决这个矛盾，必须大力进行科学研究。大学要同科学院、产业部门密切合作，真正做到理论联系实际，特别要结合中国实际，提高生产水平。光是这样做还不够，如果对人口的增加不加以控制，生产力和人民生活的提高就会受到严重的影响。”

他引用具体的数字资料，说明中国人口增长的速度过快了。

“1953年，国家曾经对全国人口进行过一次深入的普查，并且得出了中国人口的增长率平均每年为20‰的结论。四年以后，国家在各方面都有很大的变化，如就业的人多了，组织家庭比过去容易了，妇女在产前产后都有休假，加上保健事业的发展，婴儿和母亲的死亡率大大下降；内战消灭了，人口大量死亡的现象已经没有了；还有社会环境改变了，许多尼姑、和尚结了婚等。这些条件都是使人口增加得比过去快的原因。”

据此，他认为人口增长率可能是30‰，而且这个数字还是很保守的。因此，必须实行计划生育，控制人口的增长。怎样控制呢？他提出两个办法。

“第一，大力宣传避孕。反对人工流产，因为这样会使：（一）产妇一生多病；（二）冲淡避孕的效力；（三）医生太少也来不及。第二，由国家制定法律，认为生、教两个子弟最为合宜。主张生育两人有奖，三人有税，用收税做奖金，二者收支相抵，取得平衡，国家既不需增加负担，又可达到节制生育的目的。”[①]

王选记得：马老那天“讲话语调非常激动，并不时拍打桌子。在报告中他举例说明深入调查的重要性。他说他从美国留学回来后看到农村的公厕只有半截墙，外面能看到上厕所的人的脸，他觉得不文明，应加高围墙或改成封闭式的。后来农民告诉他：‘你是美国博士，但你不懂得，我上厕所时要看住我放在外面的扁担，以免被人偷走。’马老说，这番话使他恍然大悟”[②]。

“马老讲演那天，台下有一张条子传到主持人（记得那天的主持人是大学办公室主任高望之先生）手里后就中断了历来的传递流程，这时台下传来嘘声不断，马老立即停止讲演前后左右光顾，发现这是针对主持人的，立即说‘拿来拿来，你不要贪污嘛’。高先生红着脸忙从提包里拿出一个条子，双手恭敬地把它送给了马老。马老接过条子说‘我看看这是什么不得了的问题’，当即举着条子表态：‘我先念念吧：马老您是哪个马？是马克思的马，还是马尔萨斯的马？’稍稍停顿，‘我现在就回答：我首先是马寅初的马，也是……’此时马老的话被台下暴风雨般的掌声打断，哗，哗，哗，哗……一个70多岁的老人，当众说出这样充满个性魅力的话语，让人赞羡不已。稍顷，马

---

①《马老在全校大会上谈人口等问题》，马寅初著，田雪原主编：《马寅初全集》第十四卷，浙江人民出版社1999年版，第583页。

② 王选：《在大饭厅听报告》，《马寅初纪念馆专刊》2007年第4期。

老接着说‘也是马克思的马！’语言果断，声调铿锵。台下又是一阵阵雷鸣般的掌声。”①

“人口问题”的报告，在师生中引起了热烈的讨论，许多人表示支持。马寅初将这次演讲加工整理，写成书面发言稿，作为一项提案，提交即将召开的一届人大四次会议。

报告出台未及一个月，政治气候又有了微妙的变化。1957年5月8日，统战部邀请各民主党派负责人和无党派人士帮助中共整风的座谈会上，章伯钧、罗隆基、储安平等人的发言引起了毛泽东的警惕。5月15日，毛泽东起草《事情正在起变化》一文，送中共高干阅读。6月8日，《人民日报》刊出了社论《这是为什么?》，发出了反击右派进攻的信号。同日，中共中央发出《关于组织力量准备反击右派分子进攻的指示》。人口问题本来就比较敏感，这时又成为一个有争议的问题。其时，对马寅初的两篇文章《联系中国实际来谈谈综合平衡理论和按比例发展规律》和《资本主义工业的社会主义改造》，也有人进行责难。在这样的形势下，关于是否按原计划将《新人口论》的发言稿提交一届人大四次会议，有朋友劝马寅初等等再说。

面对风云突变，马寅初也曾有过内心的掂量，“撞枪口”毕竟不是明智之举。然而，利国利民的责任感、“君子行道，忘其为身”的文化品格，还是让他感到不能不发。更何况，他自认为是共产党的老朋友，谈人口问题，纯粹出于公心，也是为国

---

① 宋运郊:《忆北大最忆是马老》,《马寅初纪念馆专刊》2005年第7期。

运昌盛着想。所以，对于《新人口论》的产生，马寅初在北大针对他人口论的批判会上是这样解说的：“我去年发表了‘新人口论’，这个‘新人口论’如何来的呢？因去年小学生上不了中学，中学生上不了大学，张教育部长在政协会上报告说：‘国家不能解决，没有这样多的钱，所以要动员学生到农村去。’很多教育界的人说：‘可以开放民办学校。’我视察浙江温州时，一个农民告诉我，农村中一个礼堂还不如温州市马路上的一个厕所，他们对城市居民有很多意见，农民在生活上要向城市看齐。因此我提出人口问题，是向党上一个建议。”[①]

在人口问题上，他的确是为党担忧，人口问题是关系到民族存亡的大问题，现在不解决，将来就更困难。如果这次人代会不提出来，以后恐怕就再也没有机会了。

而最根本的一点，还是缘于马寅初对《共同纲领》和《宪法》的信念，以及对共产党领袖人物的信任。

1957年7月3日，马寅初毅然而又不合时宜地在一届人大四次会议上系统地阐述了他的《新人口论》。提案认为，经过土改，阶级矛盾已经解决，今后的矛盾主要是生产矛盾。人口多，资金少，也是一个很重要的矛盾，控制人口刻不容缓，解决的办法就是计划生育。

发言之后，马寅初丝毫没有投了颗“炸弹”的感觉，心情

---

①《在北京大学人口问题研究会成立会上的发言》，孙大权、马大成编注：《马寅初全集补编》，上海三联书店2007年版，第565页。

平静，百事照常。第二天即7月4日，他给林伯渠写信，向毛主席请假，去黄山疗养。“林秘书长：本月十三日我赴安徽黄山休息，因该处有温泉可以医治左肩酸痛，并拟利用学校暑假在黄山多住几天，至八月底回京，准备在九月十五日开学，特函请假。敬乞转呈主席批准为感。”自然未得批准。

7月5日，《人民日报》以人大代表提案形式全文发表《新人口论》，引起了社会各阶层的广泛关注。祝贺和称颂的信件雪片似的寄到马寅初居住的东总布胡同32号和北京大学，其中也有毛泽东的政治秘书陈伯达、胡乔木等人的贺信。但就在收到热情贺信的同时，全国人大召集人会议上却已经有人布置浙江代表团对马寅初《新人口论》进行批判了。据当时浙江代表团成员刘新回忆：“沙文汉省长开完召集人会议回来，忧心忡忡地对我说，会上布置浙江代表团要对马寅初先生提出的‘人口论’进行批评。‘怎么，要批评马老?!’我感到这太突然，很不理解地脱口而出。沙文汉沉重地点了点头，要我把副团长杨思一（当时是浙江省副省长）请来，商议这件事。他们两人都很为难，而当时正处在‘反右’斗争的前夕，在‘山雨欲来风满楼’的形势下，也只好对马老进行批评。但代表们没有这个思想准备，许多代表连马尔萨斯是何许人也不知道，更不知其反动‘人口论’为何事。所以在小组会上，发言的人很少，一些北京知识界的代表自始至终保持缄默，几位工农代表发言也没有提出什么重要的论据，只是笼统地讲讲‘人多好办事，人多力量大’等，轻描淡写地批评几句。这些说法根本说服不了马老，

1957年7月，马寅初在全国一届人大四次会议上宣讲《新人口论》

倒是马老解释的多，说得入理。”批评会上，邵力子公开站出来支持马寅初，他说：“大家不是要批马老吗！也算上我一个，我站在马老一边，大家批吧。我们摆事实、讲道理么，真理会越辩越明的，更重要的是会被实践所证明的。”[①]批评会没有达到预期结果。沙文汉回浙江后被打成“右派”，对马寅初斗争不力，也算罪状之一。

《新人口论》的内容主要包括：一、我国人口增殖太快；二、我国资金积累得不够快；三、我在两年前就主张控制人口；四、马尔萨斯的人口理论的错误及其破产；五、我的人口理论在立场上和马尔萨斯是不同的；六、不但要积累资金而且要加速积累资金；七、从工业原料方面着想亦非控制人口不可；八、为促进科学研究亦非控制人口不可；九、就粮食而论亦非控制人口不可；十、几点建议。

在那个社会主义社会永远不会存在人口问题的思想还占据着主流地位，人多劳力多、国力盛的观念普遍流行的时代里，马寅初不仅旗帜鲜明地提出“节制生育”“控制人口增长”问

① 刘新：《人口问题的先知者》，《马寅初纪念馆专刊》2006年第6期。

题，而且提高到国策的高度。他说：

> 一九五六年在全国范围内基本上实现了农业合作化，中国农民肯定地走了社会主义道路，从而基本上解决了这个两条道路的矛盾。那么现在还有没有矛盾呢？矛盾是有的，除了毛主席所说的人民内部矛盾这一主要矛盾外，我认为人口多，资金少，也是一个很重要的矛盾。过去的矛盾是阶级矛盾，现在的矛盾主要的是生产矛盾。[①]

马寅初认为，中国人口问题具有相对过剩的性质，是属于人口压迫生产力的类型。人口增加得太快，资金积累得太慢，“过多的人口，就拖住我们高速度工业化的后腿，使我们不能大踏步前进”，“我国人口太多，本来有限的国民收入，被六亿多人口吃掉了一大半，以致影响积累，影响工业化。因此，中国人口如继续这样无限制发展下去，就一定要成为生产发展的阻碍”，“所以对于人口问题若不早为之图……不免给政府带来很多的困难”。

为了避免给人以批判的口实，马寅初用了两节的内容来批评马尔萨斯的人口理论，说明此“马”与彼“马”的本质不同。马尔萨斯所炮制的“两个级数”的矛盾，已随着科学的发展、

---

①《新人口论》，马寅初著，田雪原主编：《马寅初全集》第十五卷，浙江人民出版社1999年版，第1—2页。

粮食的迅增而破产，其出发点更是为英国反动政府辩护的。“他的人口理论无异于告诉工人们说，工人们的普遍贫困，不是政府之过，主要是由于人口增加太快，而粮食增加太慢引起的。”“马尔萨斯从掩盖资产阶级政府的错误措施出发，我则从提高农民的劳动生产率，从而提高农民的文化和物质生活水平出发。”[①]他通过分析大量资料，说明人口陡增已造成社会经济发展的两难之境。

《新人口论》认为，人口发展必须同国民经济发展相适应，并在量上保持一定的比例关系，否则，就会表现出许多不适应，表现出许多矛盾来。这许多矛盾实际上就是人口问题的表现形式：（一）人口迅速增长与生产设备不足的矛盾；（二）人口迅速增长与工业原料增长之间的矛盾；（三）人口发展快与资金积累慢的矛盾；（四）人口增长快与就业不足之间的矛盾；（五）人口发展快与教育事业落后之间的矛盾；（六）人口发展快与提高科学技术水平之间的矛盾；（七）人口发展快与粮食增产之间的矛盾；（八）人口质量低与发展生产之间的矛盾；（九）人口发展快与提高人民生活水平之间的矛盾。

为了不让这些罗列的矛盾给人太大的刺激，马寅初特加说明，我国的相对人口过剩与资本主义根本不同。资本主义的人口过剩产生于资本主义制度本身，我国的人口相对过剩，不是

---

①《新人口论》，马寅初著，田雪原主编：《马寅初全集》第十五卷，浙江人民出版社1999年版，第5—6页。

产生于社会主义制度本身，而是由于人口增长过快，自然资源开发比较缓慢，生产发展相对不足造成的。

针对实际情况，他提出了解决中国人口问题的三条途径：（一）积极发展生产；（二）控制人口数量；（三）提高人口质量。他强调“人口与生产的关系比任何其他因素都重要”，要解决中国人口问题，必须努力发展生产。

中国存在的人口问题，不单纯是个数量增长快的问题，更有人口质量过低的问题。马寅初指出，“我国人口的数量与质量之两不相称，几乎无人不知”。为了全面解决我国的人口问题，他建议：必须大力提高人口质量，提高人们的健康水平和知识水平；人类已经进入了原子时代，这个时代的斗争，是知识的斗争，不是人数的斗争。

为解决中国人口问题，马寅初提出了许多可操作的建议：（一）实行定期的人口普查，进行人口动态统计，给中国制定人口政策和经济政策提供准确的数据；（二）实行计划生育，计划好人口出生率，使其与国民经济发展的需要协调起来；（三）加强控制人口重要性的宣传工作，必须使每个人都明白节育的重要性并能实际应用节育的方法；（四）提倡晚恋晚婚晚育，男25岁、女23岁结婚为宜；（五）运用经济手段推行计划生育，少生有奖，多生要罚，三胎以上征重税；（六）运用行政手段控制人口；（七）运用避孕办法，达到降低人口出生率之目的。

马寅初以经济学家的眼光，在人口问题显露之初，便敏锐地觉察到其严重的后患，不顾风险地坦率建言。《新人口论》的问世，使马寅初成为这项国策上的先知。文中所言，饱含着作者为国为民的一片赤诚，完全站在政府的角度考虑问题，所提意见与措施，亦为后世所实行。但在当时却很快招来批判与围攻，实在是令人深思的历史悲哀。

第十章　单身匹马

善待不同意见

《新人口论》在反右派斗争的高潮中发表，虽然其内容完全是建设性的，但毕竟也算提了意见，加上谈人口控制原本就存在“追随马尔萨斯反社会主义”的“案底”，很快就被一些反右派斗争积极分子盯上，非议、批判的声浪此起彼伏。因为马寅初与中共高层关系深厚，而此时高层人物对控制人口尚有认同，如1957年10月9日，毛泽东在中共八届三中全会上说：“我主张中学要上课，要教育怎么样生孩子，怎么样养孩子，怎么样避免生孩子，要生就生，要不生就不生。”[①]他希望能控制人口，“有时候使他能够增加一点，有时候使他能够停顿一下，有时候减少一点，波浪式前进，实现有计划的生育”[②]。大概彼时尚处

① 彭珮云主编:《中国计划生育全书》,中国人口出版社1997年版,第132页。

② 彭珮云主编:《中国计划生育全书》,中国人口出版社1997年版,第131页。

于“有时候使他能够停顿一下”阶段，故而《新人口论》发表头几个月中，对马寅初的批评还是在内部进行。

这段时间，马寅初的情绪挺好，《新体育》杂志约他抽空写了《谈谈我锻炼身体的体会》。他很有兴趣地讲了些美国留学时的见闻、自己养成的洗冷水浴的好习惯。

我每天洗浴两次（比美国医生多一次），早上起床后洗热水浴一次（不再用冷水），晚上临上床前照美国医生的方法，先洗热水澡，后洗冷水澡，夜夜如此绝无间断。最近我去协和医院作全身检查，内科主任大夫张孝骞先生是国内著名的医生，他在今年四月三日以检查的结果告诉我说：肺部、心脏、肝脏、肾脏、血压、大小便以及气管等等都很正常，就同三十多岁的壮年人一样，但体重稍过重，要我在半年内设法减去三公斤。

我于洗冷水浴之外，也喜欢爬山。在抗战时期，我住重庆歌乐山，教书则在重庆沙坪坝重庆大学，每天上山下山一次。胜利后回杭州，也天天爬山一次。现住北京，北京城内的景山太低，郊外的西山又太远，幸在北京大学附近，有颐和园的万寿山，但上下跑一遍不过瘾，往往非上下三四遍不可。我年轻时，常常骑马，亦会游泳，并学过太极拳，但对我身体益处最大的就是冷水浴与爬山两项。骑马与太极拳，现已停止，惟太极拳之运气已与爬山结合起来，觉得收效益宏。[1]

以这样的心境，马寅初于10月9日听到毛泽东说：“人口问题：三年试点，三年推广，四年普做，达到计划生育，是否可能?”[2]自是感到所言见纳，神舒气畅。

但事情于10月14日起了变化。这一天，《人民日报》第七版发表了一篇署名“李普”的文章《不许右派利用人口问题进行政治阴谋》，声言有人利用人口问题、节育问题向党、向社会主义进攻，对马寅初做了不点名的批评：“还有一位经济学家，他算的面更宽，他不仅从资金积累的状况，扩大积累的要求，并从扩大外汇和工业原料的来源，以及推进科学的研究等方面，算一大堆账，结论是：因为人口过多，资金积累太少，不敷分配，所以不能搞很多的大型工业，而只能多搞中小工业。”文章结论说：“他们谈的并不是人口问题，并不是什么节育问题，而是现实的阶级斗争问题，严重的政治斗争问题。”这算不上是一篇学术论文，而是政治性的批判。它的发表，意味人口问题政治化。10月16日，《人民日报》第七版又发表了另篇署名“贺致平”的文章《斥资产阶级右派的所谓农村调查》，不点名地以

---

①《谈谈我锻炼身体的体会》，马寅初著，田雪原主编：《马寅初全集》第十五卷，浙江人民出版社1999年版，第27—28页。

②《毛泽东在中共八届三中全会上的讲话提纲（一九五七年十月九日）》，中央档案馆、中共中央文献研究室编：《中共中央文件选集（1949年10月—1966年5月）》第二十六册，人民出版社，第243页。

“右派”斥责马寅初。

批判公开化之后，有人要求把马寅初定为“右派”。中央统战部副部长许涤新为此请示周恩来，周恩来明确表态：马寅初这个人有骨气，有正义感，是爱国的。他是我国有名的经济学家，国内外都有影响，不能划为“右派”。此前，周恩来曾与陈云议过此事。陈云认为，马寅初是热爱党和社会主义的，他的《新人口论》的基本观点是正确的，坚决反对把马寅初划为“右派”。由于周恩来、陈云的直接呵护，马寅初才躲过了1957年的劫难。但据许涤新回忆，马寅初在这一年还是上了“内定右派”的花名册，属“内控对象”。

然而，许多文化名流、北大同事，还有曾经主张控制人口的专家、学者、教授，都被戴上了“右派”帽子。著名社会学家费孝通、吴景超、陈达、李景汉、孙本文、潘光旦等，多次被点名批判。同一年，一直主张节制生育的杨崇瑞因声援马寅初，也被划成“右派”。马寅初不免有唇亡齿寒之感。

马寅初虽然没被划为“右派”，但却逃不掉批判的升级，其声势之浩大，也不在任何一个“右派”之下。马寅初意识到了处境的变化。宋运郊回忆：

> 北大年年要开学生运动会，同学们都希望马老到会，一般他都会准时来，如果要请他讲话，他总是要推辞，除非预先为他准备好讲稿，他才会照本宣科念一念。他深知自己兴之所至时有离稿发挥的习惯，因此特别嘱咐要为他

代拟讲话稿，要大字书写，要用“你们大学生”，不能用“我们大学生”，他说“我到时只管照本宣科好了”。说是这么说，到时只要他有感悟就会信口说来无拘无束，这时起草人会惊呼“糟了，糟了”，同学们全都不以为意，笑声不断，为马老的率性真诚叫好。

写到这里联想到1957年冬天印度大学生代表团访问北大，对方领队是教育部长，北大接待当然必须校长出面，外事办自然把校长讲话稿准备妥当，开会前交给了马老，也悄悄嘱咐他事关对外事务千万不要离稿。毕竟马老年事已高，离稿自由发言已成习惯，过去有过经验，但遇这种情况由办公室主任在第一排做手势提醒，可往往不起作用，这次为防意外，马老想了个办法，让人在他离开讲稿时派人上前送茶，如果还不能制止，就为他打开茶杯盖告诉他“喝茶”两字。这回管用了，女学生刚送上茶杯轻轻说了“请马老”三个字，他立即有所醒悟，眼睛又回到了讲稿上，从那以后一直没有离开讲稿讲一个题外的字，让台下关心他的人如释重负。[①]

到了1958年，批马的火力更猛烈了。升级的直接原因，乃是“大跃进”兴起后，毛泽东的人口观念转向“有时候多一点”。

---

① 宋运郊:《忆北大最忆是马老》,《马寅初纪念馆专刊》2005年第7期。

1958年1月28日至30日，毛泽东主持最高国务会议并发表讲话。在谈到人口问题时说：“人多好还是人少好？我说现在还是人多好，恐怕还要发展一点……我看要搞到七亿人口，就会紧张起来。[①]

2月1日至11日，一届人大第五次会议在北京举行。马寅初不愿放弃“有计划生育”的主张，在这个会上作了《在最近一次最高国务会议听了主席的话有感》的发言（后稍作修改以《有计划地生育和文化技术下乡》为题在2月10日的《人民日报》上发表），以作为对《新人口论》提案的补充。从发言的内容可知，马寅初在人口问题上不像过去那样焦虑了，尤其对中央领导对人口问题的关注表示欣慰和愉快，把原来的悲观观点改正了过来，变得乐观了。“关于节制生育一点，党和政府在过去一年中直接地或间接地已经做了不少工作。有一位研究印度尼西亚人口问题的外国专家一日在和平大会讲演时由陈翰生先生介绍与我交谈，他对我说：‘印度尼西亚的人口问题比你们的严重得多，但政府对此漠不关心，不知将来要严重到什么程度。你们的优点，是党政领袖们已注意到这个问题的重要性，不然的话只靠学者们口说笔写效果很小。祝贺你们有这样的一个党和这样的一个政府。’我听了他的话之后，觉得他说出了我心中要说的话。不仅党和政府已经做了不少工作，即地方和全国的人民代表也很关心这个问题。在今年一月五日、六日举行的上

① 曹前发著:《毛泽东生态观》,人民出版社2013年版,第22页。

海市第二届人民代表大会第三次会议上，代表们提出了各种控制人口增长的办法，如大力提倡节育，提倡晚婚等等。”①

尽管此次发言语调温和，完全从正面表述，但在崇尚“人海战术”的“大跃进”气氛中，仍显得“不合时宜”。头脑清醒的周恩来则对马寅初心态的调整非常高兴，当了解到马寅初《我的经济理论、哲学思想和政治立场》一书将要出版，并且里边收有《新人口论》一文时，周恩来建议说，把第一篇（指《新人口论》）大大地改一下或者不要放进书内，第二篇（指《有计划地生育和文化技术下乡》）编进去。但书已经印好了，第二篇来不及插入。作为补救措施，马寅初向周恩来提议组织一个中国人口问题研究会，得到首肯。

1958年3月8日至26日，中共中央在成都召开了中央工作会议，毛泽东在会上多次讲话，批评反冒进，其中有针对性地发表了人口问题的新主张，认为应当看到人多是好事，实际人口七亿五到八亿时再控制，现在还是人少。

1958年“大跃进”的高潮中，毛泽东多次谈及人口问题。6月1日，中共中央理论刊物《红旗》杂志创刊。创刊号上发表了毛泽东1958年4月15日撰写的《介绍一个合作社》，文中说：“共产主义精神在全国蓬勃发展。广大群众的政治觉悟迅速提高……我国在工农业生产方面赶上资本主义大国，可能不需要

①《在最近一次最高国务会议上听了主席的话有感》，马寅初著，田雪原主编：《马寅初全集》第十四卷，浙江人民出版社1999年版，第93页。

从前所想的那样长的时间了。除了党的领导之外，六亿人口是一个决定的因素。人多议论多，热气高，干劲大。从来也没有看见人民群众像现在这样精神振奋，斗志昂扬，意气风发……除了别的特点之外，中国六亿人口的显著特点是一穷二白。这些看起来是坏事，其实是好事。穷则思变，要干，要革命。一张白纸，没有负担，好写最新最美的文字，好画最新最美的画图。”①

1958年8月17日至30日，中共中央政治局在北戴河举行扩大会议。毛泽东在会上再次谈及人口问题。说人多是好事，现在不是人多，而是人少，在中国不存在人口太多、粮食不够吃的问题。

马寅初与最高领袖在人口问题上的意见分歧，自然躲不过某些人的嗅觉。1958年3月，马寅初任校长的北大校园里，出现批判其人口理论和经济学思想的大字报。对这些不同观点，马寅初认为是学术争论。“学术问题贵于争辩，愈辩愈明。”所以，他不仅尊重批评者，更善待不同意见，汲取合理因素，以补充、修正自己的观点。

1958年3月，马寅初在北京大学校园贴出两张大字报，其中一张，是检讨自己在1957年4月27日《关于人口问题和科学研究问题》的演讲中顺口说出的“如人口这样增长下去，五十

① 中共中央文献研究室编：《建国以来重要文献选编》第十一册，中央文献出版社1995年版，第274—275页。

年后，中国人民不免因生活困难而侵略他国”，“在国际关系上，我们要和平共处，但是，如果是二十六亿人，请问如何和平共处？德国要空间，日本要地方，都是前车之鉴”等错误言论。他坦率地承认：“转身一想，知道大错而特错了。”在起草《新人口论》的过程中，将那些句子删除了，请求把这份检讨刊登在《北京大学校刊》上。3月21日，《马寅初校长的两张大字报》被《北京大学校刊》加花边刊出。

马寅初的检讨并未获得谅解。3月26日，北大经济系主任贴出一张大字报，指责马寅初的《我国资本主义工业的社会主义改造》“在本质上是为了资本家阶级利益，向党和国家正确地执行和平改造资本家的办法表示不满”。马寅初依然以学术的心态面对之。

令他颇感意外的是，3月29日，北京大学经济系二年级的10名同学具名发表了一张大字报，对马寅初当初接受他们访问时的谈话内容兴师问罪，大标题为《歧路》：

> 马老说他先后到过英美，并且能说会写英文、法文、德文、拉丁文等五国外文……马老的谈话在我们班的影响确实不小，立即有些同学就大干特干地学外文，有的双管齐下，既学俄文又学英文，有的还想放弃俄文去学英文，不少人要求系里多开资产阶级的经济学等等。总之，这次访问使不少同学对资产阶级经济学产生了极大的兴趣，轻视社会主义经济学，追求个人的名利地位，放松对自己的

思想改造。马老身为校长，有这样严重的资本主义教育观点，怎么不对同学起坏的影响？红与专的问题，两条道路也是马老必须彻底解决的问题，否则将把我们引向歧路。

一九五八年三月二十九日

这张大字报对马寅初来说，如五雷轰顶，让他心绪难平。这一生中，他遭受过来自多方的各式各样的非议，但之前从来没有受过学生的公开指责，而且是对自己一番好意、不越常理的引导与勉励，扣上了置人于死地的政治帽子。这种行为，不仅表明传统文化的尊师之道已经荡然无存，更可怕的是，人与人的关系转瞬之间就化友为仇，分成敌我两类。纵然痛苦，马寅初还是尽量想出谅解的理由，给予心平气和的回应——《与经济系二年级的谈话》：

在谈话中发现他们连一国的外文还没有掌握，我听了吃了一惊。他们终日忙于写笔记，抄笔记，对笔记，外文的参考书和杂志一本也不能看，我就想到这倒是他们的莫大的缺点，所以，我劝他们快快学外文，至少一国的外文，要继续地学，绝对不可间断……我的目的，就是要勉励他们，学习要埋头苦干，否则不会成功的。我的讲话是出于至诚，对我的学生讲心里话。想不到他们自另一角度看问题，说这是我要表达我的天才，我要在他们面前表示我是一个了不起的人，我是崇拜资本主义的人。他们从谈话中得到的只是我的三大主义，这些话真是令人痛心。

我认为北大的任务是培养做研究工作的人和教育人才。要做研究工作，非要学一种或两三种外文不可，否则决不能与懂外文的人比赛，他们的研究能力就大大地受了限制。至于担任教学而不懂外文的教师，决不会受学生的尊崇，在同事之间懂得外文的同事也会瞧不起不懂外文的同事。我自己亲身吃过这种痛苦，所以把心里的话告诉他们，希望他们及早想到他们的前途，绝对料不到他们这样看问题。至于请我上课，不仅我抽不出时间，即能抽出时间亦怕使他们受毒，那罪状更严重了。①

不断升级、扣帽，很快就在校园里造出声势，掀起声讨的浪潮。校长的工作自是难以开展了，上级虽未免去马寅初的职务，但派来了主持工作的新副校长。

1958年上半年，北京大学经济系和上政治课的10多位教师，专门组织了一个北京大学人口问题研究会。主要负责人有：教授两人（樊弘、陈岱孙），副教授一人（赵靖），讲师两人（韩佳辰、周家本），助理一人（诸葛殷同）。本来他们中间多数人是赞成或同情马寅初观点的，但在日益严峻的形势压迫下，转而将马寅初树为对立面。

---

①《与经济系二年级的谈话》，孙大权、马大成编注：《马寅初全集补编》，上海三联书店2007年版，第593—594页。

马寅初出席研究会的成立会，并作了发言。他先说明了《新人口论》产生的背景和动机。然后与大家开玩笑讲，对过去的东西不必大动干戈了："《新人口论》去年七月五日在《人民日报》上发表的，距今刚好一年，'一天等于二十年'，三百六十天就等于七千二百年，以今天的眼光批评七千二百年前的事情是不公允的。"①马寅初也谈到了自己应当汲取的教训："《新人口论》写完的时候，没有与人民代表大会同志们作几次集体讨论。过去的文人只做单干户的工作，不习惯于集体工作，我也犯这样的错误。不经过集体讨论，而要使人人的意见趋于一致，是不可能的，不但现在不可能，将来也是不可能的……因此我建议于中国革命史教研室同志们来组织一个中国人口问题研究会，讨论时我也来旁听，我怕这样一个大问题，单是北大来研究还不够，最好复旦、武汉等几个大学也来研究，比较正确些。我怕单是北大拿出去的东西，全国各大学未必会接受。多几个综合大学来研究，写出来的东西，可以看成为全国性的。"②

对于樊弘教授的批判文章，马寅初认为曲解甚多，乱扣帽子，遂写了反驳稿件《我对樊弘教授提出些意见》，登在了4月9日的《北京大学校刊》上，一条条地摆事实、讲道理，指出批

---

①《在北京大学人口问题研究会成立会上的发言》，孙大权、马大成编著：《马寅初全集补编》，上海三联书店2007年版，第565页。

②《在北京大学人口问题研究会成立会上的发言》，孙大权、马大成编著：《马寅初全集补编》，上海三联书店2007年版，第566页。

判者诸多张冠李戴、不讲学术规范之处，足可窥见马寅初对待大字报批评的态度：

（一）研究太马虎

樊弘教授于作批判之前，没有把被批判的全篇文章好好地仔细地阅读一遍，而贸然加以批判。他批判我的《中国资本主义工商业社会主义改造》一文就有些马虎，他把“私方的有利可图无利可得”这些话都记在我的账上，殊不知这些话是工商行政管理局局长许涤新先生说的（见拙著《我的经济理论、哲学思想和政治立场》175—177页）（以下简称拙著），文中所提的矛盾是中央工商联代资方提出在1955年1月5日国务院召开的私营工商业问题座谈会上，这些矛盾作为讨论的项目，我是参加者之一，听了不少宝贵的意见，有的我笔记下来，但恐有误，故全文送请工商管理局看过。我的笔记载在拙著175页。管理局校对之后，把许主任的发言原文寄来载在拙著176—177页，樊弘教授对别人的文章不仔仔细细看过一遍，盲目地误认为这些话是我说的，这岂是研究科学的态度吗？不但我未曾为资本家说话，我还大大地批评了他们（拙著199—200页）。为什么工商业会有“有利可图无利可得”的现象呢？原因很多，其中最重要的，是有些资方抽逃资金，有些把自己的工资增加得非常高，有些把所有股东都任为经理，有的为了多得奖金，有意地把生产定额降低，形成变相分红，有的把福利费增加到36种之多，有人认为其中不免有用增加工资、奖金福利等手段来腐蚀工人，甚至来收买工人与政府对抗。因此弄成“有利可图无利可得”的局面，这是我说的话（见拙著189—200页）。樊弘教授没有看过这段话，否则不至于盲目地作出这种歪曲的不正确的批判。全文约有四万字，我断定他只看了四分之一就批判。何等马虎！好在我还没有死，还可以当面责问。这篇论文被人文学报编辑委员会压了两年之久，到1957年第三期才发表，主要原因是审查人看文章太马虎，其中详情限于篇幅不多谈了（请看1957年5月4日《光明日报》第二版冯友兰、郑昕两位教授的谈话）。

（二）教条主义的气味太重

樊弘教授谈问题采取教条主义的方式。中国的民族资本家，因为对革命有贡献，同时也有两面性，所以政府对他们采取一面团结一面改造的方针。改造分为几个阶段：第一是加工订货，此时企业依然是资本主义的企业，公方没有参加，站在公司之外。到1954年上海方有904家改用公私合营的组织，其余八千六百家仍在加工订货阶段。公私合营是高一级的组织，企业的利润，按四马分肥的原则来分配，就是公积金公益金税收和股东红利各得四分之一，即25%，但股东所得的利润比加工订货要少一些。迨后四马分肥又改为定息，而定息比四马分肥又少一些，直至今日有好多资本家愿把定息放弃，去掉资本家的帽子。从此可以看出，自利润最高的加工订货到自愿取消定息为止，资方的政治觉悟是一步一步地提高的。我的这篇论文是在1955年1月至4月写成的，而所根据的是1954年的事实。1954年是公私合营企业逐渐增加的一年，政府吸收他们进来，不能把利润降得很低，迨他们的觉悟一再提高之后，再把四马分肥改为定息，故资方所得的多寡，视他们政治觉悟的程度以为断。觉悟愈高，他们的所得可以愈少，这是团结他们又改造他们的一种最好的方法。1954年人民银行的长期存款利息在一分二厘以上，而私营企业的股息平均在五厘左右（见拙著199页），因此资本家觉得相形见绌，有“无利可得”的叫喊，所以许涤新主任主张贯彻政府的政策，务使私方有利可得，有事可做。他提出了四条（见拙著175页），这四条樊弘教授又错误地记在我的账上。第175页所载的是我的笔记，但与许主任的发言相比无大出入（见拙著176—177页）。依照樊弘教授的判断，许涤新主任在此地为资本家说话，是站在资产阶级的立场，失掉了党员的立场，这样的判断是教条主义式的判断。许涤新以资本家政治觉悟的高低来定股息的大小，是辩证地看问题。樊弘同志不管一切，凡给予资方的无论多少，都是不对的。一是教条主义片面地看问题，一是活的马克思主义者。现在北京的资本家愿意放弃定息的在80%以上，但党与政府仍以为定息一时不能去掉。依照樊弘教授的判断，资本家要放弃定息，而党与政府反而一时不愿取消，岂不是党与

> 政府皆为资本家说话，失掉了无产阶级的立场吗？但党与政府定政策是根据客观的事实。1956年初，资方到处敲锣打鼓掀起一个公私合营的高潮，不知底细者认为资本家的思想已大大地提高了，其实不然。在右派猖狂进攻的时候，好多资本家都动摇了，跑到右派一方面去了，有的甚至要求定息要延长到二十年。由此可知，企业的组织虽然提高了一级，而思想改造并不彻底。今日虽然有了要求放弃定息，而政府不允许，要把资本家的思想彻底改造以后，再来取消定息。不然的话，定息取消了，资本家的帽子去掉了，因资产阶级的思想尚未彻底丢掉，不免又动摇起来了。所以政府仍要保持定息，若干时期这个政策是对的，是辩证的，而且是活的。樊弘教授的判断是死的，非马克思主义的。我希望樊弘教授此后从书斋里跑出来，跑到活的社会里来，多与外面接触，而后方能对事物看得清楚些。①

对马寅初这种针锋相对的做法，周总理非常担心。据江隆基女儿江亦曼回忆，1958年4月，江隆基根据总理的意思找马寅初谈话，劝他可以在北大内部讨论人口问题，不要扩大到社会上去。马寅初却认为学术的问题越辩越明，没有接受江隆基的劝告。北大4月19日给北京市委和中宣部打报告："（一）对

---

①《我对樊弘教授提出些意见》，孙大权、马大成编注：《马寅初全集补编》，上海三联书店2007年版，第558—560页。

马寅初的右派言论，可以在小型谈心会上予以批评。（二）对马寅初的资产阶级经济学思想也可以小会批判，目前不宜大规模的批判会。”也没有使上级满意。然就在此后不几天，马寅初又在《北京大学校刊》上发表《我向樊弘教授追究责任》一文：

一九五五年一月至四月，我写了我的《中国资本主义工商业社会主义改造》一文，长达约四万字，送人文学报请求登载，而编辑委员会拒绝登载，把它送回。编辑委员之中，研究经济问题的只樊弘教授一人，他的意见当然居重要地位。拒绝登载的理由好像出于好意，说“您的论文具有现实性和政策性，因而我们以为就必须更加慎重，特别是您在政府中的地位和学术界的威望，发表以后，一定成为权威的意见，我们觉得您的这篇论文，还有些地方值得再加斟酌”云云（摘录退稿信），因此把这篇论文压了两年之久。一九五七年五月间，所有私营工商业差不多都合营了，于是我再请学报考虑登载。积压两年的责任不愿追究了，总算这件事情已经过去了，殊不料我不追究责任，樊弘教授反而责问我“写这篇论文，我站在什么立场”。我始知道退稿的原因是他做事太马虎，不负责任地把文章看了几张，至多看了四分之一，就下批判。他的错误是把别人所说的话（在文章的前几张）记在我的账上，而我所说的话（在文章的后几张）他没有看过，连全文的总结他也没有看过，否则，虽至愚之人亦不会向我问立场问题。审稿人的工作如此马虎，学报怎么办得好呢？岂不是阻碍了全校的科学研究工作吗？但他还不肯负责任认错，反而企图把视线移转到另一问题上，以求卸掉责任，逃避谴责。他说："马寅初校长为了提高自己的学术地位，竟不惜剽窃党和国家早已决定和宣扬的决议和政策（指总路线）作为自己的科学预见"。这更暴露了他做事太马虎，不负责任的作风，请樊弘教授下一个决心去看一看文章的总结（拙著210至215页），他便会明白我剽窃党和国家的决议呢，还是我大力发挥党和国家的决议呢？这张大字报的目的是要追究他的责任，倘他是一位真正的科学家，他应该勇于认错，千万不要企图逃避责任，把视线移转到别的方面。①

马寅初作为一个受批判的对象，反驳起来，依然气壮如牛，在当时的环境中堪称绝响。北大党委给市委的报告获准后，批马的事态扩大了，报刊上公开点名批判马寅初的文章排炮般地打响了。

4月19日和4月26日，《光明日报》分别以《评马寅初的"新人口论"》《再评马寅初的"新人口论"》为标题，选发了北京大学周家本、张重华、姚景华、郑亚英等人的大字报。"马尔萨斯的基本精神是：人口问题是全部社会问题的根源。正是

①《我向樊弘教授追究责任》，孙大权、马大成编注：《马寅初全集补编》，上海三联书店2007年版，第561页。

这一基本精神，触目惊心地贯穿着马老的全部观点。”文章列举了马寅初关于人口多会阻碍中国经济发展的许多言论，得出结论：“一句话，马老把中国人口众多完全看成是一件大坏事。这难道不是地道的马尔萨斯观点吗？”文章还把马寅初已认为不妥的言辞，拿出来算账：“马老去年在北大的学术报告里，曾经这样说‘在国际关系上，我们要和平共处。但是，如果是二十六亿人，请问如何和平共处……德国要空间，日本要地方，都是前车之鉴’。这更是明明白白的马尔萨斯观点。目前，美国资产阶级政客，正在叫嚣所谓‘多育民族’对美国的危险，看来他们会鼓掌欢迎北京大学校长的上述言论的。”

1958年5月，《光明日报》又开辟了批判马寅初“新人口论”、“平衡论”和“团团转”的专栏。批马一时成为全国思想文化界的焦点。

就是在这样的氛围中，马寅初仍基本保持着平和、开朗的心态。据他当时的秘书姜明回忆：“马老对这场围攻，他既不气馁，也不轻易苟同，而是抱着科学的实事求是的态度，细心地阅读那些批判他的文章。看到有分析有说服力的批评，他很高兴地对我说：‘这里补充得很对，我没有想到这一点。’并要我摘录下来。对于一些不说理的谩骂文章，他看后对我说：‘这些文章不好，没有理，没有节，这是谩骂，没有什么内容，不能以理服人。’对所有的批判文章，他都同样重视，不论是大人物写的，还是小人物写的，只要其中有一点合理的部分，他都虚心接受。但对于那些不顾事实的攻击，他则毫不客气地与之进行了针锋相对的论战。”①

然而，事态发展的趋势，后者演为主流，马寅初随之日益展露出“直道而行”的文化品格。

学术尊严高于天

1958年5月间中央高级官员开始出面公开批马，党的组织也站到了斗争前沿。耐人寻味的是，斗争序幕是从纪念“五四”运动拉开的。

4月30日，马寅初在《北京大学校刊》发表《我们为什么要纪念“五四”》，表达了一个老北大人对科学、民主精神的尊崇，以及对近40年来历史前进的喜悦。5月4日这一天，北大师生隆重集会，庆祝建校60周年（1898—1958）。马寅初兴致勃勃地登上主席台。时任中共中央政治局候补委员、中宣部副部长的陈伯达也到会祝贺。不过，他的“贺词”与“五四”精神南辕北辙，还把矛头对准了马寅初。当时的北大校长助理严仁赓回忆说：“那天我主持会议，我看得很清楚，陈伯达在北大六十周年校庆纪念大会上作讲话，讲话的内容就是他在《红旗》上发表的《在毛泽东旗帜下》的内容。”当陈伯达说到“老教授大体上背着两个包袱，一个是受中国封建思想的影响，一个是受西方资产阶级没落时代的教育”时，特地扭头看了马寅初一眼，

① 姜明：《在马寅初校长身边工作的日子》，《马寅初纪念馆专刊》2004年12月，第8页。

突然加了一句话，“马老您要作检讨”[1]。原本喜庆的会场，登时寒流滚滚。

如此不顾起码礼节的当众羞辱“勋老”，也是马寅初从来未经历过的，对他刺激甚深，使他不能不重新思考这种“革命文化”，也是他最终决定不再参加公共活动的初始诱因。

1958年5月，党的八大二次会议上毛泽东不点名地批判了马寅初的人口论。刘少奇也在大会工作报告中指出：“某些学者甚至断定，农业增长的速度还赶不上人口增长的速度。他们认为，人口多了，消费就得多，积累就不能多……他们只看到人是消费者，人多消费要多，而不首先看到人是生产者，人多就可以生产得更多，积累得更多。”[2]

5月9日，马寅初在《光明日报》上发表《再谈我的平衡论中的“团团转”理论》，针对4月19日《光明日报》所载北大哲学系教师批评“团团转”的文章，心平气和地进行答辩。他幼稚地认为，“现在展开学术空气的条件已成熟了，韩先生的文章恰好适应这个已成熟的条件”。不过，“韩先生所想到的大概是宇宙内全部事物的团团转，而我所研究的只限于计划经济，从计划经济中亦不过抽出几个重要环节，不能弄得很复杂，这是做研究工作的人应该首先注意的……在我的研究中若把政治、

---

① 参阅马大成：《〈新人口论〉五十年祭》，《炎黄春秋》2007年第10期。

② 刘少奇：《中国共产党中央委员会向第八届全国代表大会第二次会议的工作报告》，中共中央文献研究室编：《建国以来重要文献选编》第十一册，中央文献出版社1995年版，第309页。

法律、伦理、宗教、艺术等等一起加进去，问题太复杂了，不仅使研究者无从着手，也容易使阅读者头痛脑胀”。韩先生反对以道德来改造人，认为道德如果有作用，就不用进行“革命”了。“我认为道德能推动和促进经济的根本变革，已成为今日的普遍现象，何必要通过革命再来推动呢（韩先生所谓革命大概指武装革命而言）？”[①]马寅初始终也没有搞懂，这场批判是无产阶级对资产阶级的灵魂“革命”，直到文章的最后还在说“我认为这个理论是颠扑不破的，无法动摇的”。

马寅初认为正常的、善意的学术讨论，《光明日报》却认为问题严重得多，加“编者按”曰：“我们认为，这个讨论涉及哲学和政治经济学的若干根本问题，特别是唯物辩证法的根本问题，有进一步展开讨论的必要。欢迎学术界人士发表意见。”下半年，批马战火越燃越旺。

外部不讲学术道理的批判压力越大，马寅初越觉需要拨乱反正，净化学术空气。5月17日，他在《北京大学校刊》上发文——《樊弘教授这样的科学研究不是我们所需要的》。

> 樊弘教授说：“马寅初校长为了提高自己的学术地位，竟不惜剽窃党和国家早已决定和宣传的决议和政策，作为自己的科学的预见，这就是马寅初校长在政治学上极不老

①《再谈我的平衡论中的“团团转”理论》，马寅初著，田雪原主编：《马寅初全集》第十五卷，浙江人民出版社1999年版，第195—203页。

实的态度。”樊弘教授的目的无非是想把退稿的责任卸掉，以便逃避谴责，故把视线转到别一问题上来，所以要继续追究。我要求樊弘教授下一决心，去看一看我的文章的结论（拙著210页至215页）。倘你是一位真正的科学研究工作者，你应该勇于认错。

在这篇大字报里（注：樊弘教授给马老的这篇大字报登在本刊第227期上），我要把你想把视线转到另一问题上的企图谈谈。你说在共同纲领中已宣布党对民族资产阶级采取和平改造方针，显然这不是马校长的预见，云云。我要告诉樊弘教授：讨论共同纲领草案时，我也是参加人之一，而且我也是举手通过的一人，这件事人人皆知，恐怕只有在书斋里读死书的人不知道。我要剽窃，在众目睽睽之下如何可能？你的错误就是把政策看成实践，政策之上要有具体办法（措施），而且具体办法上又要有干劲。“徒法不能以自行”，自古云然。资产阶级工商业社会主义改造，我预见是一定成功的，是因为主管的人如陈云、贾拓夫、李维汉、陈叔通、许涤新等人不但有办法，而且有干劲，他们说得出做得到。回顾在教育界我们也有政策和方针，如教学应与科学研究相结合，理论应联系实际，这些都是方针，但是否已经变为现实了呢？回答是肯定的没有。为什么没有呢？最大的原因是没有干劲或干劲不足，决心不够。请问你自己，你的科学研究联系实际了否？我的答复是没有。你对凯恩斯的就业一般理论作了批判，我就想到你对于我这样一本浅近的论文尚且作了错误的批判，则对于凯恩斯这样难读的书是否也作了错误的批判呢？真是天晓得。

假定你对于他的基本论点没有误解，我要问你：你作批判的目的是什么？你没有联系中国的实际来批判，怎么能使今日的青年懂得你的大著，你书中涉及的方面太多，这些东西如金融市场（Money Market）、债券投资（Bond investment）、中央银行利率政策（Discount Policy of central Bank）、外汇交易（Foreign exchange transaction）等等，在英美都是专门的课程，金融市场，包括英国的郎巴街，美国的华尔街，各是一种很复杂的组织，在英国的朗巴街内有承受店、贴现店、四大银行、英兰银行等等，故在英美大学中金融市场一科每年每星期讲授三小时才能讲完。债券投资一科在纽约大学亦非每星期三小时不可，至于中央银行与贴现政策（利率政策）亦是一种专门科目，大学中很多专设一科来讲授。至于外汇交易亦是金融市场的一部分，但英美大学中以其性质和组织太复杂，故往往把它们分为两科：一叫作金融市场，一叫作外汇市场。这里就有四个不同性质的科目都是要讲授高深理论如凯恩斯的就业一般理论的基本科目。今日的中国学生对这些科目皆未学过，怎样能够懂得你的批判？要懂得你的批判，首先要懂得凯恩斯的一般理论，但要懂得凯恩斯的一般理论，亦非对于上述四种专门科目有一个初步的了解不可。加以这四种东西在今日中国都不客观存在，中国向来没有金融市场，不但今天没有，即解放以前也没有，那时，我们有洋商银行、钱庄和华商银行，但没有金融市场。在蒋介石时期，有中央银行，但没有贴现政策，更没有利率政策。那时有投机倒把，但没有证券投资（投于工农业）。今天的中国也没有外汇市场。因此这些东西在中国都不客观存在，中国的大学生，对于上述的四种科目既没有一个初步了解，又不亲眼看见这四种东西，试问如何会懂得你对凯恩斯的批判呢？不但蠢才英才不会懂得，即天才亦不会懂得。而你不管他们的懂不懂，依然照你的方法讲下去，据我看来，只能达到一个目的，就是借此可以显出你的渊博，这与“文必秦汉，诗必隋唐”的老先生有什么不同？学生对你只能抱一种态度，那就是哑口无声，莫测高深，而你也可以借此避免批评和责疑。这是你的收获。于是博学多才鼎鼎大名的樊弘教授在北大出现了。这种资产阶级个人名位的臭恶思想，理应痛下决心，快快烧掉，否则学生不会得到什么好处的。倘然你能把凯恩斯一般理论联系中国的实际来讨论，那么，论坛上就活跃起来了，学生也比较容易理解了，无论如何，决不至于哑口无声了，而中国学术界也从此得到好处。

樊弘教授对凯恩斯的批判，今日中国的青年不容易懂得，而英美学生反而可以学得些新知识。他们有的已经学过以上所述的全部分或一部分基本科目，而这些东西又是他们天天所看到或听到的，耳濡目染，稍加思索，容易理解。因此我们史学界有厚古薄今的毛病，不料经济学界也有厚外薄中的，甚至厚敌薄亲的毛病。樊弘教授当然不至于敌我不分，但他工作的结果无意中便使敌人受到了好处，所以我要请他反省反省。他的批判工作是在书斋里做的，倘然他能从书斋里跑出来，跑到活的社会里来，这些错误都可以不再重犯，而青年学生可以获益不浅。[①]

看到马寅初没有服软的迹象，局面不好控制，6月5日，北大党委只好重新向北京市委、教育部和中央宣传部打报告，提出在校内对马寅初的观点进行批判，并要求外界报刊予以配合。此时，一直同情马寅初的北大党委书记江隆基已靠了边，马寅初校长的职责基本上被架空了。

一位手握“生杀予夺”大权的人物出现在北京大学校园，党内思想理论工作的“权威”、中央理论小组组长康生亲自出马了。7月1日，他到北大作纪念建党37周年的报告，无视身旁座位上的校长马寅初，拖着长腔对台下师生说：听说你们北大出了个“新人口论”，它的作者也姓马，这是哪家的马啊？是马克思的马呢，还是马尔萨斯的马呢？我看是马尔萨斯的马！

康生对马寅初的攻讦，让马寅初在许多人眼中，由一位民

①《樊弘教授这样的科学研究不是我们所需要的》，孙大权、马大成编注：《马寅初全集补编》，上海三联书店2007年版，第562—564页。

主人士、经济学家变成了反面人物。批马声浪再掀高潮。

在反右运动中，无论你过去声望多高，所言所行是否有理，一旦被指为“右派”，或受到组织、群众及媒体的批判，立马身陷重围，百口莫辩。先是失去申辩的权利，任何报刊不会再发“右派言论”，继而失去人身自由，或下放劳动改造，或交群众监督。如此境遇，“右派”无不噤若寒蝉，夹紧尾巴做人。马寅初似乎是个例外，他仍在履行公务并发表反驳文章，这深刻地反映了他与中共高层尤其是周恩来的关系之深厚。

1958年，“北大部分教师下放到门头沟斋堂乡劳动锻炼，78岁高龄的马老翻山越岭亲赴斋堂，一个村一个村地看望教职员工”[①]。当年经济系教师张友仁回忆：“经济系教师下放京西山区斋堂，马老不辞辛苦前来看望。他考虑到山区路途崎岖，曾向国务院机关事务管理局要一辆吉普车前往，局里叫他仍坐原来的吉姆牌大型小轿车前去。他到我们下放处土炕上畅谈，夜里仍坚持洗冷热水交替的‘冷水澡’，次晨才亲切告别离去。”[②]

8月，马寅初按计划以全国人大常委会委员的身份去各地视察，在浙江、江西、湖南、湖北、山东、辽宁、吉林、广东及海南留下了足迹，历时4个多月。随同马寅初出行的秘书姜明回忆：“马老的视察时间安排得非常紧凑，常常是上午听合作社干部介绍情况，下午去社员家参观访问，晚上又召集部分社员开

---

① 姜明：《在马寅初校长身边工作的日子》，《马寅初纪念馆专刊》2004年12月。

② 张友仁：《马寅初先生在北京大学》，《马寅初纪念馆专刊》2004年12月。

座谈会；或是上午参观一个工厂，下午开座谈会，晚上访问工人家庭。”“不论当地干部向马老介绍情况，还是在座谈会上或访问时，干部群众的讲话我都要记录下来，作为马老的研究材料。从此可以看出马老严谨的治学、研究态度和实事求是的调查研究作风。”①

回京以后，马寅初写了《海南岛视察报告》。在这次视察中，马寅初对人口问题从未释怀，对是不是因人口少而会产生“劳动力不足”的问题尤为关注。有一农民说：“本来我要做的（收获粮食），因为劳动力不足人不够用，人太少，就只好这样做（放弃）。”他当即指出，田间的棉花、白薯扔得满地没有人收，说没有劳力，可是上级一说谁收归谁，很快就收干净了。实际上是积极性的问题，劳动力多着哩！

一年以后，在政协的一次会议上，有人说起1958年秋收，由于劳动力不足，收割不细，保管不好，农业虽然丰产，但未丰收。马寅初马上纠正：不能说“劳动力不足”，而应说“劳动生产率不高”才对。中国的劳动力并非真正不足，到处是人浮于事。因为我们的理论工作者说劳动力不足，所以干部就认为是真正的不足，就到处抽人，打乱了原来的经济结构，不但把人抽去，而且把设备亦搬去；所以原来的企业生产单位只得停产，至少也得减产。这是今日物资紧张的根本原因。

马寅初举例，同样的一项生产任务，在自动化车间工作的

① 姜明：《在马寅初校长身边工作的日子》，《马寅初纪念馆专刊》2004年12月。

只要一人，在机械化车间工作的则要17人，“足见在科学技术愈发达的条件下工人的人数要愈少，科学家、设计师、工程师要愈多。这是社会发展必然的趋势。反过来说，在科学技术愈不发达的条件下，工人的人数就愈要多。科学家、设计师、工程师就一定不会多，也不可能会很多。”所以说，当生产是建立在手工劳动的基础上时，人工就多。例如，现在我们田间的工作是借助铁铲和手推车来进行的，人数就得多，如果改用挖土机来进行这些工作的话，工人和服务人员（指科学家和工程师）之间的对比关系就会发生剧烈变化。“换句话说，手工劳动的人多，科学家、工程师、设计师少，就拖住了科学向前发展的后腿，这与我在‘新人口论’中的说法不谋而合。但去年很多同志对我的‘新人口论’加以种种不正确的批评，认为是马尔萨斯人口论的翻版，是反动的学说，是一株毒草，要连根拔掉。我直到今天还看不出我的‘新人口论’与马尔萨斯的人口论有何种共同之点。”①

就在马寅初外出期间，全国各地尤其是北京声讨马寅初的运动如火如荼。北大的学生也上阵贴出了大量批判校长的大字报。《马老否定了实现科学规划的可能性》说：“马老对于中国的六亿人口是缺乏感情的。他总是觉得六亿人口给国家带来无穷的灾难……但是，我们并不是像马老那样来理解问题的，我

①《在一九五九年全国政协会上的发言》，孙大权、马大成编注：《马寅初全集补编》，上海三联书店2007年版，第569—570页。

们完全知道，只要把六亿人民充分发动起来，组织起来，那就会像原子核爆炸一样发出无穷的热和光，将在最短期间完全改变中国的面貌，最近全国沸腾的气壮山河的大跃进形势不是科学发展的绊脚石，相反的倒是一种巨大力量。”[①]

《马老是马尔萨斯主义者》说：“马老在他的大作《新人口论》里确确实实传播了马尔萨斯的理论……极其广泛地从政治、经济、文化等各方面阐明马尔萨斯的基本精神。只要看一看每一节的标题就明白了。依马老看来：假如不‘控制人口’，农民就要‘失意和不满’，因而就会‘影响工农联盟’；‘人口的增殖就是积累的减少，也就是工业化的推迟，就要‘拖着科学研究的后腿’，‘使全体农民达到中农和中农以上的生活水平’这一崇高愿望，也只有‘把人口控制起来才不难成为现实’。一句话，马老把中国人口众多完全看成是一件大坏事！这难道不是地地道道马尔萨斯观点？”[②]

学生的大字报，虽显稚嫩，但也学会了“戴帽子”“打棍子”的霸权式话语。而官方文章，正是此种文风的导师。《红旗》杂志1958年第9期社论说，“人愈多，就愈能多快好省地建设社会主义”，就能越快地达到“生活优裕”，就能越快地使“文化提高”。《人民日报》发表《我国人口和就业问题》一文：“马寅初在《新人口论》中说的话，与右派分子的话是一样的，

①② 参阅彭华著：《马寅初的最后33年》，中国文史出版社2005年版，第173—174页。

是站在反人民、反社会主义的立场上，是一种悲观主义。”“我国人多，虽然有困难，但是好事。随着我国国民经济的大发展、大跃进，我国人民的就业，有着更加广阔的前途。不但如此，依靠我国丰富的人力，我们可以创造奇迹，可以做出更多的想象不到的伟大事业！”《光明日报》在批马寅初中特别积极，连篇累牍刊出讨马檄文。经济学的权威刊物《经济研究》也不甘落后，发表《评马寅初的经济理论和政治立场》等文，堪称那个时代理论研究的范文。“在人口问题上，我们同马寅初的分歧在于：马寅初说人口多，消费多，人民生活无法改善，社会主义建设没有出路；我们认为，在社会主义制度下，有了党的正确领导，人愈多，就愈能多快好省地建设社会主义，就愈能促进社会主义生产力高速度发展，就愈能促使国家的物产丰富，兴旺强盛，使人民群众的生活优裕、文化提高，而这些正是过渡到人类最伟大的理想——共产主义社会必备的条件。”这些批判《新人口论》的文章后为“有心人”收集，出版了一本《批判马寅初新人口论参考资料汇编》，洋洋大观。

《新人口论》是被“轰炸”的重点，而批判者也没有放过马寅初的平衡经济理论“团团转”。对此理论性较强的问题，《经济研究》成为主攻阵地，炮火连天：《评马寅初的资产阶级立场和庸俗经济学观点》，《经济研究》1958年第10期；《评马寅初的经济理论和政治立场》，《经济研究》1958年第11期。前文给马寅初的经济学论著《我的经济理论、哲学思想和政治立场》等定了三条非“学术性”的罪状：

（1）马先生的资产阶级立场还很深固，这在《新人口论》中表现得更为明显；此外，在马先生的《我国资本主义工业的社会主义改造》一文也表现得很突出，他在那里用歪曲事实的方法，替资本家叫喊“无权无利”。

（2）马先生对他过去所学的资产阶级庸俗经济学那一套破烂东西，还未清算，而且恋恋不舍，嗅不出自己身上还有浓厚的陈腐气味，这在“新人口论”和“综合平衡”论中表现得都很明显；此外，在马先生对凯恩斯学说所作的批评（实际是欣赏它仍然有用）中，也不时透露出来。

（3）马先生的哲学观点是唯心的，治学方法是庸俗的（不从现象深入到本质）。他的“团团转”论是客观事物的表面联系的任意反映，是用来歪曲和认识事物的内在联系的一种工具；以“团团转”论为基础的“综合平衡”论，是对社会主义计划经济的任意描画，是一批杂乱无章的经济资料的人工堆砌，它以叫喊国民经济有计划按比例发展的规律为掩护，实际是否定这个规律。所以，包含以上的各种严重错误在内的马先生的那本新书，是反马列主义的，是一株毒草，我们必须把它拔掉！

1958年，财政出版社将这些文章汇集起来，出版《评马寅初著〈我的经济理论、哲学思想和政治立场〉》一书。

1958年下半年，《北京大学校刊》和《北京大学学报》就发表了18篇批判文章。《人民日报》《光明日报》《文汇报》《北京日报》《新建设》《经济研究》《理论战线》《学术月刊》《计划经济》《教学与研究》等全国性报刊，陆续发表了近60篇批判文章。文章纠缠马寅初的不是“学术”，而是“政治”，断章取义，唯我独“革”。

有意思的是，马寅初在离京期间，每到一地必寻找《光明日报》等来拜读。

“我于去年八月一日出京视察，于今年一月一日方回京，在途中我总想买一份《光明日报》看看有没有人批评我的文章，到处买不到，不得已向机关借看，亦以‘未备’答，能买到的，或借到的，只有《人民日报》。直至九月下旬，到了广东省，请我的秘书姜明同志托广东省人民委员会交际处向广东省科学院借看，等了三天，报是借到了，但残缺不全，只找到了八月十三日李立中先生的一篇，不得已写信到京（我家里订了一份《光明日报》），嘱我的女儿从八月一日起的《光明日报》仔细地逐张查一查，回答是查到了三篇，这三篇对我文内的批评作了反批评，于是我就觉得《光明日报》如此难找，一面嘱家里的人把《光明日报》装订起来，一面商诸翦老（翦伯赞，时任北京大学副校长。编者注），把我这篇两万字的文章在一九五九年《北京大学学报》（人文科学）上转载一下，以资保存而便参考。”①

马寅初在看这些文章时，就有理之言会心微笑，对占绝大多数的同一腔调的强词夺理之作，则越来越鄙视。

1958年9月5日到8日，第15次最高国务会议召开，出席会议的代表名单公诸报端，北京五大高校的负责人榜上有名：中国人民大学校长吴玉章、清华大学校长蒋南翔、北京师范大学校长陈垣、北京农业大学校长孙晓村、北京大学副校长陆平。在那“政治挂帅”的岁月里，一个人从本该出席的会议上消失，是他政治生命岌岌可危的外部信号。未召马寅初回京，而以陆平代之，马寅初自然心里明白，他对姜明说：“我当北京大学校长只是挂个名。我在外边到处参观、调查、写写文章、搞搞科研最适合。我要把看到的东西写成文章，在人民代表大会上发言。”此话，既反映了他从根本上把自己视作学者的价值定位，也透露着参与政治而身不由己的无奈。

马寅初1958年年底返京后，感到形势和处境均大为严峻。上半年间，他本已听从了周恩来的劝告，在人口问题上缓和了态度，尽量与政府政策口径一致，只要政府实行控制人口的方针，他也无意再多说什么。这样的争论，有点像与“风车”作战，没什么学术价值。然树欲静而风不止，近半年批判高潮迭起，全无善罢甘休的迹象。

①《两个请求转载的理由》，马寅初著，田雪原主编：《马寅初全集》第十五卷，浙江人民出版社1999年版，第239页。

如何应对如此局面，曾让马寅初颇费思量：反驳吧，得不到任何有价值的学术回应，只能进一步引火烧身；不争辩吧，这样的批评之风实在不可长，不讲学理，不顾事实，甚至也可以不在乎对方说的什么意思，只管千篇一律、众口一词地以“政治罪行”栽赃。学者写的文章不讲学术，却学会了骂人，甚至组织不明真相的“革命群众”加入声讨，人身攻击的语言时有耳闻，真让人有斯文扫地之感。这样的批判，不独践踏了学术道德，似乎也越出了政治的规则与边界，无视人类共同遵奉的道德底线，伤害到人的体面与尊严。这是对《共同纲领》和《宪法》所规定的言论、出版自由的公然违背。马寅初决定，为维护学术尊严，捍卫表达观点的权利，引导正常的学风，不计个人得失，对不讲理的批评进行反批评。

1959年2月，马寅初将《两个请求转载的理由》送交《北京大学学报》，要求将他1958年7月间分四期在《光明日报》上连载的《再谈平衡论和团团转》全文转载，“请求校内外学术界多多指教，以便把所有好的意见吸收在我下一篇的文章内”。《北京大学学报》于1959年第1期刊出此文。

1959年5月，北京大学召开第一次批判马寅初《新人口论》大会。马寅初出席了批判会，当场作了答辩。接下来的时间里，马寅初集中精力，对自己新中国成立以来的学术思想作了系统的反思、整理，准备一篇正面的回应文章。

就在此文撰写过程中，1959年8月间，中共中央在庐山召开八届八中全会，通过《为保卫党的总路线、反对右倾机会主义而斗争的决议》，全国掀起批判“右倾机会主义”运动。原本头上就罩着“右倾”阴云的马寅初，正是一个现成的靶子，而这个“不识时务”的“靶子”还在思考如何反击的问题，不啻自投罗网。

马寅初的侄女婿、心理学家陈立回忆：“我在清华的友人，例如叶习生、周培南等同志，因为他们知道我和马老有点亲戚关系，所以他们就要我去向马老谈：‘你跟马老讲讲，要他检讨，检讨几句，这个运动就会过去的。’那么我就跑到他家里就同他谈了。他说，这个检讨怎么写啊？我说，你随便写几句，敷衍敷衍就可以了。第二天呢，我又跑去，他坚决不干。”[①]张治中、邵力子等曾共同呼吁控制人口的同仁也都劝他检讨一下，以后少管点闲事。马寅初坚定地说：“检讨什么！我是为了国家民族利益提出控制人口问题的，如果只为我个人着想，我完全可以什么事情都不管，在家享享清福就是了。”他还表示：“言人之所言，那很容易，言人之所不敢言，就更难。我就言人之所欲言，言人之所不敢言。”好心的人们劝马寅初说：“凭您马老的威望和影响，只要公开认一个错，就可以很容易地过关；不然的话，难免影响您的政治地位。”对于这些知心朋友的关怀和忠言，马寅初内心十分感激，但是科学家的良心，使他无法改变己见，他反而觉得，在举国无人敢讲真话的形势下，更需

---

① 陈立：《欣逢华诞忆马老》，浙江大学1981年编：《百年大寿——马寅初先生百岁寿辰庆祝会文集》，第16页。

自己站出来维护学术尊严，他公开表示，为此而“不怕坐牢，不怕油锅炸，即使牺牲自己的性命也在所不惜”！

党内关心马寅初的人士，自然更晓得此时退一步的重要。正在养病的陈云对马寅初的处境十分担心，便将自己的想法向周恩来谈了，周恩来也有同感。于是，周恩来特地找马寅初谈了一次话，谈话中劝他不要过于固执，应从大局着眼，还是写个检讨好，并说明陈云对他也很关心，劝他采取主动，认个错，也是陈云的意思。此番马寅初心目中“真心诚意的劝告”，又一次让他陷入“长考”之中。周恩来没有否定马寅初的看法，没有批评《新人口论》，但说“从大局着眼”，“采取主动”，都是设身处地之言。尤其“大局着眼”一词，乃当时盛行，意味特殊而又分量颇重。庐山会议上起初硬不检讨的彭德怀，就是在两位元帅以如此理由的劝导下改变态度的。由周恩来、陈云两位高层人物出面劝马寅初退让一步，说明中央很想保他过关。据国务院原新闻局八局局长杨建业说：“马老只要做个检讨，中央准备安排他任全国人大常委会副委员长。”

对于自己最敬重之人的好心相劝，马寅初掂量再三。周恩来所言对改善自己的处境有利，毋庸置疑。“大局说”可平息一场风波与折腾，也有其道理。然而，这些都是从利害出发的考虑。马寅初觉得，对一个真正的学者来说，利害之上还要计较是非。错了自然要检讨，但如果自我批判正确的东西，便是对学术的失敬。于是，马寅初仔细地对《新人口论》进行了梳理，看看是否有什么错误，结果是：作为经济理论并没有错，如果说有的话，那就是还不够完善。他又仔细阅读了报刊上的批判文章，分析得失，深入反思，一并汇入阐述自己基本思想和立场的长文《我的哲学思想和经济理论》中，并把自己“长考”的过程与结果，写成两篇“附带声明”，作为文章的第五部分。文章主要内容为第二部分，根据辩证法核心（对立的统一）的普遍规律，用大量的事实证明三个理论（“团团转”、“螺旋式上升”和“理在事中”）的正确性，概括出经济社会发展中的19个对立统一关系，足见思虑之深、用力之勤。他认为，自己的观点建立在事实与学理的基础之上，可以争论也不怕争论，具有充分的自信。马寅初将手稿送到《新建设》杂志编辑部，要求尽快发表。《新建设》1959年第11期全文刊发。

这篇文章中最具思想光辉，也最具历史影响的是两篇“附带声明”：一是《接受〈光明日报〉的挑战书》，一是《对爱护我者说几句话并表示衷心的感谢》。

（一）接受《光明日报》的挑战书

据去年七月二十四日和十一月二十九日的《光明日报》估计，批判我的学术思想的人不下二百多人，而《光明日报》又要开辟一个战场，而且把这个战场由《光明日报》逐渐延伸至几家报纸和许多杂志，并说我的资产阶级学术思想的一些主要论点已经比较深入地为人们所认识，坚持学术批判必须深入进行。这个挑战是很合理的，我当敬谨拜受。我虽年近八十，明知寡不敌众，自当单身匹马，出来应战，直至战死为止，决不向专以力压服不以理说服的那种批判者们投降。不过我有一个要求，过去的批判文章都是“破”的性质，没有一篇是“立”的性质；徒破而不立，不能成大事。如我国的革命，只破而不立，决不能有今天。你我都不欢迎那些如李达先生所说的“扣名词，扣概念，语义晦涩，内容空洞，带一些八股气”的文章（一九五八年十一月十日《人民日报》第七版）……

我们所最欢迎的，是如潘梓年先生所说的那种概括各种新变化的哲学或经济文章，因为哲学的中国要求有中国化的哲学（《哲学研究》一九五八年第七期）。据《光明日报》的意见，我的学术思想是资产阶级的，那么应该写几篇富有无产阶级学术思想的文章来示一个范，使我们也可经常学习。

（二）对爱护我者说几句话并表示衷心的感谢

去年有二百多位批判者向我进攻，对我的两篇“平衡论”和“新人口论”提出种种意见，其中有些是好的，我吸取过来，并在小型的团团转综合性平衡论中做了些修改（共七点），但是他们的批判没有击中要害，没有动摇我的主要的或者说根本的据点——“团团转”的理论、“螺旋式上升”的理论，和“理在事中”的理论，也无法驳倒我的“新人口论”。在论战很激烈的时候，有几位朋友力劝退却，认一个错了事，不然的话，不免影响我的政治地位。他们的劝告，出于诚挚的友爱，使我感激不尽，但我不能实行。

我认为这不是一个政治问题，是一个纯粹的学术问题。学术问题贵乎争辩，愈辩愈明，不宜一遇袭击，就抱“明哲保身，退避三舍”的念头。相反，应知难而进，决不应向困难低头。我认为在研究工作中事前要有准备，没有把握，不要乱写文章。既写之后，要勇于更正错误，但要坚持真理，即于个人私利甚至于自己宝贵的生命，有所不利，亦应担当一切后果。我平日不教书，与学生没有直接的接触，总想以行动来教育学生，我总希望北大的一万零四百名学生在他们求学的时候和将来在实际工作中要知难而进，不要一遇困难随便低头。

最后我还要对另一位好朋友表示感忱，并道歉意。我在重庆受难的时候，他千方百计来营救；我一九四九年自香港北上参政，也是应他的电召而来。这些都使我感激不尽，如今还牢记在心。但是这次遇到了学术问题，我没有接受他的真心诚意的劝告，心中万分不愉快，因为我对我的理论有相当的把握，不能不坚持，学术的尊严不能不维护，只得拒绝检讨。希望我这位朋友仍然虚怀若谷，不要把我的拒绝检讨视同抗命，则幸甚。①

文章发表时，删去了马寅初在北大人口问题研究会成立会

①《我的哲学思想和经济理论》，马寅初著，田雪原主编：《马寅初全集》第十五卷，浙江人民出版社1999年版，第310—312页。

上的一段话：

> （人口问题研究会）成立时我亦被邀到会，但我是他们所树立的对立面。可惜他们的“人口论”至今尚未出版，真令人望眼欲穿。我想所以不早日出版，大概是由于他们要把“人口论”安排在政治经济学里面去，因为政治经济学是责成北京大学和人民大学的经济系协同编写。别国的政治经济学可以不谈人口问题，而中国的政治经济学非谈不可。人口与生产的关系比任何其他因素都重要。不谈人口问题，这本书是残缺不全的，是先天不足的。不会令人满意的。因此我尤其希望这本书快快问世，使一个“于哲学一窍不通”如我这样的人，也可以学习学习，我可以对樊弘教授保证你们的政治经济学出版之后，我一定抽出相当的时间向你学习高深的哲学。①

这样的文字能在当时的舆论环境中发表，是件极不寻常的事情。对媒体来说，反右之后，不服气的申辩之声早已绝迹，报刊上皆是一边倒的声讨文章。刊发被批判者的文章，政治风险甚大，非上级认可不可想象。马寅初这样公开应战的文章，除了他是没有第二例的，更遑论“自当单身匹马，出来应战，

---

①《我的哲学思想和经济理论》，彭华著：《马寅初的最后33年》，中国文史出版社2005年版，第184页。

直至战死为止，决不向专以力压服不以理说服的那种批判者们投降”这样的“骨鲠”文字了。就是到了这个时候，周恩来等人还是特许马寅初有一定的言论空间。而马寅初“对爱护我者说几句话并表示衷心的感谢”，则公开表明，他在保持与中共高层特殊关系和维护学术尊严之间，选择了后者，凸显了他一生所坚守的“学术自由、独立见解”之精神。这，正是马寅初在这场争论中最具精神价值之处。也正是凭借这一点，有史家评论，20世纪50年代以来，中国真正具有知识分子人格者，只有三人：马寅初、梁漱溟、陈寅恪，皆以坚守独立人格，不随波逐流，宁承打压，仍讲真话而名世。

耐人寻味的是，周恩来亦不复再劝。深知马寅初的他，晓得劝亦无益是一个因素，更重要的可能是，以他之卓识，当然明白，道理在马寅初一边，检讨可保眼前之安，却污一生清白。

抗议“一家独鸣”

“附带声明”的问世，果然触怒了“左派”。于是，新一轮“围剿”开始了。

1959年12月7日，《光明日报》发表《批判马寅初的〈新人口论〉》等文，随后一月之内用五期版面发表多篇文章批马。这种所谓的“不同学术观点大争大辩”，在争辩之前，已将对方定性为“资产阶级学术思想”，实际是视为批判的活靶子了。接下来的批判火药味越来越浓，也就不拘泥于学术话题，玩起了拿手武器——翻历史旧账，查民国时的问题。说马寅初曾非议过马克思主义，批评过共产革命，是个反共老手、人民一贯的敌人，大有置于死地之势。马寅初对此十分气愤，无所畏惧地继续写申辩文章。

1959年12月12日下午，《新建设》杂志编辑应约来取稿。马寅初拿出《重申我的请求》一文，要求在1960年1月号刊出。并说他要出去视察，4月份才能回来，批评他的文章等回来时再看。编辑问道：对报刊上发表的批判文章有什么意见？马寅初说："四篇都看见了。"然后摇摇头说，"比过去的几篇更糟，人口论那两篇还比较好，一般说来还多少有点道理，但所谈只适合于像法、英等国的情况，中国情况是与这些国家不同的，每年增加一千五百万人，人口是个大问题，我们经济要发展快，人多就是个大负担……这些写文章的人，就是不了解中国情况，我的人口论并不是一定要减少现有的人口，我是主张可多可少，现在不要多，但假若将来有一天人类向其他星球发展了，那当然就可以提倡大大增加人口了。"

编辑又问：对评"团团转"的两篇文章有何意见？马寅初说："这些文章在刺激我方面，对我有帮助。但对我的团团转理论，只能起巩固作用。我的理论是从中国实际情况中的大量材料得出来的，现在却成了唯心主义，而他们是头脑里随便想出来的，却反而是唯物主义，真是千古奇谈！他们说我要用我的理论同马克思主义对抗，这更是奇怪，我一再希望他们也出来'立'，就是说，我并不想独树一帜，不要一家独鸣，而是希望百家争鸣。"编辑问马寅初：还有一篇文章预备几时拿出来发表呢？马寅初说：“我的答复文章架子已搭好，准备4月回来写，至于我手边最后那篇文章，我是不准备拿出来了。除非‘海龙王’出来，我才拿出来，但看来‘海龙王’是不会出来的。”编辑问“海龙王”是指什么，马寅初笑笑，说：“是我认为有力量的好文章。”编辑又问：你那篇文章比“海龙王”又怎么样呢？马寅初自信地说：“至少要比得过‘海龙王’，和他不相上下。”[①]

《新建设》杂志编辑部拿到《重申我的请求》后，对马寅初那样的自信有点哭笑不得，更不敢效法上回让他再“大放厥词”，而把稿子送到顶头上司康生手中。康生马上亲自部署批马运动。他对北大的领导人说：“马寅初最近很猖狂，给《新建设》写了《重申我的请求》，猖狂进攻，他的问题已不是学术问题，而是借学术为名，搞右派进攻，要对他进行彻底的揭发批判，要把大字报贴到马寅初门上去。我们不发动，如群众有人批他是右倾也可以，他的校长是不能做了。”他还不过瘾，又使出“理论权威”无限联想与上纲上线的本领。

12月23日，康生以个人名义给理论界和有关报刊负责人写了一封信，指示他们：在批判《新人口论》的时候，要学习毛主席的六评白皮书，特别是《唯心历史观的破产》一文，要像批判美帝国主义分子艾奇逊那样来批判马寅初。《唯心历史观的

① 参阅杨勋、徐汤莘、朱正直著：《马寅初传》，北京出版社1986年版，第209—210页。

破产》是毛泽东在1949年，为批驳美国国务卿艾奇逊认为中国新政权解决不了几亿人的吃饭问题而作。文中说："中国人口众多是一件极大的好事。再增加多少倍人口也完全有办法，这办法就是生产。西方资产阶级经济学家如像马尔萨斯者流所谓食物增加赶不上人口增加的一套谬论，不但被马克思主义者早已从理论上驳斥得干干净净，而且已被革命后的苏联和中国解放区的事实所完全驳倒……在共产党领导下，只要有了人，什么人间奇迹也可以造出来。我们是艾奇逊反革命理论的驳斥者，我们相信革命能改变一切，一个人口众多、特产丰盛、生活优裕、文化昌盛的新中国，不要很久就可以到来，一切悲观论调是完全没有根据的。"[①]这应该也是"社会主义中国不存在人口问题"的一个理论源头。

1959年12月24日，康生召集理论界和有关报刊负责人开会，决定成立一个由中宣部、北京市委、人民日报社、光明日报社和北京大学五家单位联合组成的批马小组。他布置任务说：对马寅初过去在《光明日报》上发表的文章进行批判，没有正规地搞，《人民日报》没有搞，还没有正规战，只是游击战。现在他挑战，应当应战。在康生的策动下，《北京大学校刊》率先刊登了《重申我的请求》。陆平此时颇感为难，其女陆莹后来透露："父亲在中宣部说，马寅初是北大校长、民主人士，让北大党委组织批他不合适。为此他还受到了批评；但到底没有进行

①《毛泽东选集》第四卷，人民出版社1991年版，第1511—1512页。

全校的批评，只在系里由北大毛泽东思想学习研究会开会批。”[①]自1959年12月24日至1960年1月中旬，北京大学掀起了颇具规模的批判高潮。数九寒天，近万张大字报铺天盖地地贴满了北大校园和马寅初在校的住宅燕园63号。大型的批判大会召开了三次，每次大会的参加者多达8000余人。与此同时，校内外各种刊物上发表了83篇批判文章，众口一词，上纲定性，硬说他的“人口论”是“马尔萨斯主义在中国的翻版”，是“假学术为名，向党向社会主义进攻”，“综合平衡论”“攻击我国国民经济大跃进和高速度发展”，“攻击党的社会主义建设总路线和一整套两条腿走路的方针”，“攻击和污蔑人民公社”，“攻击社会主义计划经济，歌颂资本主义自由竞争”等。甚至说马寅初“历史上几十年一贯反对党、反对社会主义、反对马克思列宁主义”。

马寅初知道形势严峻。12月30日，他对秘书姜明说：“我的校长不能当了，昨天已与杨部长（杨秀峰）通过电话，还准备写份辞职书。”此时，他开始明白批倒一人是要祸及左右的。为了保护姜明，他特别交代：“姜明你还是离开我吧，回学校去，写个大字报与我划清界限，免得受到牵连。”而对外界，马寅初只盼《重申我的请求》一文能发表，不想再说什么话了。

在康生的授意下，1960年1月，《新建设》杂志第1期如约发表了《重申我的请求》，作为马寅初“跳出来”的最新“反面

①《陆平：憋了很多话要对北大说》，《中华读书报》2008年3月12日。

教材”。与以往不同的是，特加了一条编者按：

> 本刊应马寅初先生的要求，于去年十一月号发表了他的《我的哲学思想和经济理论》一文，供大家讨论。本刊去年十二月号和最近《光明日报》上发表了批判马寅初先生的文章。马寅初先生看后，又送来题为《重申我的请求》一文，要求发表。这篇文章，否认阶级和阶级斗争，这就把他同马克思主义一贯的根本的分歧告诉了大家。他的这篇文章和其他许多文章，资产阶级谬论很多，必须进行讨论和批判。这篇文章在北大校刊《北京大学》上发表后，北大师生已经展开批判。最近我们收到北大张俊彦、石世奇、柯木火三人写的《马寅初在“请求”什么?》一文，现在把它和马寅初先生的文章一并发表。[1]

马寅初在《重申我的请求》中说：

> 我在拙著《我的哲学思想和经济理论》一文中（载《新建设》一九五九年十一月号）有一个附带声明，就是我接受《光明日报》开辟一个战场的挑战书。我说“这个挑战是很合理的，我当敬谨拜受。我虽年近八十，明知寡不

---

①《重申我的请求》，马寅初著，田雪原主编：《马寅初全集》第十五卷，浙江人民出版社1999年版，第316页。

敌众，自当单身匹马，出来应战，直至战死为止，决不向专以力压服不以理说服的那种批判者们投降。不过我有一个要求，过去的批判文章都是‘破’的性质，没有一篇是‘立’的性质；徒破而不立，不能成大事。如我国的革命，只破而不立，决不能有今天”云云。但十一月三十日和十二月七日、十四日《光明日报》和《新建设》十二月号所发表的评论，仍属于“破”的性质，不过写的人换了一批新的，素年没有见过面的人，原来的一批“老手”不出面了。这倒是一件好事。人越多，意见越多，使我领教的机会更多，不难最后只要以一篇文章来答谢几百位先生的好意。这予我以极大的方便，几百位先生愿以困难留给自己，以方便让给了我，这真是有高度政治觉悟的人才做得到。不过过去二百多位先生所发表的意见都是大同小异，新鲜的东西太少，不够我学习，十一月三十日《光明日报》登了庄次彭先生的一篇文章，说过去批判我的人已经把我驳得“体无完肤”，既然是“体无完肤”，目的已经达到，现在何必再驳呢？但在我看来，不但没有驳得“体无完肤”，反而驳得“心广体胖”了。最近在十一月三十日和十二月七、十四日的《光明日报》上和《新建设》十二月号上所发表的五篇文章更帮助我把我的几个理论弄得益加完整和坚固。我要对这五篇文章作者们表示衷心的感谢，过了新年我就要出京视察三四个月后才回京。回京后再加以一番分析和研究，拟以一篇文章来答谢诸位先生的盛意。可惜以后在《光明日报》上登出来的好文章，我是看不见了……你既然说："马寅初对大跃进情形的解释是不科学的"，那么，读者们都希望你作出一个科学的解释来。你们说：我要独树一帜以示异鸣高。这话怎么说得出口？正因为我不要独树，所以请你们来共树；正因为我不要一家独鸣，所以请你们来大家共鸣。你们不来共鸣，也是一种示异鸣高。有些人更变本加厉地说我要独树一帜，以与马克思对抗，这真是千古奇谈了。比如十一月三十日《光明日报》所载的庄次彭先生的文章末段所说，马寅初要独树一帜，以与马克思对抗，他把重点放在"我的"两字（因为我的文章是以《我的经济理论和哲学思想》为题），我用"我的"两字完全是一个责任问题，我立的学说当然是我的，我负责任；你立的学说，当然是你的，你负责任。你立得好，我不来平分秋色；你立得不好，我亦不来代你负责。如果不说"我的"、"你的"，请问谁来代我们负责啊？党和政府决定"百花齐放、百家争鸣"的方针的时候，决不会怀疑做科学研究工作的人有与马克思对抗的企图。

江苏《群众》杂志第十六期社论反对对敢想敢说的人泼冷水。在这里我要很"坦白"地对诸位先生说一说：泼冷水是不好的，但对我倒有好处。我最不怕的是冷水，因为我洗惯了冷水澡，已经洗了五十多年了，天天洗，夜夜洗，一天洗两次，冬夏不分。因此对我泼冷水，是最受欢迎的。这虽然是锻炼身体的一个好方法，但直接间接影响我的头脑，因此我获得了一个冷静的头脑，很适宜于做科学研究工作。话不多谈了，我相信党，我也拥护党，所以我从党报和党刊（《人民日报》和《红旗》）上引文两段作为对诸位先生的一种贡献。

……

一九五九年第十期《红旗》有施东向先生以《为了追求真理》为题的一篇文章，它给盲目批判的人一个很好的指导。施先生说：……

"对于学术问题的错误，应当采取什么态度呢？要分辨两种性质的错误。有一种人并没有花过收集材料、认真研究的功夫，只是从感想出发，随便说出些错误的意见。这种错误应该说并不是在科学研究中的错误，而是根本不进行科学研究的错误。这种错误除了证明人们不应当这样做以外，没有任何意义。另一种人是认真做了研究工作，但是因为方法不对头，掌握材料不完备或其他原因而作出了不正确的、不全面的结论。这种错误并不是毫无意义的，它往往是在达到真理的过程中所难免要经过的过程。科学史证明，在科学问题上，提出正确的结论的人固然是有功劳的，而那些勇于在新的科学问题上进行试探，提出终于被修正甚至被推翻了的假说的人，也是有一定功劳的……参加学术讨论的人，都应当有坚持真理的勇气。我们的社会，是真理能够开花结果的社会。但是有人却会因为自己的意见不被多数人赞同而动摇……如果是正确的意见，即使只有少数人，甚至一二人同意，也应当坚持。在学术讨论中，真理有时并不在多数人手里而是在少数人手里……缺乏坚持真理的勇气的人就会随波逐流，没有主张”，云云。

我很高兴地告诉施东向先生：自《新建设》十一月号登出我的文章后，同意我的信已经不是少数了，有的虽表示同意，但不敢签名，只写“读者谨上”字样，这部分地表明了今日的“百花齐放，百家争鸣”的真实情况。我只得唱“独脚戏”，我只得单身匹马出来应战。

在我的文章中没有把中国人口分为“高等人”和“低等人”。我只说把中国人口的质量提高，包括所有阶层在内，工农和知识分子都在内。不错，国内报上常用“高级知识分子”字样，但这并不是我开始用的，而且这几个字并不代表一个阶级。现代“高级知识分子”都入了工会，大家都是工会会员，只有职务上的区别，没有阶级上的区别。有的人如宗正把中国人口分为“高等人”、“劣等人”，根本不反映今日的现实。至于英国的罗苏和赫胥黎，美国的柯克和爱伦·台耳怎么想、怎么说，那是英国、美国的事，我们知道得太少；即有所知，亦不过书本上的知识，死记几句教条主义，亦不能解决中国的人口问题。无论英美学者怎样说，无关于我们的事。他们尽管说，资本家是“优秀遗传的人”，是“坚强有力的人”，属于“高等人”；劳动人民是“心理不健全”的劣等人，应实行节育。他们尽管把人类分成“优等民族”和“劣等民族”，并宣传白种人是“优等民族”，应该担负领导世界的任务；主张“劣等民族”应该限制繁殖，“改良人种”。这是他们的胡说八道，与我何干？我所主张的，中国人口，包括各阶层在内都要节制生育，都要提高知识水平。文盲固然要教他们读书，高级知识分子亦要努力研究，提高自己，于必要时要向苏联或其他兄弟国家学习，分阶级的说法对我是不能套用的。中国现在正在形成没有阶级的社会，地主与资本家已经不存在，抄写几句外国书本的教条主义是纸上谈兵，工人和农民听起来亦不会感兴趣。如果在工人和农民没有解放之前，在反动党统治时代，在反动党统治的南京或重庆，这些人能勇气百倍，不顾死活，把这些话讲出来写出来，那倒是富有意义的，工人和农民听了，不但会感兴趣，亦且会感激无既。或在共产党境遇很困难的时期，能够说出这些话来，那倒是能起作用的。现在工人和农民已经变为国家的主人翁了，资产阶级已经基本上消灭了，中国已站起来了，不再是半殖民地了，而共产党也已掌握政权，你还来说这些话，既不及时，亦不切实际；不但不切实际，亦是无的放矢。这些人从外国书本上的教条主义中得出“马寅初为资产阶级服务”的结论，这个论断是站不住脚的，因为我讲的是中国的人口问题，是一个特殊问题，不是世界人口问题。中国的资产阶级基本上已经消灭，我要为它服务亦无从服起。反过来，法国的学者们和政府如这些人一模一样，正在竭力鼓吹人口增殖，难道法国的学者们是为无产阶级服务吗？这些人既然要硬说我的控制人口论是为资产阶级服务，我何尝不可硬说他们的人口增殖论是为法国人服务呢？因此从书本知识来推论，是非常危险的，不免把一把火烧到自己的身上来。中国人口问题的根源不在于外国的书本子上，乃在于中国人民的心理上，广大群众对人口问题到底怎么想，每一对年轻的夫妇是不是还要“儿孙满堂，五世其昌”呢？是不是还相信“不孝有三，无后为大”呢？抑情愿少生几个来提高自己和子女的文化和物质生活呢？因此我们要做一番调查、分析和研究工作，不能徒凭感想来发言。

有的人还把我三四十年前的老文章拿出来作为我为资产阶级服务的证据。挖老根，那是挖不胜挖的，这笔账是算不清的，可以不必费心。不错，在一九三九年以前，我是不与共产党一起的，我也作过文章批评过马克思。但在那年我以实际行动否定了我自己的阶级，否定了过去的我。所以对一九三九年以前的老文章，我不负责任了，我自己亦不引用了，正如马克思否定了自己的阶级一样。自那年起直到现在，无时无刻不与共产党在一起，挑拨离间的企图，是注定要失败的。总而言之，中国的人口问题是一个特殊的人口问题，要调查、分析和研究，要用大量的有关资料来立自己的，不能专凭教条来破别人的。毛泽东主席说过：“真正的理论在世界上只有一种，就是从客观实际抽出来又在客观实际中得到了证明的理论。”因此我重申我的请求。[①]

《重申我的请求》的刊载，是作为一个“反面教员”的登台绝唱，他从此失去发表文章的权利，而有权利发动批判、发表文章的人们则施以更猛烈的狂轰滥炸。

1960年1月3日，马寅初亲自到北京西单大木仓胡同教育部，向部长杨秀峰提出口头辞职。1月4日，又正式向教育部递交了书面辞职书。

在这样的冲击下，马寅初自然不能按计划出游，也不能如1958年七八月间那样，过几个月再回应批判者。由学校而社会的批马运动方兴未艾，他还不能置身事外。

1960年1月6日，马寅初参加全校“批判马寅初哲学思想”大会。1月8日，马寅初对批判表示不服，说：“大会批判我，我的文章怎么不对？资产阶级立场在哪里？我想不通！”

1月11日，北京大学三个学会联合召开“批判马寅初先生经济理论、哲学思想和政治立场”的会议。这是一次有200多人参加的面对面的质问会。面对批判者的责难，马寅初还是坚持说：人口问题是一个很重要的问题，我总感到在人口问题上政府负担太大，发展下去，将来会给政府带来更大困难，我研究

①《重申我的请求》，马寅初著，田雪原主编：《马寅初全集》第十五卷，浙江人民出版社1999年版，第316—322页。

人口问题是为了国家和人民的利益，不是为了自己，现在有人却说我是想出风头，其实风头我几十年前就出过了，那是生死斗争。有人说我是在“用人口问题来反对共产党”，共产党几十年前救了我，使我多活了几十年，我怎么会反对共产党，我是为党为国家着想的，正因为相信党，拥护党，我才这样重视人口问题。但批判者们却不依不饶，吵闹不停，对一位近80岁的老人打起了消耗战。马寅初吃不消了。第二天，他的血压升高到190，家里人怕他出事，连忙送他到北京医院急诊，医生检查后立即安排住院治疗。

马寅初的身体不佳，没能让批判停息下来，各种批判会轮番上演。同样，身体欠佳也没能让马寅初改变态度。康生亲自跑到北大，在未名湖畔的临湖轩召开了一次面对面的小型批判会，与会者都是批马的积极分子。高调指斥长达两个多小时，马寅初始终聆听，一言不发。当会开到最后，主持人问了一句：“马寅初你有什么话要说吗？”这时整个会场静悄悄，只听马寅初用洪亮的声音说了一句：“我马寅初是马克思的‘马’家！”举座哑然。

3月，他依旧不屈不挠、据理力争：“在北大政治上我是不能领导，可是在学术上我是可以领导的吧！我的人口理论是纯粹的学术问题，可是有人硬要把它扯成政治问题，我当然不服。现在北大的空气太沉闷了，学生谁也不敢发表意见，没有学术空气。”“说我反党反社会主义我想不通，我的见解与他们不一样，人多是有好的地方，但也有坏的地方，如六亿五千万人，每人节约三元，就有二十亿元，可是每人多吃二碗饭，就要多吃十二亿碗饭，这样一下，可了不得。我的意见是不要再增加了，就控制在现在这个数内，我的人口论是为六亿五千万人民着想的。我也不想做官，为人民死了也值得，还有什么个人考虑！”他又以自己的一个侄子，生了九个子女，给家庭带来困难为例：“生了九个孩子，萝卜头似的一大排，要吃要穿，大人和孩子的身体都不好，更谈不上教育好，一家人苦死了！”

“说我的人口论是资产阶级立场，是为资产阶级服务的，凭良心说我至今还弄不通。批评我见物不见人，我更搞不通，我的人口论既重视客观规律，也重视人的主观能动性，并不只见物不见人。”马寅初最后说，“我要说明，我在这个会上是根据毛主席的‘知无不言，言无不尽’‘言者无罪，闻者足戒’的指示，大胆地把心里要说的话都说了出来，我勇于更正错误，但坚持真理，而且在真理面前无私无畏。”

3月18日，这个日子被马寅初永远记在心里，1949年的这一天，他进入北京城。但10多年后的今天，国务院批准了马寅初的辞职。同一天，马寅初离开了他兢兢业业坚守数年的工作岗位——北京大学，当日就搬出燕园63号，回到了东总布胡同32号。马寅初辞职后，陆平任校长，并兼校党委书记。

各种讨伐没有因马寅初的去职而停息，队伍更为扩大：《剥下马寅初“新人口论”的假面具》，《光明日报》1960年3月29日；《彻底打垮马寅初反动透顶的“新学说”》，《经济研究》1960年第1期；《驳斥马寅初反社会主义的谬论》，《经济研究》

1960年第1期；《批判马寅初反动的“新人口论”》，《经济研究》1960年第4期；《马寅初的“新人口论”是新马尔萨斯主义的变种》，《理论战线》1960年第5期；《马寅初“新人口论”的资产阶级本质》，《学术月刊》1960年第7期；《马寅初人口数量和人口质量论的反动本质》，《教学与研究》1960年第12期。

……

面对这些污蔑性的攻击，此时的马寅初只有挨批受骂的义务，毫无还手申辩的权利。

令马寅初感到欣慰的是，在他遭受“以力压服”时，全国各地不间断地有人来信，表示赞成他的观点，支持他坚持真理。这些来信虽不能公之于众，却仍然给单枪匹马的马寅初极大安慰：社会良心不死，理性犹存人间，吾不孤也。

退隐之初，马寅初虽不再出席任何公共场合的活动，但因保留全国人大常委会委员和全国政协常务委员的关系，他于1960年3月至10月，先后参加了政协北京市东城区小组学习会10多次。每次学习都有讨论、表态，话题离不开“反右”“大跃进”以来的政策与形势。参加学习的多为民主党派和文化界人士，有的头上已戴有“右派”帽子。不知是因为恐惧还是思想改造到了家，他们几乎都学会了说“报纸上的话”。马寅初偏偏是个例外，他喜欢发言，一讲就要坚持己见，在会上不断阐述自己在人口理论方面的主张。

是时“右派”已与“地富反坏”一起被归入敌人之列。马寅初也要去鸣一下不平。他说：“右派攻击党、攻击社会主义制度是应该反击的，但是右派分子不会那么多。”“有些知识分子给党提意见是善意的，只‘鸣’了几句个人观点，怎么就是右派呢？”“有些人是很有才学的，是能够为社会主义建设发挥作用的，但是给错戴了右派分子的帽子。”“对其一棍子打死，对我们国家是个损失！”他在会上严肃地说：“我马寅初大声疾呼，一定要为错划的右派分子摘掉帽子。”

“大跃进”的后患，明明已显露于社会的各个方面，但仍在会上受到一致赞美。马寅初感到十分费解，以“反调”应之。他列举了种种“亩产万斤粮”“砸锅炼钢”的荒唐事例，说明凭主观主义、唯意志论所造成的严重损失。马寅初尖锐地指出，在我们的宣传工作和建设工作中，往往说的是唯物主义，而做的却是唯心主义。他警告说：如不克服这方面的错误，将来难免要犯更大的错误。

马寅初还对少数干部身上出现的特殊化、脱离群众现象提出尖锐的批评。他说，共产党出了几代英雄，如长征英雄、抗日战争英雄、解放战争英雄、抗美援朝英雄等，正因为有了这些英雄们的努力，才取得了政权，建立了中华人民共和国。现在有些干部大搞特殊，脱离群众这种现象如不克服，长此下去，将破坏共产党的优良传统，毁坏党的前程。中国共产党也有失败的危险。共产党如因此而失败，那就太可惜了。这在当时，属于典型的“诋毁党的形象”的反党言行。许多“右派”的“鸣放”，远未如此直率、泼辣。

此刻的“一家独鸣”和“一言堂”，似乎已演化为绝大多数人的自觉。马寅初的意见，每每遭到群起而攻，人人都把他当作对立面来批，这些曾经被批为“资产阶级的代表”的人士，也开始用“资产阶级”帽子砸别人，以表示自己已站到无产阶级革命阵营一边，与马寅初不再是同一类人。小组会每每到后来就开成了批斗会，“马寅初攻击大跃进”“马寅初污蔑三面红旗”“马寅初反对党的领导”等口号，不绝于耳。马寅初身上的“辫子多”，随时抓一把，成为学习会的家常便饭。

而马寅初却觉得批判者可怜，他说：“北京大学有一位辜鸿铭先生，民国后头上还拖着一根辫子。遭到许多人的不解和嘲笑时，辜先生说：‘你们不要笑我这小小尾巴，我剪下它极其容易；至于你们精神上那根辫子，想去掉可不容易。’你们批判我，我说你们就如辜先生说的一样，‘精神上那根辫子’根深蒂固！”马寅初如此地“顽固不化”，令不少人感到头痛，全国政协的有关部门便准备组织公开的、大规模的批判会，却未获中央统战部首肯。

对于马寅初的遭际，好心人劝他开会时少说两句，或者干脆不讲。他说：“只要通知我开会，我就会讲实话，既然不能够实事求是地说真话，除非不要我开会！”马寅初成了政协学习小组的一个“麻烦”，压不服、斗不垮，又说不过，受批者始终理直气壮。于是，这个学习小组在上级那里便有了点不妙的名声，什么政协小组的学习经常出问题、主持学习的人缺乏领导能力等。政协组织为避免这个麻烦，干脆少通知或不通知马寅初开会了。

1960年年底，马寅初表示，既然不能实事求是地说真话，自己就不必再参加这样的学习会了。他以高贵的沉默，表示对“一家独鸣”的抗议。

第十一章　寂寞黄昏

心系国计民生

自青年时代始，近60年间，马寅初一直风风火火地奋斗在中华民族走向现代文明的风口浪尖上，授业传道、论政兴商……如今，他突然退出热闹的舞台，离开聚焦的灯光，蛰居于东总布胡同32号家中。

曾几何时，只要马寅初在寓中，这里总是电话不断，客人如织。马寅初以豪爽好客著称，学生、同事、社会名流、政府要员，都是小院的座上宾。忽焉风消云散，还了一院清静。

马寅初没有感受过这样的世态炎凉。此番深入发动群众“批倒批臭”的做法，使世界真正变得冰冷难耐。对此，马寅初颇有感触，在日记中写道：看来他们对我的批判，似乎在群众中产生了不小的影响。直到此时，他仍坚持认为这是学术观点的争论而非政治性的“反党”，所以对群众并无反感，只是吃惊于人们的蒙昧而备尝先行者的孤独。

不幸中的幸运，这是三年困难时期最困难的一段时间，连北京人民也在吃糠咽菜了，政治打击雷声大而雨点小，一幢屋舍尚遮得风雨。在春日的乍暖还寒中，几位知己登门探望。

3月的最后一天，周培源的身影出现在东总布胡同，陈叔通等人也相继拜访。他们的朗朗笑声，送来一阵和煦之风。让马寅初感动至深的，是国务院副总理兼外交部部长陈毅的造访。他和陈毅曾在华东军政委员会共事，无话不谈，此次陈毅依然是快人快语：马老，我是受陈云同志之托，代表他来看望你，也可以说是来安慰你。他由于身体不好，不能亲自到府上拜见，他知道我和你也是老朋友，所以特地嘱咐我，一定要来向你表示慰问。陈毅直言：现在你受到了批判，所以我特此以朋友的身份来看看你。我和陈云同志都认为，你马寅初提出的解决中国人口问题的理论、主张和办法是有远见卓识的，是对的。即使再过一万年，你马寅初在这个问题上也是正确的。让马寅初略感意外的，是这位共产党高级领导接着说出了这样一番话：古往今来的历史早已证明，天王老子也会犯错误！望你保重身体！言短情长，身处逆境的马寅初倍感宽慰，是非曲直存于人心，理性被遮蔽的日子总有一天会过去的。

新中国成立后，毛泽东的威望如日中天，这种威望迅速走向“个人崇拜”。1956年的八大上，对“个人崇拜”有所非议，然1959年庐山会议之后，在林彪的鼓动下，又掀起新的狂潮。

20世纪60年代初，开始出现学习毛泽东著作形式主义和庸俗化倾向，不着边际的吹捧风行于媒体和各种场合，马寅初不时目睹耳闻。他对毛泽东深怀敬意，但这不等于顶礼膜拜和无条件服从。马寅初为此忧虑不已。在一次会上，有人对刚出版的《毛泽东选集》第四卷颂扬说，《毛泽东选集》第四卷一千年、两千年后仍可适用。马寅初听了很不舒服，认为，对毛主席的这种恭维，是在搞个人崇拜，当即指出："这种个人崇拜是毁坏毛主席的'糖衣炮弹'，你这样说不对，不符合马列主义原理：革命实际告诉人们，马列主义的基本原理是放之四海而皆准的，是永远不会过时的，但无论是马克思、恩格斯、列宁、斯大林，还是毛泽东同志，他们的话或著作，特别是关于政策方面的言论，只能管一段时间，一个时期，并不是在百年、千年之后，或永远都是有用的。我相信毛泽东本人听了你的发言，也肯定不会赞成!"

马寅初在不同场合多次表示，毛泽东主席是历史上的伟大人物，但要汲取斯大林生前被神化、身后被指责的教训，不要搞个人迷信。"搞个人崇拜是害了毛先生"，"我们要爱护毛主席"。对于如何学习毛泽东思想，马寅初认为，毛主席的许多文章是一定时期针对一定问题写的，一篇篇地分割开来读，容易断章取义，歪曲原意，也容易忘记；与之相反，正确的学习态度，就该是完整地理解，这就需要将其理论体系化。1961 年 4 月，他在全国人大常委会小组会上的发言中说："体系很重要，思想要有体系，理论要有体系……马、恩、列、斯都有体系。四本《毛选》最好也有个体系，以便人们系统地学习。"他建议："像斯大林写《论列宁主义基础》和《论列宁主义的几个问题》一样，集中一些理论家、学者，写一本毛泽东思想体系的专著，这样就可以一千年两千年地持久使用。”他还说，这个思想体系“还应该包括刘少奇等同志的文章”。

这次发言之后，马寅初经过进一步的思考与修改，写成一份有关系统学习毛泽东思想、防止个人崇拜的建议书，上呈中央领导和全国政协。虽然，这份建议书不可能阻止“个人崇拜”的继续升温，但还是给那个狂热的年代留下一份头脑清醒的记录。此番建言没招来直接的祸患也算幸运。

马寅初退隐之际，正赶上“大跃进”失败转入“三年困难时期”，经济萧条、民生困乏。马家由政府特殊照顾，虽不至于饿死，也得抽紧裤带度日，以致夫人和儿子因营养不良而浮肿。马寅初因此想到，普通百姓和广大农民的生活会多么艰难。正在这时，他收到四川大学政治经济学专业一名学生的来信。这位名叫李盛照的学生，戴着“右派”帽子，因在劳改队里只干活没饭吃而羸弱不堪，辗转病榻，但却在信中及所附的材料里大胆、详尽地反映了成渝一带许多人饿死的灾荒实情。材料中还收集了一些民谣，指名道姓地批评了当地的领导干部。马寅初拆阅后不禁愀然，心系灾民，寝食不安。他一边遵嘱把信和材料转给中央农村工作部部长邓子恢，一边复信，还很有心地给李盛照寄去5元钱，略补救急之用。回信如下：

盛照先生：

大函敬悉，甚佩先生说真话的勇气并怜先生所遭遇的苦难。我以为这些事实报告，理应送给党内高级领袖决定。读完“两集”之后，把它送给最得人心的党员，这是我对“实事求是”的态度。我的爱人和小儿亦犯有同样的毛病，幸已得救。附上票洋五元，不能说帮助，略表敬佩之忱。不多写了。

顺祝

早日康复！

马寅初

一九六一年九月①

信中所提“最得人心的党员”，人们都知道指的是周恩来，马寅初不懂政治，做了一件犯忌的事。当时无论党内还是全国，毛泽东的威信无人能及，更不容挑战。七大以来，党内从未有过类似的议论。马寅初书生一个，怎么想怎么说，虽然写的是私人信件，但在那个年代，他这封信的命运必然是逃不过罗网，陷周恩来于尴尬之境，实在是加大了周恩来继续保护他的难度。

邓子恢对马寅初转来的材料十分重视，当即作了批示，并给李盛照复了信。然而，无论马寅初还是邓子恢都不能改变李盛照的命运，他的“右派”罪名因此而加重。李盛照自记：“1962年3月12日，四川大学将我送进监牢，狱卒搜身，马老、

---

①《复四川隆昌李盛照先生函》，马寅初著，田雪原主编：《马寅初全集》第十五卷，浙江人民出版社1999年版，第362页。

邓子恢副总理、邓自力（原泸州地委书记，右倾撤职下放）及其他信件、文稿、统统没收，作为‘罪证’判刑15年，‘奖励’上诉书再加5年……80年4月出狱。”

得知了农村的实情以后，马寅初愈加关心中央的农业政策，关注农民的生存状况，为撰写《农书》积累资料。未想，一封家乡来信，让他又一次参与到现实政治之中。1961年11月间，嵊县农业局农技站蚕桑技术员杨木水的一篇题为《恢复农村经济的顶好办法是包产到户》的文章，寄到马寅初手中，文中反映的家乡近况，令马寅初大惊失色：自1958年的“三面红旗”以来，“共产风”、高指标、瞎指挥等“五风”盛行，把嵊县这样一个青山绿水、桑稻遍野的好地方，折腾得山林毁坏，良田荒芜，农民缺粮无菜，市场上没有不缺的东西，甚至出现饿死人的情况。是什么原因把好端端的农村弄成这个样子？怎样才能让农民吃上饱饭？杨木水通过深入调查、访问，以翔实的材料说明，农村实行的大集体捆死了群众的手脚，大呼隆劳动、大锅饭分配实在害死人。救农村救农民只有一个办法：实行责任制，搞包产到户。当年嵊县有30%以上的地方农民正在自发地实行包产到户，农业生产迅速恢复、发展。种田人热情拥护，而政府却不准许，派大批干部下去“纠正”，弄得干群对立，农民怨声载道，生产受到进一步破坏。

吃惊之余，马寅初颇有进退维谷之感。信中所言，情况严重，岂止是家乡父老兄弟受难，更关系数亿农民渡过难关，不能等闲视之。管吧，自己身处逆境，无职无权，又如何能起作用。最后，他还是采取了“匹夫有责”的态度。

他决定亲自去嵊县作一番实地考察，了解农村的真实情况，也见一见这位敢说话的小同乡杨木水。他为此作了周到的安排，以全国人大常委会委员的身份到嵊县视察，先通过全国人大与浙江人大沟通，之后，又亲笔给嵊县领导及杨木水写信：

冯、方副县长：

一九六二年一月初出京视察闽、浙两省，打算在嵊县居住一星期，以便细细地看一看农村。城东人民公社有一位杨木水先生者，今年五月间写了两篇关于六十条的文章，要求机要厅交给毛主席亲看。十一月间他把原文抄送了一份给我，我阅后觉得杨先生爱社心切，所言不无可采之处，惜其中有若干问题讲得不甚清楚，理由不甚充分，拟请其与我当面一谈，并请公社其他同志就他的文章发表些意见。请就近预先通知杨先生早日准备。我认为这样的会谈不仅能使我更加了解农村的情况，亦可予我一个很好的学习机会。我想先请杨先生来谈，俾我完全了解他的意见，而后再请其他同志参加一同会谈。城东公社研究后还要访问其他公社。此外，还要请求两位县长派一速记员帮忙一切。拜托。

顺致

敬礼！并候起居

马寅初

一九六一年十二月二十五日[①]

杨木水先生：

大文已拜读，我准备一月初出京视察，在嵊县居住十天左右，当面谈过更能了解真实情况，并希望你将来谈的两个问题具体准备材料。请熟悉此问题的人一起来谈。

关于找你商谈的事，我已经给你县县长、人委去公函。

马寅初

一九六一年十二月二十七日[②]

1962年1月，81岁高龄的马寅初冒着严寒来到浙江，省粮食厅厅长丁友灿陪同他前往嵊县视察。

马寅初到达的前一天，县委农工部召杨木水谈话，警告他在马老面前不要“乱说”，特别不能向马老说嵊县发生过大面积包产到户的情况。

虽然预先作了交代，县里还是不放心，杨木水来见马寅初时，安排了多位人员“陪同”。那些“陪同”人员寸步不离，看着杨木水的一举一动。马寅初一瞧这阵势，特别是从县委陪同人员对杨木水的态度上，就觉察出这个胆敢为民请命的小伙子，

---

①《致嵊县冯农、方初副县长函》，马寅初著，田雪原主编：《马寅初全集》第十五卷，浙江人民出版社1999年版，第363页。

②《致嵊县城东区农技站杨木水函》，马寅初著，田雪原主编：《马寅初全集》第十五卷，浙江人民出版社1999年版，第365页。

在当地处境不妙。当着省、县这么多领导干部的面，怎么可能畅所欲言呢？于是，他毫不客气地请所有“陪同”人员回避，要与杨先生单独谈谈。“陪同”人员只好退出。但县里还是想知道这一老一少“密谈”些什么，不断派人进来倒水、送茶。后来干脆送进来一位“秘书”，说要帮马寅初做记录。马寅初见状很生气，但还是忍住性子，微笑着拒绝县里的一切好意，只与杨木水两人对坐面谈。他实在想听一些真话，了解目前农村的真实情况。

马寅初做事认真，作风严谨，一丝不苟，待人十分诚恳、平等，他一口一声“杨先生”，使杨木水心头涌起一阵阵热浪。马寅初拿出从北京带来的糖果请杨木水吃，还亲手点燃带来的一个小巧的酒精炉，煮咖啡款待杨木水。马寅初的热情和谦和使杨木水很快定下心来，像面对自家的慈祥的长辈。这一老一少，促膝长谈，十分投机。杨木水敞开心扉向马寅初谈了当前农村中的种种问题，自然也讲了农村的出路在包产到户。杨木水终于一吐为快，马寅初也高兴地从这位技术员口中了解到农村许多闻所未闻的情况。

谈了一阵之后，马寅初才打开皮包，拿出杨木水寄给他的那篇大作来。杨木水忙注目看去，只见文稿上，红笔画得密密麻麻，空白处还写有若干批注，或提出问题。显然，马寅初已经仔细读过自己的文章。他深为感动，上级领导如果都能像马寅初这样重视群众的意见就好了。

马寅初对杨木水说，你的建议我看过了，不知道杨先生是否还有补充的地方？我虽然是学经济的，但是对目前人民公社的情况和经营管理问题不甚了解，还得向你请教。马寅初细细地询问，杨木水一一作答。在弄清楚有关问题之后，马寅初决定帮助杨木水转呈这篇文章。他对杨木水说，你的爱社之心令人敬佩，你的文章从农村实际出发，列举了包产到户的许多好处，有不少可取之处。但作为向国家领导的建言，还有一些不足、不当之处。尤其让杨木水难忘的是，马寅初语重心长地对他说，善意的批评建议要注意分寸。“理直”不一定非得“气壮”不可。看问题要尽量全面一些，说缺点要尽量准确、客观，感情务必不要偏激，冷嘲热讽之言务必少用，摆事实讲道理要比发牢骚、一味嘲讽效果好。

谈完这些之后，马寅初又笑着向杨木水建议：一定要把文中所列包产到户十三条优越性归并成十大或八大、九大优越性，反正不要用这个“十三”！他说，这样做除了文字表达更简明之外，还避开了西方人的一个忌讳。马寅初风趣地说，西方人认为“十三”是个不祥的数字，沾上它就会“触霉头”。

杨木水辞别了马寅初，闭门谢客，按马老的要求，重新归纳了“十大优越性”，誊清手稿，请马老带回京。他坚信，有马老相助，一定能引起毛主席、党中央的重视。他感到自己为老百姓做了一件大事。

马寅初在嵊县视察了7天，由县人委安排召开了两次座谈会。视察中，马寅初以他一贯的思维，视关于包产到户的分歧为不同观点和方法的正常讨论，肯定与否定皆可畅所欲言，他自己听了座谈会的发言后，所形成的看法，与杨木水并不一致，但他认为杨木水的意见亦有参考价值，需要让高层了解。回京后他便将杨木水的报告转给中央，自己写了份《浙江等地观察报告》上呈全国人大。报告认为，目前农村形势大有改观，并对杨木水的观点提出了不同看法：

> 去年十一月间，我收到嵊县农业推广站杨木水同志来信说“曾于去年八月间直接上书给毛主席，提出对于六十条的意见和‘包产到户，管理到队’等建议”，并将原文抄来一份，本拟及时送陈核阅，但因文字写得不够清楚，自己没有看懂，考虑到杨同志的文章很长，内容很多，花费了不少脑力，其爱社之心似甚殷切，可能不无可取之处。因此借视察之便，深入现场具体了解，听听各方面意见。在嵊县通过县人委召开了两次座谈会，座谈了关于连作稻和“包产到户，管理到队”两个问题，后因病中止，其他问题未及谈完。从座谈会中听到各方面意见，我认为杨木水同志对这两个问题的意见是片面的，方向是不对头的，与党的政策相违背的。在座谈会上沈正仁和朱金木两同志的发言是正确的，反映了绝大部分农民的意愿。而且从他们的发言中，可以看出目前农民的理论水平提高得很快，也是一件可喜的现象。兹奉上座谈会记录二份及杨木水同志给我信一件，以供参考。
>
> 此上

全国人民代表大会常务委员会

马寅初三月十二日[①]

可是，马寅初和杨木水都不会想到，尽管杨木水的文稿是一再修改过的，也把“十三大优越性”改成了“十大优越性”，避开了那个不祥的“十三”，但却没能避开祸端。杨木水的这封信转送上去不久，祸事便接踵而至。先是嵊县农业局把他从自己喜爱的工作岗位调开。一年之后的1963年春天，他被逮捕，在看守所关押了13个月后，1964年初正式对他宣判：因犯“反革命罪”，判有期徒刑8年，押赴浙江第二监狱服刑。

杨木水的文章上达前后，浙江还有两位主张包产到户的青年知识分子——陈新宇和冯志来，不约而同地向中央上书。1962年7月北戴河中央工作会议上，包产到户被斥为“单干风”，冯志来、陈新宇、杨木水被说成是“浙江的两个半单干理论家”。杨木水便是那“半个”。“文化大革命”爆发后，杨木水被转至劳改农场。服刑中，他又因把人们向林彪呼喊“永远健康”讥为“烧香老太婆的祷告，是封建迷信”，而被宣判死刑。后来发生林彪叛逃事件，他才留下一命，至1978年才出狱摘掉“反革命”帽子。

马寅初管一次“闲事”，竟给当事人带来无穷后患，这是他

①《浙江等地观察报告》，孙大权、马大成编注：《马寅初全集补编》，上海三联书店2007年版，第407—408页。

做梦也想不到的事情。

毕生所学付《农书》

远离了直接理政议政的活动，马寅初又恢复了本色的身份——学者。他在日记中写道："大江东流去，永远不回头。往事如烟云，奋力写新书。"半是怀旧，半是憧憬。

早在20世纪50年代初，马寅初就为自己定下两个研究课题：一是人口论，一是中国农业经济研究。他说："除了人口问题外，农业问题应及时研究，要早为之图，要花大力气，下苦功夫!"马本寅回忆："父亲对农业非常关注，曾说：'中国是农业大国，如果农村的生产、生活提高上去，中国也就提上去了。'他非常关心农村建设，在人大期间便经常到农村考察，人口论也是在农村考察时想到的。"推出《新人口论》后不久，马寅初就着手搜集农业方面的材料，准备组织一个班子，编《农书》。虽然对《新人口论》的批判打乱了他的步骤，但想法未变。1958年上半年，马寅初一面应对讨伐，一面仍不忘念叨《农书》，"我自己不久就要下乡，写我预定的《农书》"。这以后他招架劈头盖脸的"棍子"已是精疲力竭，焉有他顾的余暇。

1960年，马寅初收得心思，翻出之前为《农书》拟订的计划书，决定以一人之力，完成这一伟任。

多年以来，马寅初对中国古籍中的"农书"极为留意。如南北朝时期北魏贾思勰编撰的《齐民要术》，马寅初在读书笔记中就作了详细摘录，并且指出了书中的不足："贾思勰建立了较

1960年，辞去北大校长后，马寅初在东总布胡同潜心研究农业和人口问题

为完整的农业科学体系，但是，此文可谓纯技术性的农书，缺乏农业的施政措施。而明代徐光启的《农政全书》弥补了这一不足。不过又略显散淡。只有把两文结合起来，并博采众长，才算一部较全的‘农书’。”“《农政全书》关于‘架田’的记载，值得高度重视。‘架田’又叫做‘葑田’。文中称它：‘以木缚为田丘，浮系水面，以葑泥附木架上而种艺之。其木架田丘，随水高下浮泛，自不淹浸。’可以说，这就是‘水上园田’。我国人口日益膨胀，为缓解农田少的矛盾，这种利用空间的种植方法当可借鉴。即水里养鱼，水上种农作物。由此可设想：水稻田可以养鱼，鱼池边可以圈养牲畜，牲畜粪可以喂鱼……这样既是生物链，又是产业链；既保护了环境，又能使农民增加收入……”

马寅初将已搜集到的湖南、湖北、吉林、海南等地的材料整理出来，又找到自己的老秘书王克宥，要他想办法补充材料。王克宥不仅从北京大学、北京图书馆借来他所需要的书籍，而且还找来了国内外有关农业发展的新资料。

马寅初为《农书》的研究，定了四条原则：（一）要系统地研究问题，不要零零碎碎地研究；（二）要有批判的精神，不要绝对化，说好都是好，说坏都是坏，那是不好的；（三）要发现问题，提出问题，解决问题；（四）要调查研究，用解剖麻雀的办法，深入一个地方，研究一个问题。

马寅初写文章与一般人不同，他不是用钢笔写在稿纸上，而是用毛笔写在一张张雪白的宣纸上。宽大的写字台上铺着一张张八开的宣纸，上面满是工整的毛笔小楷。每写完一张，马寅初便把宣纸铺在地板上，等晾干后，又俯身将宣纸按顺序粘接成一条长幅，卷成一个纸卷，外面用白纸封好，注明内容，存放到案边的柜子里。《农书》的宏大，使他的书屋更加拥挤，满地的墨迹，间杂着各种各样的参考资料，无助手分劳，全靠耄耋老者一人操持。写累的时候，马寅初便会沿着院中的水泥小径散步。

年逾八十的马寅初，还继续着自青年时代坚持下来的锻炼项目：爬山与冷水浴。20世纪50年代，他曾嫌城里的景山太低而改爬西郊的香山和颐和园的万寿山。离开北大燕园住回城里后，再去万寿山自然不方便，便回头重会“老朋友”景山。景山还是那样低，马寅初由山底跑上万春亭，远未过瘾，便翻身下去再爬上来，连续三四趟，才算出透了汗，跑出滋味。到了晚上就寝前，照例要用热冷水交替浸泡、冲淋，进行“血管运动”。马寅初在受到不公待遇的时光中，照旧活得充实、自信，开朗而愉快。遗憾的是，1962年的一场变故，让他的两大爱好遭受挫折。

1962年1月，马寅初到浙江视察，时值一年中最寒冷的季节。几天下来，或至田间或及农家，或召开座谈会，老人有一种时不我待的繁忙。这样的安排让他劳累过度，每晚还坚持冷热水浴。然而，南方却与北方不同，房间里没有取暖设备，温度甚低，马寅初不幸感染风寒，发起高烧。1月13日，马寅初被送到杭州，住进省立浙江医院。医院确诊他已经由重感冒转为急性肺炎。经过一个多月的治疗，体力稍得恢复，他便乘火车返回北京。这次患病，使马寅初的体质大受影响，元气大伤，也为他实行了数十年的冷水浴打上终止符，而改为用冷热毛巾交替擦身。不过他仍顽强地坚持自己动手。另一后患，即感到双腿行动有些不便，无法像以前那样尽兴爬山了。三年后的1965年，马寅初的一条腿永远地瘫痪了。虽然爬山无望了，但他仍然坚持锻炼，拄着拐杖，拖着不听使唤的腿，每天坚持走五六千步。到后来，拐杖也拄不稳了，他就手扶茶几转圈，每天要转几百圈。

马寅初的长孙马思泽回忆说："有一件事情留给我们的记忆却是深刻的。那是有一次祖父对我们生气了，而平时他是很少对我们孩子发火的。当时我和弟弟们在院子里游戏，突然发现了一窝蚂蚁正在搬家，黑乎乎的队伍沿着墙脚连绵了很长一段路。我和弟弟们兴奋起来，立即投入'战斗'，手捻脚踩，剿灭蚂蚁。这时，祖父散步走了过来。当他看清楚我们是在灭杀蚂蚁时，顿时皱起了眉头，用手杖戳着地，懊恼地说：这也是生命啊！这一次他真的生气了。几年以后，我从祖父的书房中翻到一本当年油印的批判《新人口论》的文集，云里雾里地看完后，却百思不得其解，无论如何无法将书中批判的那个要‘用战争消灭人口’的人，与身边那位为了蚂蚁的生命而懊恼生气的老人联系在一起。祖父会为荼毒蚂蚁的生命而生气，但他却没有为自己遭受的批判和不公正的处境而生气。在我们的记忆中，每天他都在精神饱满地读书看报、运动锻炼，晚上他有时会写作到很晚，而周末，则照例带着我们这些孩子到公园或郊外去爬山活动。在他的身上一点也看不出有什么颓唐的影子，在逆境中他始终是开朗安详的样子，按现在的话说，他是一位阳光老人。他严肃严谨的治学作风，豁达的精神状态，乐观的生活态度，对我们后辈的做人做事，留下了极深的影响。”①

磨难与奋争、衰老与达观、寂寞与繁忙，马寅初就在这样矛盾交织的命运中奋笔疾书，书柜里的文稿越积越多。

正当马寅初整理资料，写作《农书》的时候，他那份递交全国政协的“防止个人崇拜”的建议书，引起了一些大人物的不高兴。1963年，马寅初被撤销了全国人大常委会委员的资格，有关部门打招呼：马寅初不再任职，不能公开发表文章，也不能再回北大上课。他闻后不为所动，刚强地表示：“就是对我‘十不准’，我也要把《农书》写成！”

前来看望马寅初的亲朋好友，目睹他凝神握管、搜肠刮肚的情形，感佩之余也有人婉言相劝：“马老，你还写那些招灾惹

---

① 马思泽:《缅怀我的祖父马寅初》,《马寅初纪念馆专刊》2007年8月。

祸的东西干什么？这么大年纪了，好好养养精神吧。”马寅初回答说：“正因为我年岁大了，我才更应该把我彻悟了的真理，及时地记录下来，警告世人，不然就会烂在肚子内，带到棺材里去，那才是真正可惜呀！”

一千多个日日夜夜悄然度过，百多万字的《农书》初稿已堆满了书柜。从前的秘书陈玉龙前来看望，屋里铺满了稿纸，马寅初正低头细读。见他进来，便说：“他们不给我发表，我自己看。”这部著作是他一生思考的结晶，累积经年，汇集了历史上农业发展的经验、成果，融合了民国和新中国两个时期的调查资料，详尽阐释了他对中国农业现代化道路的设计与思考。1965年，马寅初用一年的时间从头到尾做了一次修改。一般情况用蓝笔，特别重要的改动用红笔。为防止手稿受潮和被虫蛀，他特别嘱咐家人将书稿放入藤箱，搁在干燥通风处。

1966年春节后的一天，马寅初将全家人召集起来，郑重地说：“我想请你们大家抽出时间，分头行动，帮我把《农书》原稿照抄一遍。这部书虽然现在不能出版，但不等于永远不能问世。它毕竟是我多年来的劳动成果，凝聚着不少心血。誊写清楚，也算是了却了我的一大心愿。”

家人正要着手誊清手稿时，政治形势陡然严峻，一场以批判“三家村”为先声的“无产阶级文化大革命”在全国掀起。马寅初看完报纸上批判邓拓、吴晗、廖沫沙的文章后，长长地叹了一口气，预感到无法无天的乱世即将来临，他对家人说：“《农书》原稿，你们不要抄了！”

时隔不久，社会上出现了“破四旧”的极左行动。焚书、毁文物风靡一时，红卫兵不时闯入文化人家中打砸抢，不少民主人士如梁漱溟、章士钊皆不能幸免。消息传开，“勋老”人家无不惶恐不安。一天早饭后，马寅初把家人叫到客厅，尽量以一种平和的语气说：“近来我一直思考一件事情，总犹豫不定，现在我决定了。今天，你们都不要出去，我们全家自己动手来破‘四旧’。这样做，虽然可惜，也非常痛苦，但不这样做，又有什么办法呢？与其让别人烧，不如自己烧！”

一件件珍贵的文物以及多年积累的资料被送进火炉，最令他心痛的是《农书》，几十卷手稿，也被一卷卷送入炉火中……

由于马寅初每次写后便收起来，并没有跟家中人细谈，以至于没有人知道《农书》中的详细内容，这也成为世人永远的遗憾。哀，莫大于心死，这是现代版的“黛玉焚稿”。

“文化大革命”劫难

1966年春夏之交，“文化大革命”如燎原之火蔓延全国。马寅初身处的首都北京自是火势最旺的中心。许多文化名流受到冲击，老舍先生、傅雷先生都是不甘屈辱而选择了自尽。这些情况传到马寅初耳中，又闻老友张治中、邵力子等皆在家门当众受辱，让他百思不得其解。

老舍等人的惨死使周恩来十分痛心，为了保护这些文化人的生命安全，周恩来在自己处境十分困难的情况下，圈定了一个保护范围，还亲拟了一批重点保护者的名单：宋庆龄、郭沫若、章士钊、程潜、何香凝、傅作义、张治中、邵力子、蒋光鼐、蔡廷锴、沙千里、张奚若、李宗仁等。这个名单中的知名人士，新中国建立以来大多处于尊养状态，没做什么有动响的事情。即便如此，有了周总理的关照，很多人家还不免受到冲击。相比之下，马寅初并不在这个名单之中，他又是个明摆的靶子，比他们中的任何人都容易招惹抄家、批斗。然而，马家却奇迹般地免遭“祸水”，马寅初本人也躲过劫难。合理的解释应为，马寅初得到了超乎寻常的保护。只不过保护马寅初的敏感度太高，富有政治智慧的周恩来把这件事做得不露痕迹。马家人记得，把书稿和各种“四旧”烧完的第二天，小区派出所的民警和街道办事处的工作人员悄悄来到家里，对他们说：“你们家里有什么事可以来派出所找我们，或打电话给我们。”家里人心领神会，知道这是受到高层的照应了。

马寅初的夫人张桂君还是怕被抄家，把自己压箱底的金银首饰转移到女儿家中。不想，自己家没被抄，女儿家却没逃过，所有的东西被打砸抢一空。

马寅初和家人躲过了外部的冲击，得以大难不死，却无力防止内院“着火”。

20世纪50年代时，马寅初被定为行政三级，1960年靠边后，三级的相应待遇基本保留，只是一个秘书回北大另分工作，留女儿马仰惠一人承当秘书之职。因马寅初用车不多，司机不常露面。“文化大革命”开始后，两名服务人员日益陷入两难的尴尬之中。一名承担勤杂工作，一名是保姆，在马家多年，深感老人和善，家人亲切，一向关系融洽，就是马寅初挨批回家之后，他们也觉得批来批去那是上边的事，我们只管按组织的安排做好自己分内的事情。传统文化中“下不问上”的习俗还是有所浸染。“文化大革命”形势的发展，让他俩尤其是年纪轻的勤杂人员感到无法再安于现状。也许是出于形势、出于认识，也许是出于恐惧，总之，马家的两名服务人员“勇敢”地站出来采取“革命的造反行动”了。

他们戴上红卫兵袖章，理直气壮地站到主人面前，以居高临下的姿态，呵斥已经85岁的老人。他们指责马寅初贩卖马尔萨斯人口理论，反对毛主席，纯粹属于资产阶级、牛鬼蛇神，早该专政、打倒，现在反倒让他们侍候，过着地主、资本家式的剥削阶级生活。他们愤愤地说：从今天开始，我们不侍候了，与你划清界限，还要代表革命群众，监督你这个老牛鬼蛇神交代问题。

马寅初无言以对，目瞪口呆，大有不知今夕何夕之叹。是什么力量让人类数千年积累延续的道德伦理荡然无存，亲友熟人之间拉脸反目，老实人的眼中骤然充满仇恨。他百思不得其解，只是陷入无边无际的悲哀与深思之中。

从此之后，这两名造反派三天两头跑到马寅初住处表示革命立场与革命态度，让老人不得安宁。家人看在眼中，痛在心里，却又不能阻拦，真是度日如年。好在两人闹腾一阵后，觉得马寅初“死马”一只，总在此间造反，难出成果，而院外的运动正精彩，不如走出“小楼”闯天下来得爽快，反正国家的工资一分不少。于是两人自行离开马家，一去不返。这让马家上下大大松了口气，总算可以睡上安稳觉了。

紧接着，家乡传来一个更让老人哀痛的消息：嵊县老家的双亲之墓被毁。

1967年清明前夕，嵊县的造反派组织，捣毁了“阶级敌人”马寅初父母之墓。马寅初父亲与马寅初生母的墓地分在两处，相距不远。父亲与发妻合葬于一块平地上，附葬的还有与马寅初结下阴亲的黄氏。生母王氏则由马寅初安葬于山坡上。两边的坟茔皆用条石砌筑。那天，来到墓前的人很多，砸墓者锤敲镐刨，进展不利，便找来雷管、炸药。轰轰几声巨响，石碎棺飞，尸骨荡然。马家后人闻讯赶到现场，造反派已凯旋，只觅得马母的几缕残发。马寅初痛贯心膂，欲哭无泪。这以后，马寅初的身体明显衰退。

在那疯狂的岁月里，荒唐的事情让正常人的想象力显得那样苍白，就在马家庆幸走了“震源”不久，一封来自杭州的信让马寅初心里又添了一堵。信为杭州的某红卫兵组织所写，开头即直呼其名，令马寅初把在杭州的“竹屋”交给革命小将，做造反司令部。马寅初不想理睬，也没回信。那边又来信催逼，到了第三封信，开头已是“老吸血鬼”的称呼了，勒令马家立即交出房屋的全部证件。其时，红卫兵组织早已把原来在此聚会的民主党派人士赶走，占领了这座三层小楼。因为此屋在20世纪50年代初就已租给省政府使用，但从未收取过房租，现在出了这样的事，1968年马寅初干脆写信给浙江省人民委员会，说明了“竹屋”的购置、使用情况，因原产权证已在抗日战争时期丢失在重庆，现在愿意把此项产业交公，希望人委出面解决此事。1968年，“竹屋”正式办理了归公手续。

1969年九大之后，“文化大革命”走过了最混乱的阶段，马寅初的日子相对平静。尽管“文化大革命”还在继续，但马寅初没有放弃希望，他觉得共产党中还有许多像周恩来一样的人物，大局终有好转的一天。他除了拄拐在院中锻炼外，碰上好天气还让家人推着轮椅去外面转转。

动乱岁月中，居然出现了令马寅初由衷宽慰的事情。20世纪70年代初期，周恩来主持下的政府工作中，悄然出现了计划生育的内容。自大批《新人口论》后，中国人在度过三年困难时期后，进入生育高峰。由于人口基数大，育龄人口多，新生人口连年猛增，全国总人口数迅速突破7亿大关。在周恩来等人多次陈明利害的影响下，毛泽东的人口观，从“多一点”又转向“少一点”。周恩来抓住时机，破天荒地于全国推行计划生育政策。1971年，由周恩来亲自布置，国务院批转了卫生部、商业部、燃化部《关于做好计划生育工作的报告》，指出在第四个五年计划期间，一般城市人口增长率要降到10‰以下，农村要降到15‰以下。这是我国历史上第一次由政府提出要制订人口规划。1973年，国务院成立计划生育领导小组，华国锋为组长。12月，全国第一次计划生育汇报会上，提出计划生育要实行“晚、稀、少”。“晚”是指男25周岁、女23周岁才结婚；“稀”指两胎要间隔4年左右；“少”是指只生两个孩子。在宣传中出现了“一个不少、两个正好、三个多了”的口号，后发觉这样力度仍不够大，于是又讲“最好一个，最多两个”，但一般是把控制目标定为两个。主要以“杜绝三胎”“输精（卵）管结扎”的强制节育手段为主。1970年的总生育率是5.8，到1980年已降至2.24，接近更替水平。

虽然，马寅初对这种以强制节育为主的政策持保留态度，如果早10年宣传，就不必给人民造成这样大的不理解和阵痛了，在他看来，一个国家和民族从错误的泥潭中拔身，远比个人的命运和名誉重要百倍。这种国家政策的改变，让人们不再用“人口问题”折腾他了。

他也开始收到一些老友、同事的问候。在浙大时的秘书张令杭自杭州发来问候信。这份久违的问候，令马寅初十分快慰，自己已无力握管，便口授内容，让家人回了封情绪乐观的信：“令杭先生：大函敬悉。二十余年不见，知道您身体健康，仍能为人民贡献一分力量，十分高兴。我年逾九十，很少出门。适逢五一，曾由家人陪同，乘车与首都各界人士游园观光，喜看大好形势，心胸顿觉开朗。近年来，我体力衰退，耳目失聪明，手足已不能自如，承蒙先生专函问候，万分感激，但又不能亲自作复，由子女代笔致意，请原谅。”①

乱世中总是福少祸多。

---

①《致张令杭函》，马寅初著，田雪原主编：《马寅初全集》第十五卷，浙江人民出版社1999年版，第366页。

1971年春天，马寅初开始便血，次数渐多。经北京医院检查，初步诊断为痔疮，因此并未很当回事。多次就诊，不见奏效，病情反而加重。到了11月间，老人的脸色越来越黄，浑身乏力，血色素已经从正常的12克下降到6克多一点。1972年，北京医院给马寅初做了彻底检查，发现他可能患有直肠癌。经医院进一步确诊，马寅初的直肠有1/4感染了癌细胞。

家人知情焦虑万分，又不敢明示老人，因为马寅初曾经对子女们说过："假使我得了癌症，就等于判了我死刑。"只能先谎称得的是直肠溃疡。

在如何治疗的问题上，家属与医院出现了意见分歧。家属通过请教名医和查阅资料，认为对于直肠癌，最好的也是最彻底的办法，就是直接进行手术，割除坏死直肠。但医院不赞成动手术。20世纪70年代，国外动手术的最高年龄纪录是80岁；1965年，我国突破过这一纪录，曾经为时年八旬的政协委员鹿钟麟做过肠癌切除手术，但他当时身体太差，手术后没有活多少天。现在，马寅初已是91岁，不具备承受如此大手术的身体条件。医生劝慰马寅初家属，马老年纪大了，而老年人的癌细胞扩散慢，以放射结合药物治疗，比较稳妥。医院决定：采取保守疗法——药物和化疗。

马寅初的家属和个别医生对此治疗方案持有异议：马老一直坚持锻炼身体，身体素质好，意志坚强，这是接受手术治疗的良好条件。家人还考虑，癌细胞扩散发展到后期病人痛苦加剧，与其眼睁睁地看着老人经受剧痛折磨，还不如动手术予以根除。马寅初最终还是知道自己患了癌症，他明确希望能动手术，以提高晚年生活质量。并且说，他希望医学界以他91岁高龄的身体做一个实验，纵使失败，也愿意把自己贡献出来。

在这种情况下，北京医院又请来几位名医会诊，绝大多数医生仍主张以放射和药物治疗为宜。亲属不甘就此作罢，又想到天津人民医院治胃癌的专家王德元大夫与马家颇有旧缘，便让马老的女婿徐汤莘专程赴津向王大夫请教。当时王德元还没有“解放”，他详细询问了马老的病情后，沉思道：“手术是最好的办法。给91岁的老人手术应当承认是有危险的，可是能不能想办法呢？”他提出一个手术分两步做的方案，先把大肠改道，使患者能吃饭、排便；第二次再切除肿瘤。为了验证自己的意见是否稳妥和具有权威性，王德元陪同徐汤莘咨询著名肿瘤外科专家、自己的老师金显宅教授。金先生肯定了王大夫的方案，并说：“我认识马老，50年代我为他治过病。他身体真好，当时的情景，我至今记忆犹新。”

又经过一轮会诊，医院还是坚持保守治疗的方案。马寅初和家人并不灰心，联名向国务院写了报告，坚决要求手术治疗，明确表示，即便手术失败，也比拖延太久，最后病人在极大的痛苦中离去要好得多。报告很快送到了周恩来办公室。一直对老友牵肠挂肚的周恩来当天批示：本人有动手术的要求，家属又坚持手术，医院应当从手术着想，组织会诊，议后望告。

卫生部接到周总理的批示，没有过夜即转告北京医院，再请金显宅及王德元两位大夫到京会诊。第二天下午紧急会诊，与会者有国务院和卫生部的代表、北京医院的有关领导和医生、天津人民医院的医生。马寅初的家属也列席了。会上率先传达周总理的批示。讨论中仍有人善意地劝说家属放弃手术治疗。然家属决心已坚，手术治疗的方案终敲定。具体由金显宅负责。

马寅初得知后，激动地说："我不怕手术，我虽然年纪大了，但有总理的支持，我身体素质又好，我要和病魔做坚决的斗争！"

金显宅教授对手术方案进行了精心的研究、安排。他从天津人民医院请来了他的另一个学生张天泽大夫，加上王德元和北京医院的外科主任周光裕大夫等组成手术小组，由金显宅指导，张天泽主刀，王德元和周光裕任助手。5月30日上午，为马寅初实施第一次手术——腹部造瘘（人工肛门）。当天，饮食和排便正常，几小时后就可以像平时一样活动了。两周以后，按计划实施第二次手术。手术的前一天，周恩来办公室来电话，口头传达了周总理三点指示：手术前要做好充分准备；术中要慎重细致；术后要严防一切不良后果。6月14日，金显宅教授又主持了第二次手术——切除直肠癌肿瘤。手术进行得相当顺利，只用了一个多小时就完成了。手术成功的消息传到西花厅，周恩来又关照要注意手术后的护理工作。王德元大夫留下来，每天给马寅初换药，周光裕大夫也主动参加护理。老人术后一度出现轻度肺炎，低烧，胸部有积水。在专家的精心治疗和护理下，几天以后，炎症全部消除，身体迅速恢复。

91岁老人直肠手术的成功，创下医学史上的一个奇迹。之后10年，癌细胞没再出现，马寅初活过了百岁上寿。不过毕竟已年逾九旬，从此马寅初的双腿彻底瘫痪，再也无力站起来了。每天睡前的冷热水擦身活动，无奈地改由他人代劳了。然而，他的精神依然乐观，生命之火燃烧不熄。

大病之后，九旬老人身体康复之快之好，令周围人无不拍案称奇。家里人晓得，这其中最关键的因素，是老人心情愉快。林彪死后，周恩来主持党和国家日常工作，在政治、经济、文化等各领域，推出一系列调整政策。许多受迫害的老干部重新回到工作岗位，民主人士恢复了自由，公开露面，国家向着重建秩序的方向演进。尽管阶级斗争阴影仍笼罩在中国上空，可马寅初真切地感到了希望的种子在萌芽、在成长。

稍有机会，周恩来断不会忘记马寅初，此时尚不具备恢复名誉的条件，改善处境也不失对老人晚年的安慰。1972年年底，国务院有关部门通知马家，恢复马老配备两名服务人员的待遇，服务人员每月工资30元。马寅初知道，这是周恩来的指示在起作用。来自组织的关照，使他与周总理的联系渠道在中断多年后又接通了。这是他晚年的最大欣慰。在挑选服务员的问题上，马家于“蛇咬”恐惧未消，不想再由组织指派人选。他们向国务院机关事务管理局提出，由家庭自选。经过一番争执，组织同意他们从嵊县老家找了两位马家族内的女孩。

历史是有情的，又是残酷的，它给了马寅初莫大的安慰，又让这种安慰以最不愿看到的方式戛然而止。就在马寅初癌症日渐康复之际，周恩来身患的膀胱癌却难以遏制，终至扩散。

偏偏患病中的周恩来又格外惦记着并不知情的马寅初，1975年春节，他指派北京医院吴蔚然副院长和自己的保健医生卞志强大夫登门探望马寅初。马寅初百感交集，老泪纵横。家属把马寅初的病情和生活情况扼要谈了谈。吴蔚然要求详细些、具体些，因为要向总理汇报。家属又详详细细讲了一遍，吴蔚然和卞志强两位大夫做了记录，又为马寅初检查了人造肛门，并说再过一年，看看情况的发展，会再来检查一次。

两位大夫离去之后，全家人围坐在马寅初身边，仍然沉浸于喜悦之中。突然，电话铃响了，是吴蔚然大夫从总理办公室打来的。他说，将马寅初的病情和生活情况向周总理汇报后，周总理问马寅初现在吃什么药治疗，希望马上告诉他。吴大夫还说，有一种药不知马老用过没有，如果没有或是弄不到，总理让把他自己服用的送一些过来。马家人在感激之余，又突然悟到：周总理是否也患了同样可怕的绝症？不由得为总理揪起心来。

马寅初最不愿相信的事情还是发生了。1976年1月9日，周恩来逝世的噩耗从广播中传出。家人很是犯难，这是足以击倒老人的哀痛；但现在不告诉老人，一旦被老人知道，那将更是一种五内俱焚，无法弥补、释解的痛苦。经过反复权衡，家人只得慢慢地一点点地告诉了马寅初。老人失声痛哭，一边流泪，一边询问吊唁的时间，表示一定要去。家人劝他不要参加吊唁了，要走路，还要长时间站立，他羸弱的身体支撑不了。马寅初不顾亲友的劝阻，又坚持要去医院向总理遗体告别。儿子马本初压住自己的悲切，婉言劝他不要亲自去，以免因过度伤心影响健康。此举惹恼了马寅初，一甩手打在年过半百的儿子身上，他哭着说：“我死了，也要去！”他一边流泪，一边念叨总理对他的关怀照顾：1939年在重庆，第一个引导我认识怎样救中国的是周总理；蒋介石逮捕我，营救我最出力的是周总理；我在狱中，重庆举行庆祝六十寿辰大会，周恩来、董必武和邓颖超同志送对联鼓励我、支持我；安排我离开国民党狼窝虎口经香港去解放区的是周总理；这次“文化大革命”指示保护我的又是周总理；1972年患直肠癌，正是在周总理的直接关怀照顾之下，手术才得以成功；他自己已患重病，还特地派医生来看望我。“周总理是我的救命恩人！”“我一定要去吊唁，万一去吊唁而死了，我也心甘情愿……”

家人深知马寅初的性格，他决定要做的事，任何人拦亦无益。向周总理遗体告别那天，马寅初自清晨起就颗粒未咽，整整一个上午，连一杯水也没有喝。下午，家属陪马寅初到北京医院，当坐着轮椅靠近周恩来遗体时，他泪眼模糊，无声地哭着。他默默地向周恩来点首三次，然后围着遗体缓缓绕了一周，两眼深情地注视着逝者瘦削的面容。因为要告别的人太多了，规定绕完一周后必须离场，可是马寅初就是不肯出去。治丧办公室的工作人员上前劝阻，马寅初坚决不从，工作人员只好让他再绕一周。绕完刚要离开，马寅初又说，他要鞠躬。在他的一再坚持之下，家人搀扶着他颤颤巍巍、恭恭敬敬地行了三鞠躬，这才一步一回头地告别了吊唁厅。回到家来，他的精神一直萎靡，家人不敢再让他出门。此后很久，他一直抱怨家人瞒着总理追悼会的日期，以致未能亲自到场。

这一年的夏天和初秋，朱德和毛泽东先后去世，马寅初与各界人士一起参加了吊唁。尽管新中国近30年来风风雨雨，坎坷不断，马寅初本人遭受误解，遭遇不公，但他仍从历史前进的大局着眼，对共产党和毛泽东领导中国人民走出外侮内乱的困境，并取得可喜的建设成就，怀着敬意。

第十二章　历史有情

洗去沉冤

周恩来逝世之后，“文化大革命”又掀起新一轮高潮——批邓反击右倾翻案风。中国未来命运如何？马寅初忧心忡忡，也格外关注各种消息和动向。他已95岁，视力大退，却天天坚持读报听收音机。1976年4月，“天安门事件”之后，外间虽是“道路以目”，然私下的消息则加倍活跃。“四人帮”犯了众怒，阅历丰富的老人又从中看到了希望，期待着历史转机的到来。这一次，没有让他久等，1976年10月6日，华国锋和叶剑英等中央领导采用非常手段，对王洪文、张春桥、江青、姚文元“四人帮”执行逮捕、拘押，消除了十年动乱的“震源”。

“四人帮”被粉碎的消息于10月中旬传出，全国上下一片欢腾，人们拥上街头，庆祝胜利。马寅初闻讯后，按捺不住激动的心情，拍手称快：“打倒‘四人帮’，中国有希望。”老迈的肌体又一次迸发出蓬勃的生命力，只要一听到游行队伍的喧天锣鼓和口号声，他就要求出门与广大群众一道欢呼，一起走一走，表达自己获得解放的喜悦。在他的再三要求下，家人将他抬进小汽车，随着游行的人群在天安门转了一圈，满足了老人的心愿。整个过程中，马寅初脸上荡漾着久违的笑容。他比绝大多数人更能体察到这次转折的深远影响。

许多政治阴影和政治禁忌烟消云散，给马寅初晚年带来了精神上的轻松自由。1977年5月1日，是“文化大革命”后第一个五一国际劳动节，长时间未在公共场合露面的马寅初，提出要去中山公园与首都人民共度节日。家人用手推的疗养车送老人到中山公园，他再次感到，新的时代正在到来。

1978年年底，中国共产党十一届三中全会在北京召开，决定把全党工作的重点转移到社会主义现代化建设上来。此举甚合马寅初之心，他嘱托家人代笔，向党中央写了致贺信。接着，看到《人民日报》刊登陈云同志恢复工作的消息，马寅初欣喜万分，对家人说：“陈云同志领导经济工作，有丰富经验，能实事求是地处理问题。他想得透，看得远，深得民心，四化进程就更快了！”又嘱家人给陈云同志写了一封贺信。陈云于1979年1月2日回了一封亲笔信。信中问候马寅初健康情况，嘱咐多多保重，特别说到，历史遗留下来的冤假错案终将会得到平反昭雪。这让已经98岁高龄的马寅初倍感安慰。

也许是马寅初平反的事宜牵扯面较大，组织处理少不了一段过程，抑或是马寅初谈人口问题在群众中影响至深，马寅初的洗冤工作与众不同地先由民间启动。1979年2月4日，中共中央办公厅信访局接到一封要求为马寅初平反的群众来信。写信人是上海冶金研究所的相德钦。收到来信的当天，办公厅就以159号来信摘要的形式，将信中要点摘录出来，送呈党中央负责人参阅。两个月后，中组部于4月7日专门为此事向教育部党组并北京大学党委发出文件，要求研究解决马寅初的问题：

> 今年二月，上海冶金研究所相德钦同志致信中央，要求解决马寅初先生蒙受“团团转”罪二十年的冤案问题。中央负责同志批示：请任穷同志阅批。经了解，马寅初先生一九五九年受批判是当时北京大学党委组织的，批判的内容属于学术方面的问题。因此，将中央负责同志对相德钦来信的批示复制件转去，请你们研究解决马寅初先生的问题。

然而，平反事宜遇到了“两个凡是”的阻力，几个月没有进展，国内外关心马寅初的呼声不断高涨。关注此事的新华社决定用报道的方式加以推进。新华社负责人对承担任务的杨建业说：“最近不少来我国访问的外宾，总是问起马寅初先生的情况。五届人大二次会议上将要作的《政府工作报告》有计划生育、控制人口方面的内容。马寅初过去在人代会上曾经提出过计划生育、控制人口的理论和主张，但是后来遭到了错误的批判。现在要让他说说话、见见报，以便起到为他平反的作用。”

杨建业立即开始调查、采访。他跑了不少马寅初以前工作过的单位，但一些现职人员并不了解马寅初的详细情况，只提供了马寅初家的住址和电话。杨建业直接与马寅初家人联系，却出乎意料，与众多热切期待通过新华社《内参》反映情况以解决问题的蒙冤者不同，马寅初及其家人保持着他们特有的尊严：无须恩赐，只要还历史公正。第一次通电话，马本初便诘问："近二十年来，马寅初不是早被人们遗忘了吗？你来干什么？"费了许多口舌和周折，杨建业才获得登门采访的机会。但马寅初根本不与记者见面，而且声称不同意对他进行报道，只是马本初代表父亲说明，父亲"头脑清楚，还能看点东西，能说话，但就是不愿谈"，希望组织方面尽快复查他的问题，落实政策，"公开平反，恢复名誉"。他说："要对父亲进行报道也可以。但是，是在这些事情完成之后。"马寅初不需要为自己辩白的"平反"，而要彻底的"洗冤"，老人的身体里依然流淌着倔强之血。接连遭到拒绝的杨建业没有抱怨，而能设身处地理解老人，他放下报道任务，着手写一篇反映马寅初冤情的内参。[①]

这期间，五届人大二次会议召开，《政府工作报告》所部署的十项工作中，"进一步做好计划生育工作，切实控制人口的增长"为其中之一。计划生育工作在这次会上首次被置于基本国策的位置。代表们在讨论中议论纷纷，当年没听马寅初的忠告，以致今天如此被动。时至今日，仍置马老于冷宫之中，于理何在？为马寅初平反，成为一个公众话题。此时，杨建业的内参

① 参见杨建业著：《马寅初传》，中国青年出版社1986年版，第226—227页。

《马寅初的家属希望尽快地为马寅初落实政策》完成；6月21日，送到了中南海高层领导的办公桌上。内参简要介绍了马寅初的生平和学术成就，重点说明《新人口论》发表后所受的错误批判，以及政治上遭受不公待遇的情况。最后提出为马寅初平反、恢复名誉，在国内、国际会产生很好的影响。

这篇内参很快得到中央高层的重视，党中央副主席陈云当天批示胡耀邦："马寅初的问题，应该平反，如何请酌。"[①]这份批件即刻送到胡耀邦处，并请秘书转告胡耀邦，希望能尽快解决这一问题。当天下午，胡耀邦将报告批请中共中央组织部、统战部商量解决。

在此期间，当年积极发起"批马"运动的《光明日报》又冲在了"平反"的前列，各大报刊也同时刊登要求为马寅初平反的文章。1979年7月10日，《光明日报》率先刊发龚明的文章《如果没有民主，什么事情也办不好——应该为马寅初先生恢复名誉》，文章说："最近许多人谈到控制人口问题，不约而同地谈起马寅初先生……当二十多年后控制人口已经成为一项重大国策的今天，再回想起马寅初先生当年富有远见的提议，不能不使人异口同声以非常痛惜的语气说：如果当年就采纳他的主张，采取措施，何至于今天！二十多年来我国人口问题的发展，完全证明了马寅初先生当年的预见是非常正确的。今天，完全

① 中共中央文献研究室编：《陈云年谱》（一九〇五—一九九五·下卷），中央文献出版社2000年版，第249页。

应该为马寅初先生恢复名誉，当年为此而加在他身上的诬蔑不实之词都应统统推倒。”7月13日，《人民日报》也在第三版发表陈中立的文章《为马寅初的“新人口论”平反》。

7月20日，《光明日报》又刊出了该报记者邓加荣采写的《马寅初老先生访问记》。马寅初在接受记者采访时指出，学经济的人一定要研究人口问题！过去的经济学只研究生产，不研究人口问题，吃了大亏。“人口多，问题多，这个问题早一天解决，困难就少一些！”他接着说：“我平日里不教书，与学生没有直接的接触，但总想以行动教育学生。我总希望北大的一万零四百名学生在他们求学的时候和将来在实际工作中要知难而进，不要一遇到困难就低头。”在谈到当年错批“新人口论”时，马寅初笑着说，当年我曾说过《光明日报》不光明，《光明日报》发动那场突然袭击实在不光明磊落，今天《光明日报》带头呼吁为我和“新人口论”平反，把颠倒过去的理论再扳正过来，我还是很感激你们的。希望你们向广大读者传达我的谢意。

8月5日，《光明日报》又以整版篇幅发表了人口学家田雪原的文章《为马寅初先生的“新人口论”翻案》，报社在文章的前面加了大段“编者按”，对《光明日报》当年的做法深刻检讨：“二十年来的实践充分证明，马寅初先生的‘新人口论’，是远见卓识的理论，是利国富民的理论，当时那种批判，是对党的‘百花齐放，百家争鸣’方针的践踏。1958年4月19日，本报在那个以极左面目出现的‘理论权威’的指使下，首先向马寅初先生的正确理论发难，先后刊登了几十篇文章，对马寅初先生的‘新人口论’进行了种种污蔑和攻击，扮演了很不光彩的角色，造成了极其恶劣的影响。本报今天继续发表文章和来信，就是为了消除这种恶劣影响，给马寅初先生的‘新人口论’彻底平反。”

与此同时，《光明日报》还发表了两封读者来信，其中一封是马寅初的学生、北京市饲料研究所朱相远的《错批一人，误增三亿》，信中说：“错批一人，可以恢复名誉，可是误增三亿人口，全国人民要吃多大的苦头啊！”从此，“错批一人，误增三亿”成为一句流行语，它包含太多的内容：人口膨胀的遗憾，不尊重科学的教训，听不得不同意见的惩罚，对马寅初坚持真理、不计个人得失的钦佩，对马寅初因此而蒙不白之冤的同情与不平……

按胡耀邦的批示，1979年7月25日上午，中央统战部副部长李贵受党中央的委托，专程来到东总布胡同32号，亲自登门拜访马寅初。李贵一见马寅初便说：“今天，我奉组织之命，特来登门看望您。”“不敢当！”马寅初礼貌地回答。

李贵说：“看望您是应该的，一来看看您的身体怎么样，更重要的是要向您报告一个好消息。”“党中央的领导同志陈云、胡耀邦等最近对马寅初先生的问题，作了批示。他们说应该为马寅初先生彻底平反，恢复名誉。现在平反的具体工作，有关部门正在分别加紧进行。组织还将对马老的一生做出全面的正确的评价。请马老放心，希望马老健康长寿！”

这一夜，马寅初的家人沉浸于卸去心头重负的欢愉之中，而马寅初本人却很平静。

7月26日，中央人民广播电台在清晨的“新闻报纸摘要”节目，播发了新华社消息：《党组织为马寅初彻底平反恢复名誉》，《人民日报》《光明日报》《解放军报》等中央和各省、市报纸以及中国香港与外国的报纸，都在同一天在显著位置刊登了这条新闻：

（新华社北京七月二十五日电） 新华社记者杨建业报道：七月中旬的一个上午，往日静悄悄的北京东总布胡同三十二号宅院顿时热闹起来：中共中央统战部副部长李贵来到这里，拜访了九十八岁的著名经济学家马寅初先生。

会见是在马老的卧室进行的。马老坐在单人沙发上，在座的还有他的夫人和儿女。

李贵副部长说：“今天我受党的委托通知马老：一九五八年以前和一九五九年底以后这两次对您的批判是错误的。实践证明，您的节制生育的‘新人口论’是正确的，组织上要为您彻底平反，恢复名誉。希望马老能精神愉快地度过晚年，还希望马老健康长寿。”

马老兴奋愉快地回答说：“我很高兴。二十多年前中国人口并不多，现在太多了。要尽快发展生产才行啊！”

李贵同马老谈到，华国锋总理在五届人大二次会议作的《政府工作报告》提出，要集中力量把农业搞上去，要

> 做好计划生育工作，切实控制人口的增长。马老爽朗地笑了，他大声说："华总理的报告是对的，我完全赞成。这样看来，我这个老头现在还能有点用处！"
>
> 马老的下肢虽然瘫痪了，上肢还能自由活动。圆圆的脸上气色很好，皱纹也不多，花白的眉毛下面是一双炯炯有神的眼睛。除了耳朵有点背，他的头脑是清楚的。
>
> 二十多年的是非终于澄清，冤案终于平反。实践宣布了公允的裁判：真理在他一边。①

新闻产生了轰动效应，来信、贺电雪片似的飞向马家；亲朋好友、同事学生纷纷造访马宅。冷清了20年的小院，又变得热闹起来。

7月23日，北京大学党委向北京市委呈报了《关于为马寅初先生平反的报告》和《关于为马寅初先生平反的决定》。8月16日，北京市委将北京大学的《报告》和《决定》转报中央审批。中央统战部也在为马寅初恢复名誉忙碌着，8月7日，《关于马寅初先生安排问题的请示报告》被送到了中南海。报告建议由马寅初的原选区浙江省补选他为全国人大代表，待来年五届人大三次会议召开时再补选为全国人大常委会委员，同时建议先任命马寅初为北京大学名誉校长。8月9日，胡耀邦在送批报告上写道："请常委同志考虑，是安排北大校长好，还是其他

---

①《人民日报》1979年7月26日。

名誉职务好？建议小平同志批注意见。”8月15日，党中央副主席邓小平批示：“似可同意安排为人大常委和北大名誉校长两个职位。”

9月11日，党中央正式批准了北京大学党委《关于为马寅初先生平反的决定》。《决定》在最后指出：在对马寅初先生的错误批判中，强加给他的许多政治帽子纯属污蔑不实之词，应当一律予以推倒，党委决定为马寅初先生彻底平反，恢复名誉。

9月14日上午，北京大学党委召开专门会议，教育部副部长、北大党委书记周林宣读了北京大学党委为马寅初平反的决定，同时宣布了教育部关于“任命马寅初为北京大学名誉校长”的通知。北京大学副校长季羡林、经济系主任陈岱孙、校工会副主席侯仁之、民盟北大支部副主委熊伟先后发言，对马寅初坚持真理、不畏权势的高贵品德无不表示景仰，对马寅初重返北京大学担任名誉校长由衷欢迎。因身体不适，马寅初未亲临会场，夫人王仲贞和女儿马仰惠代表他出席。

9月14日晚10时，周培源校长在青岛用毛笔写了一封加急电报：“我衷心拥护中共中央为马寅初先生平反的决定，并热烈欢迎马先生任北大名誉校长。”

9月15日下午，周林和副校长张龙翔，以及严仁赓教授等一行10余人登门拜访。马寅初非常高兴，中午没有休息，让家人做好准备工作。周林一行进入会客厅时，马寅初等候在侧旁的卧室里，他对马本初说，今天总要讲几句话，我不好讲，你替我讲。马本初表示，今天是大事，还是父亲自己讲好。马寅

1979年9月15日，北京大学师生代表专程到马寅初家祝贺他彻底平反

初以不容商量的口气说，还是你讲，你讲，既代表我，也不完全代表我。

就是到了这个时候、这种场合，感恩戴德的话，马寅初还是说不出口。下午3点多钟，马寅初坐在推车上，同周林等人一一握手。周林把党中央批准的北京大学党委《关于为马寅初先生平反的决定》交给了马寅初，宣读了教育部关于马寅初任北京大学名誉校长的通知，并代表校党委和全校师生祝贺马老三进北大。北大学生会副主席赵桂云代表全校8000多名学生，向马校长敬献鲜花。

马寅初愉快地接受了北京大学名誉校长的任命，委托儿子马本初致答词：

一样东西平反过来是很不容易的事情，无论是学术问题还是政治问题，都是这样。这需要有宽阔的胸怀和巨大的力量。中国共产党能有这样大的气魄、这样大的力量，实事求是地为曾经批判错了的人平反，公开地改正自己的错误，这在中国历史上是没有过的。这说明中国共产党是大有希望的。我的问题能平反，更说明了我们的党不愧是伟大、光荣、正确的党。我愉快地接受北大名誉校长的任职。我对党中央表示崇高的敬意！

我特别要感谢敬爱的周总理对我长期的关心、爱护和教育，终于使我在有生之年看到了自己问题的解决。

最近我先后收到许多来信，不少人希望我对人口理论问题再发表意见。对此，我现在特作说明：由于年龄过大，精力不够，所以我已经再没有可能进行这方面的研究。我衷心希望年轻的学者们要继续努力，不断在人口理论研究方面作出新的成绩！

北京大学是一个有光荣传统的学校，是一座国内外知名的学府，从五四运动以来，每当中国社会发生变革的时候，它都走在运动的前头。我曾先后在北大工作将近二十个年头，对北大有极其深厚的感情。我衷心希望今后的北京大学，能够在党委领导下，为实现四化做出新的更大的贡献！

我很怀念北大，待身体允许时，我将要去学校看看。现在，请周林同志代我向全校的师生员工致意，问候！祝大家身体健康，工作学习进步。[①]

马寅初接受北京大学名誉校长任命的消息，再次成为举世瞩目的新闻。

喜度百年华诞

马寅初恢复名誉后，《新人口论》重见天日。中国社会科学院经济所研究人员田雪原搜集、整理马寅初谈论人口问题的文章和论述，共5.8万字，汇为《新人口论》一书，于1979年11月由北京出版社出版，一时洛阳纸贵。首发1万册，不日告罄；加印10万册，数天售穷；再印12万册，还是架上无书。此种盛况，除了人们有了解人口理论的需求外，还包含着敬重马寅初人格的因素。

马寅初多年未曾谋面的老朋友潘序伦，听说《新人口论》出版，立即奔往新华书店，但跑遍上海各大小书店竟空手而归，只好写信到北京，请马寅初的女婿徐汤莘代购5册。徐汤莘四处搜罗，也只买到4册。潘序伦感慨地说："我读《唐诗三百首》，其中有李商隐歌颂韩愈的《韩碑》一诗，诗中有四句云：'公之斯文若元气，先时已入人肝脾。''愿书万本颂万遍，口角流沫右手胝。'马寅初的《新人口论》，确实如唐诗所说已普遍深入

---

①《就中共中央为其平反昭雪致答词》，马寅初著，田雪原主编：《马寅初全集》第十五卷，浙江人民出版社1999年版，第326—327页。

人们的肝脾！有人还说：《新人口论》平反以后，已成为本世纪乃至下世纪的救世真言。我认为这种评论毫不过分。”

1980年，中国财政经济出版社重新出版了马寅初1958年的著作《我的经济理论、哲学思想和政治立场》，同样受到学界的青睐。

人们在读马寅初人口著作的同时，不由反思着“错批一人，误增三亿”的历史教训。

1962年起，出现了新中国成立以来第二次人口出生高峰。1964年第二次全国人口普查时，总人口数接近7亿。出生高峰一直持续到20世纪70年代初，1966年至1970年，全国人口净增超过1亿人，每年出生人口达2500万—2700万人。1979年，中国的人口总数已经由1959年的6.7亿人上升到了9.7亿人，自然增长率高达22.5‰。20年间，全国工农业都有了很大发展，但按人口平均分配，人民生活改善得就很有限了，人口增长过快是一大主因。正如马寅初所预料的，人口增长过快“不免给政府带来很多困难”，拖住了“高速工业化的后腿”。1980年前后，社会上广泛流行一个说法：如果我们在20多年前就按马寅初的人口理论办事，实行控制人口政策，那么我们现在的人口绝不会接近10亿大关，而是七八亿，甚至更少一点，各个方面就不会出现这样的紧张，日子就会好过得多。这样的议论，无疑是科学精神和理性精神的一次启蒙与普及。

1979年12月13日，马寅初被增选为第五届全国人大代表。1980年8月底，五届人大第三次会议召开，马寅初为主席团成员，又被增选为常务委员会委员。在这次会议上，国务院正式宣布调整计划生育政策，要求代表审议，在今后二三十年内，必须在人口问题上采取一个坚决的措施，就是除了在人口稀少的少数民族地区以外，要普遍提倡一对夫妇只生育一个孩子，以便把人口增长率尽快控制住，争取全国总人口在本世纪不超过12亿人。这次会议上批准公布的《中华人民共和国婚姻法》中，马寅初自20世纪50年代以来的人口主张尽置其间。马寅初因年迈患病住院而未能与会，人大常委会特派代表探视，并报告五届三次会议的议程、议题。马寅初非常高兴，连连祝贺大会成功。他的高兴，并不仅在于个人的复位，而且在于控制人口有了可靠的法律依据。

1981年2月27日，中国人口学会在北京成立，大会一致推举马寅初为中国人口学会名誉会长。在杭州，1981年3月29日成立了全国性的经济学术团体组织——中国经济学团体联合会，会议推选马寅初为第一届理事会顾问。5月22日，经济学团体联合会会长、马寅初的老朋友许涤新派人专程给马寅初送来了大红烫金聘书。马寅初愉快地接受了聘书，同时忆起民国时作为中国经济学社社长的一些往事："多少年来，我一直想写一本《新中国的财政学》，可惜没能写成。""搞我们这一行的经济理论研究工作的，最重要的是深入调查研究，发现问题，提出自己的意见。同时还要分析研究未来，要有远见，防患于未然。"他希望年轻朋友能扎扎实实地继续研究，作出新的贡献。

1981年10月27日，亚洲议员人口和发展会议在北京召开，研讨亚洲地区人口与发展协调的途径。马寅初名列中国代表团名誉顾问。会议期间，亚洲18个国家和国际组织的代表200多人一致提议，表彰中国人口学会名誉会长马寅初教授，盛赞他几十年来在人口研究领域所作出的杰出贡献。

表彰信由会议秘书处特请北京装潢设计研究所的艺术家，用英文楷体和花体精心书写，镶嵌在以蜡梅图案为花边的精致镜框里，由专人送到马寅初家中。家人将这一消息告诉马寅初，他平静地点了点头，说："我不行了，力不从心。"他又说："人口是一个很复杂的问题，要有专门组织、专门人才，随时进行典型的调查研究，要联系经济发展，针对农村、城镇以及少数民族地区等不同的实际情况，研究制定不同的人口政策，只好希望青年的一代了……"他嘱托家人给会议写信，表达自己的谢意。信中说：出席亚洲议员人口和发展会议的尊敬的代表们：我十分高兴地得知亚洲议员人口和发展会议在北京举行，我因卧病在床，甚憾不能亲临盛会。但我的心是和出席会议的朋友们连在一起的。希望此次会议能在解决人口问题方面，找出更加适宜的途径，并为增进亚洲各国议员之间的友谊和合作而作出出色的贡献。我深深感谢会议送给我的表彰信，预祝会议圆满成功！

同年联合国人口基金会出版的《人口简讯》，专门刊文赞颂马寅初为"节制生育之父"。

1951年，马寅初就任北京大学校长时曾对广大师生说："我要争取再活30年，服务30年”。30年过去了，马寅初尽管经历了种种磨难，仍顽强地健在人世。1981年，是马寅初期颐之年。任何一个人，活到百岁都属稀罕，一位文化名人、民族伟人，在世人的关注中迎来百岁华诞，也算得上是人间喜事了。按中国人的传统，“百龄眉寿”必要歌之颂之，关心他的人们在年初就为祝寿活动拉开序幕。1月30日下午，教育部部长蒋南翔、副部长高沂和教育部干部局的几位领导，到北京医院看望、慰问马寅初，向马老祝寿。新华社记者采写了《看望百岁老人马寅初》。2月1日，《人民日报》《光明日报》等报刊均将报道登于显著位置，中国香港报纸还配了照片。

马寅初生于清光绪八年（1882）农历五月初九，若按阳历推算，100年前的农历五月初九是阳历6月24日，1981年五月初九则为阳历6月10日。由于计算方法不同，马寅初的家乡以及他所工作过的单位举行庆祝活动的时间不尽相同。

马寅初一生奉行节俭，对祝寿活动，他既理解并感谢各方的深情厚谊，同时又不愿因此而耗费人力物力。当得知北大要为他祝寿时，他严肃认真地说“要节约，要节约”，说完就上床休息了。身旁的家人完全理解此简单六字的含义，这是在嘱咐家人并转告学校，不要为他祝寿花费过多。

1981年年初，中国香港《文汇报》报道，海外学子将聚集香港为马寅初作百岁大寿。

最早的庆贺活动兴办于马寅初的故乡——浙江。1981年5月2日，浙江大学、杭州大学、浙江农业大学、浙江医科大学联合在浙江大学举行“马寅初先生百岁寿辰庆祝会”，遥祝马寅初青松不老、寿比南山。屏风上写着马寅初任浙江大学校长时的题词——“正其谊，不谋其利；明其道，不计其功”；屏风的另一面，是一帧巨幅的迎春图，画的中央是一个大大的“寿”字，笔力遒劲，出自著名书法家沙孟海之手。会场中间的大柱子上，悬挂着杭州大学中文系制作的巨幅寿联：

南极星辉，北江此刻传高论；
西湖日丽，东坡当年启后贤。

庆祝会上，当年与马寅初共事过的人们，缅怀30年前旧事，称颂马寅初通贯一生的高风亮节。马寅初的侄女婿、杭州大学校长陈立，讲起20多年前曾上京劝马老检讨过关，马老不为所动的亲历，在座者无不动容，感慨系之：数十年间，谁人不检讨成习，屹立者，唯马寅初一人耳！庆祝会后，浙江大学编印了《百年大寿——马寅初先生百岁寿辰庆祝会文集》，举办了“马校长在浙大”事迹展览。马寅初对浙大的美意非常感念，第二年浙大85周年校庆时，特回送贺联：

浙江大学建校八十五周年志庆
桃李三千
缅怀浙水
芝兰九畹

放眼神州

马寅初（印章）[1]

因马寅初已无力握管，联文由书法大家沙孟海代笔。贺者天地良知，联语大气情深，书法蔚为大观，俨然世间绝品。

6月10日，重庆大学举行了隆重的“马寅初教授百岁寿辰庆祝会”。重大校长、校友、来宾、学生代表10余人先后发表了热情洋溢的祝寿辞。校友周亚君贺诗曰：“花甲与期颐，相距四十冬。今昔何天壤，福兮百岁翁。”

马寅初的家里，是按农历正日子，即当年阳历的6月10日祝寿的。这一天，家人在马寅初的床前摆了一个精美的花篮，并按古老的风俗，吃长寿面为他祝寿。国内外的亲戚都发来了贺电贺信。北京医院给这位德高望重的“寿星”送来了两盆鲜艳的月季花，旧时此花又名“长春花”，寓意青春永葆。

祝寿活动的高潮，也是规模最大的祝寿会，自然归属北京大学。早在一年前，北大就开始收集、整理马寅初的著作。1981年6月和12月，《马寅初经济论文选集》上下两册由北京大学出版社出版。祝寿会的前一天，北大党委书记韩天石、校长张龙翔至医院看望马寅初，代表全校师生员工送上花篮，并带来了教育部的贺信。

---

① 蒋银火:《马寅初对浙大的特殊感情》,《马寅初纪念馆专刊》2007年12月。

尊敬的马寅初先生：

在您任教六十五周年和百岁寿辰之际，我们谨向您表示热烈的祝贺和诚挚的敬意！

祝贺您几十年来为祖国教育事业、经济建设事业、学术研究工作作出的积极贡献，学习您拥护党，热爱社会主义祖国，忠诚党的教育事业，爱护青年一代的可贵精神。我们相信我国的教育事业，“四化”建设事业，一定会像您所希望的那样，日益繁荣昌盛！

祝您健康长寿！

中华人民共和国教育部①

6月24日，“庆祝马寅初从事教育活动六十五周年和百岁寿辰庆祝会”在北大隆重举行。与会师生代表及各方来宾约600余人，全国政协副主席刘澜涛、教育部部长蒋南翔、北京市市长焦若愚、中国社会科学院副院长许涤新、中央统战部副部长方知达、全国政协副秘书长聂真、全国人大常委会委员贝时璋等出席。邓颖超派人给马寅初送来花篮和贺信。

全国人大常委会副委员长许德珩题赠了寿词：

百岁期颐，学界泰斗。
桃李满园，循循善诱。

---

① 参见张友仁著:《张友仁回忆文集》,北京大学出版社2012年版。

深谋远虑，国家人口。

松柏常青，谨以为寿。

后学许德珩贺。一九八一年六月于北京。

时年九十有一。

庆祝大会上，季羡林教授代表北大师生对老校长光辉的一生深表敬意，“马老在民主革命时期、社会主义革命和社会主义建设时期，对国家对人民都作出了积极的贡献”，“马老最喜爱的诗句‘粉骨碎身浑不怕，要留清白在人间’正是他光辉一生的最好写照。在经历了长达几十年的艰难曲折、动乱浩劫之后，马老依然清白健在，这是马老可贵的革命毅力的见证”。

教育部部长蒋南翔在庆祝会上讲话，他高度评价马寅初忠于教育事业、教书育人、关心青年健康成长的精神，同时对马寅初热爱党、热爱社会主义、热爱真理、坚持科学的精神，给予热情赞扬。

马寅初因病未能到场，由家属发言介绍了他的近况，并代表他对中央、学校以及各界来宾表示诚挚感谢。

百岁老人在这段时间里，处于幸福的回忆之中。他百年的生命，跨越了三个时代：清朝、民国和新中国。在每一个时代中，他都走在前列，付出了自己的才智和努力，创造了他人无以替代的成就。一生坦荡做人，不说假话。如此者，百年没有虚度，此生无憾矣。

他在丛中笑

虽说马寅初意志顽强，身体素质优异，但究竟年逾百岁，垂老衰弱的过程不可抗拒。这个过程自1979年后便日益明显了。他经常发低烧，但又检查不出原因，1980年3月17日住进了北京医院，从此就一直躺在病床之上。坚持多年的散步被迫中断，马寅初便改为床上的上肢活动，每次120下，自己数数，又练身体又练脑。

1981年百岁生日后，医生请马寅初从303病房搬到条件更好的516病房。马寅初的病情基本上得到控制：心脏正常，癌细胞没有扩散和转移，血色素在9克左右，只是视力几乎完全丧失。自下半年起，马寅初日夜颠倒，白天基本上都在昏沉沉的睡眠中，然神志清醒，医护人员及亲属经常与他交谈，并故意提出一些问题，他都能及时反应，准确回答，还能叫出戴着大口罩的“某某医生”，对答中不乏机智与幽默。只是他的发声已经含混，别人听不清时，他总喜欢用英语再说一遍，不过，也是含混依然。

1982年年初，马寅初的病情逐渐恶化，食欲突然大减，也不能正常进食。医生决定，用马寅初女儿从美国给他寄来的食物搅拌器，把食物搅拌成流质后，再予进食。

据马寅初的孙子马思中回忆，1982年“3月份的时候，由家人替他写了他一生中最后一封信，信是写给陈云同志的。祖父对他和陈云同志超过30年的工作交往和友情非常欣慰，他引用了鲁迅先生的一句话‘人生得一知己足矣’，表示在几十年的工作中，能够有周恩来总理、陈云副总理这样的真心朋友，非常欣慰”[①]。

听到马老健康恶化的消息，许德珩、李维汉、孙冶方、赵朴初、周而复等许多老朋友都到医院探望。陈云听到他病情恶化的消息，特派人到医院慰问。

1982年3月30日，马寅初肺炎复发，高烧至39摄氏度，呼吸急促，痰堵气管，经紧急抢救后才退烧。医生感慨地说："马老这么高龄，能抗过这么高的高烧，真是不容易啊！"但他们也知道，老人的生命进入了倒计时。于是，医院正式向中央报告，并发出了病危通知。中央统战部领导以及国务院机关事务管理局负责人先后到医院探视，一再叮嘱医院要用最好的药全力抢救。

1982年5月10日下午4时46分，马寅初的心脏停止了跳动。他辉煌的人生，在101岁时画上了句号。

5月11日，电台播发了马寅初病逝的消息。5月14日，新华社发布了著名经济学家马寅初逝世的消息和他的简要生平。

全国各地的亲友、学校、学术团体以及马寅初的学生等，通过人大、政协、北大等渠道，纷纷发来唁电深表哀悼，并向马寅初的家属表示慰问。中国银行伦敦分行、纽约分行等单位，以及中国香港、中国澳门和国外亲友也都发来了唁电或慰问信。

---

① 马思中:《人生得一知己足矣》,《马寅初纪念馆专刊》2007年4月。

根据马寅初及家属的愿望，由刘澜涛、武新宇、平杰三、蒋南翔、张龙翔组成的治丧小组决定：马寅初的丧事从简办理，不举行追悼会；但为尊重亲友和学生希望最后看一眼遗容的愿望，于5月22日在北京医院举行遗体告别仪式。5月22日下午3时，党和国家领导人及首都各界代表共400余人为马寅初送行。

马寅初的遗体安卧于鲜花丛中，接受亲友们最后的告别。他的脸庞上透露着性格的底色——坚毅，还有笑到最后的欣慰。

5月23日，《人民日报》发表的马寅初生平介绍，代表了党和政府对他的盖棺之评：

> 全国人大常委会委员、政协全国委员会常务委员、北京大学名誉校长马寅初同志是中国共产党的真挚诤友，坚强不屈的民主战士，我国著名的经济学家、教育家。
>
> 他早年留学美国，攻读经济学，获得经济学博士学位。一九一六年返回祖国，先后在北京大学、中央大学、交通大学、重庆大学、浙江大学任教，并曾任北京大学经济系主任、教务长，重庆大学商学院院长。在旧中国，他不仅是享有盛誉的经济学家，而且是英勇不屈的民主战士。
>
> 在抗日战争中，他目睹国民党反动派的腐败，民族危机的深重，挺身而出，写文章、作讲演，大声疾呼，反对官僚资本主义和通货膨胀，反对出卖民族利益和独裁统治。由于他的爱国和正义行为，他受到国民党反动派的迫害，被监禁到集中营，长达数年之久。出狱后，他继续大声疾

呼："打倒官僚资本"；号召抗兵抗粮，痛斥国民党政府出卖民族利益的种种行径。

抗日胜利后，他不畏强暴，不顾安危，积极投入反内战、反独裁的民主运动，在如火如荼的学生运动中，他站在游行队伍的前列。李公朴、闻一多被害后，1947年5月南京中央大学学生集会请他讲演，他不顾特务机关放出加害于他的流言，写下遗言，如约到会讲演，表现了一个民主战士的铮铮铁骨，鼓舞了青年的斗争精神。

马寅初同志是中国共产党的老朋友。他在反对国民党反动统治的斗争中，逐渐地认识和靠近了中国共产党，走向革命。在他最困难的时候，得到了党组织的帮助和支持，正如他自己说过的自1939年开始"无时无刻不与共产党在一起"。

全国解放后，他先后担任中国人民政治协商会议第一届全体会议代表，中央人民政府委员，中央财政经济委员会副主任，华东军政委员会副主席，浙江大学校长，北京大学校长，第一、二届全国人民代表大会常务委员会委员，政协第一、二、三、四届全国委员会委员，第二、四届常务委员，中国科学院哲学社会科学部委员等职。在发展我国文化教育和经济事业方面作出了重要贡献。

马寅初同志拥护党的领导，关心和热爱社会主义事业，爱戴毛泽东、周恩来等革命领袖。然而，他的这一切，不是表现在简单地"听话""跟着走"，而是以一个学者特有的专长，以主人翁的态度进言献策，是中国共产党难得的真挚的诤友。

五十年代中期，他提出以节制生育，提高人口质量为中心的“新人口论”和综合平衡、按比例发展的经济理论。他认为我国人口“增殖太快”，“影响积累、影响工业化”，“是个极大的负担”，他主张“实行计划生育”，“推迟结婚年龄”。他认为国民经济要综合平衡，不能片面地强调重工业，必须同时积极发展轻工业，积极发展农业，主张引进国外先进技术设备，主张充分利用价值规律等等。他以赤诚之心，针砭时弊，但当时受到了很不公正的对待。在康生、陈伯达的策划鼓动下，开展了对马寅初同志的“批判”，把正确的说成错误的，把学术问题，说成是政治问题，给他戴上“资产阶级代表人物”“中国的马尔萨斯”“反党反社会主义”等等帽子和罪名。这位当时年近八十的老人，为了国家和党的社会主义事业，为了探求科学真理，在痛苦和委屈中，一方面不慑服权威，不惜个人名利，“孤军作战”，另一方面，他不得不辞去北大校长职务，随后也离开了人大常委会。对学术问题，他敢于坚持自己认定的真理，舌战名家，不曾却阵，为我国学术争鸣创一代新风，为后来学人树光辉榜样。在此后长达20年的默默无闻的生活中，马寅初同志仍关心着党和国家的大事。六十年代他曾上书中央领导同志，对学习毛泽东思想，防止个人崇拜等问题，坦率陈辞。

党的三中全会后，在党中央的直接关怀下，马寅初同志的问题，得到了彻底平反，肯定了他的“新人口论”和综合平衡的经济理论，都是正确的，推翻了强加于他的一切污蔑不实之辞，恢复了他的职务和名誉。去年为马老举行了百岁寿辰的活动。马寅初同志生前对此表示了极大的快慰和衷心的感谢。

马寅初同志是我国著名的教育家，他在教育园地辛勤耕耘了60多年，桃李满天下。解放后，他热心党的教育事业，一再强调办教育要“学习新思想，确立为人民服务的立场”，“全体师生只有在共同的政治思想基础上，才能团结无间，精诚互助，培养出切合实际要求的专门技术人才”。他维护党对教育工作的领导，对那种不要党的领导的错误思潮据理批驳。当他再任北大名誉校长时，他笑容满面地说：具有光荣传统的北京大学，今后要在党的领导下，为实现四化作出新贡献。[①]

1982年5月25日，《人民日报》第五版发表了全国人大常委会副委员长、全国政协副主席许德珩的《悼念马寅初先生》。诗曰：

先生归道山，上寿百零一。

---

①《马寅初同志遗体在北京火化》，《人民日报》1982年5月23日。

平生嫉腐恶，人民同呼吸。

息烽受奇辱，愤然以对敌。

深谋与远虑，人口增长急。

先忧天下忧，哲人其萎矣。

悼念痛心怀，万众齐饮泣。

著名经济学家潘序伦，称誉马寅初是“近百年最值得尊敬的学者，超级爱国的知识分子”。据北京大学经济学院教授张友仁披露，诺贝尔和平奖评奖人、瑞典经济学家塔贝格（Thalbcrg）在马寅初生前曾提议授予马寅初诺贝尔和平奖；1982年马寅初逝世后，塔贝格曾来华访问，并说由于诺贝尔和平奖按照章程只授予在世人物，故而提议授予马寅初和平奖之事只好作罢。这对马寅初本人，乃至中华民族都是无以弥补的遗憾。

马寅初在生前的最后几年中，经常倾诉对嵊县的怀念，数次表示要叶落归根。根据马寅初的遗愿，他的骨灰一部分放在北京八宝山革命公墓，另一部分由家属送归故乡嵊县，安葬在他的母亲王太夫人的墓旁。

嵊县马寅初墓地

1983年4月，马寅初逝世周年之际，他的亲属从北京护送骨灰南下。4月8日上午，正式安葬仪式在嵊县仙岩公社黄舍村外王太夫人墓旁举行。浙江省人大常委会和嵊县人民政府、县人大常委会、县政协、县统战部等有关领导，以及从北京、上海、杭州和嵊县本地赶来的200余名人士参加了安葬仪式。上海市人口学会题赠的挽联挂在墓前：

马师在旧社会不畏强暴，敢怒敢言，爱国一片赤子之心，深受同仁敬重；

先生为新中国严谨治学，实事求是，坚持真理不屈不挠，堪为晚辈楷模。

马寅初的英灵在众人的默哀中归入他终生眷恋的乡土，永远安息。

马寅初去世后，与他同龄的发妻张桂君继续受到政府照顾，于1982年5月由北京移居上海，与小女儿马仰峰一起生活。老太太一生育有一儿三女。三个女儿皆长大成才。她一生心态平和，身体健康，比马寅初还要长寿，仙逝于1987年2月，享年106岁，碑铭："国之贤良，家之德配。偕老百年，盛世人瑞。"

马寅初的第二位妻子王仲贞，生育了二子二女，她由政府赡养，与子女继续在北京安享余年，也活到高寿，在1993年以耄期之龄安逝。

古今中外的历史舞台，各色人物轮番登场。有的人生前权势熏天，声名显赫，死后则"速朽"，为人们遗忘；有的人虽功在当代，却有不为人理解之处，百年之后，随着历史的进步而愈显光辉。马寅初就属于后者。

马寅初传奇的一生，赢得世人的敬重。1986年，国内同时出版了三本马寅初的传记：邓加荣的《马寅初传》，由上海文艺出版社出版，邓颖超题写书名；杨建业的《马寅初传》，由中国青年出版社出版，封面是陈云的题字；杨勋、徐汤莘、朱正直三人合撰的《马寅初传》，由北京出版社出版，许涤新题写了书名。之后，有关马寅初的书籍更频频面世。1999年，嵊州市人民政府编的《马寅初》，由浙江人民出版社出版；同一年，诸天寅所著《陈云与马寅初》，由（北京）华文出版社出版。2005年，彭华在中国文史出版社出版了《马寅初的最后33年》。2006年，李正宏、黄团元的《民族瑰宝——马寅初传》，由湖北人民出版社出版；同年，马玉淳编著的《马寅初的故事》，由浙江古籍出版社推出。

由于严格控制人口之国策的实施与马寅初的思想理论密不可分，20多年间，国家决策部门、计划生育部门、相关研究团体，以及马寅初的学生，每年都举办工作或学术会议，研究马寅初人口思想，商讨计划生育问题。这让马寅初的名字和声音持续“活跃”在人们的工作和生活之中。

1990年10月19日，马寅初中学在嵊县建成，校名由书法大师沙孟海题写，校内设置的马寅初纪念馆同时对外开放。1992年，中共绍兴市委宣传部、绍兴市教委决定，马寅初纪念馆为首批市级学校德育教育基地。

1993年8月19日，首届“中华人口奖”遴选委员会把一项特殊荣誉奖授予已故的马寅初，以表彰他在中国人口领域所作出的历史性的贡献。1995年，北京大学人口研究所为马寅初建立铜像，竖立在北京大学法学楼前。这座半身铜像为古铜色，配有绛紫色大理石基座，大理石基座上镌刻着：“马寅初（一八八二——一九八二），北京大学人口研究所一九九五年二月敬立。”是年，刚好是马寅初的母校天津大学（原北洋大学）建校100周年，学校专门为这位杰出的校友竖立了一座塑像。1998年，中央电视台播出八集电视连续剧《马寅初》，观众反响热烈，社会各界无不给予好评。2000年，马寅初以社会科学家的身份和其特立的人格，毫无争议地入选为5000年来对中华文化具有深远影响的40位文化名人之一。他的塑像将矗立于“中华世纪坛”文化长廊上，供世人瞻仰。

马寅初在嵊县浦口的故居，于20世纪90年代开辟为纪念馆，供人们参观、瞻仰。坐落在杭州庆春路上的马寅初故居——“竹屋”，在浙江省马寅初人口福利基金会的积极努力下，于2004年建成“马寅初纪念馆”，免费向公众开放。馆前的绿地上竖立着一尊马寅初的花岗岩立像；馆内门厅处安放着马寅初的青铜坐像。一楼和二楼是马寅初的遗物陈列以及生平事迹展览。开馆以来，参观者络绎不绝，已成为全国人口和计划生育理论宣传教育基地，以及在杭多所高校的实践教学基地。2006年，马寅初的浦口故居与杭州故居共同被列为国家级文物保护单位。

从20世纪80年代开始，马寅初文集的编辑与出版工作呈现出一浪高一浪的势头。1988年，徐汤莘、朱正直所编《马寅初选集》，作为“中国现代社会科学家选集丛书”之一，由天津人民出版社出版。1990年3月，北京大学出版社推出增订本《马寅初经济论文选集》（一册）。1997年，田雪原所编《马寅初人口文集》，由浙江人民出版社出版。1999年，田雪原主编的《马寅初全集》，由浙江人民出版社出版，全书15卷，共收录马寅初著作13种，论文、演讲、报告641篇，日记8则，书信37件，附录5篇，共565万字。不少内容系首次公之于世，如1955年写的《浙江温州区视察报告》，1957年3月在最高国务会议上关于人口问题的发言记录等。

1999年，《新人口论》被评为“影响新中国经济建设的10本经济学著作”之一。专家学者们认为，这本著作的巨大影响，不仅仅限于学术价值方面，还以其成文前后所体现的独立思考精神，永远令后人心往神追。

2000年1月29日，中国人口学会和《马寅初全集》编委会、浙江人民出版社在北京人民大会堂联合召开出版座谈会，有关部门领导和专家学者80余人参加了会议。全国人大常委会副委员长、中国人口学会会长彭珮云到会讲话。她说，马寅初先生的一生是为民族解放、民主和科学奋斗的一生。《马寅初全集》是他奋斗与智慧留下的结晶。其中，经济学占据大部分篇幅。他是20世纪特别是20世纪前半叶经济学的一位大家。虽然他关于人口学和人口问题的论著数量不很多，但分量很重，尤其是

1957年发表的《新人口论》，受到来自“左”的错误批判，直到党的十一届三中全会后才得以平反昭雪，迎来人口科学发展的春天。马寅初先后在6所大学任教并出任浙江大学、北京大学校长，是一位学者与管理兼顾型教育家。《马寅初全集》的出版，再现了这位传奇式学者和社会活动家的风采，使人读后温故而知新，举一而反三，激励我们为实现科教兴国和可持续发展两大战略而奋斗。

2001年12月27日，第五届国家图书奖颁奖大会在北京举行。《马寅初全集》《汤用彤全集》《新中国经济史》等31种图书获国家图书奖。

《马寅初全集》的面世，为人们尤其是学者重新认识马寅初提供了更为广阔的空间。这个空间，在中国推进市场经济改革，经济体制与国际接轨的时代背景下，显得极富现实价值。从新中国成立到马寅初辞世的那段岁月中，中国经济套用苏联的计划经济模式，经济理论搬抄斯大林的政治经济学，对市场经济国家遵奉的西方经济学持批判和排斥的立场。马寅初及其他经济学家，无不全力自我改造，学习苏联，先前留洋所学以及在民国期间的研究成果，均弃之不用、闭口不谈，留给当代人的东西，主要就是人口问题研究和带有计划经济色彩的“团团转”理论了。《马寅初全集》完整地还原了作为经济学家的马寅初。自美国哥伦比亚大学的博士论文《纽约市的财政》，打下坚实的西方经济学功底，马寅初回国服务的头30多年间，为推动中国市场经济体制的构建，进行了创造性的理论思考和实践探索，在财政学、银行学、货币学、税收学、会计学、证券学、保险学等市场经济体制的各个方面，皆有拓荒性的建树。这些成果，既有西方经济学的原理支持，又兼顾到中国的特殊国情和现实水平，显得富有操作性。其中的精华部分凝聚为民国时期的市场经济法规，经过后来在中国台湾经济起飞中的运用，证明符合后发现代化道路的实际需要，也就意味着对改革开放时代的中国市场经济体制建设，依然有其借鉴意义。

近年来，不少学者从这样的视角研究、认识马寅初的一生，又有了新的见解与评价。其中代表作有复旦大学孙大权2006年出版的专著《中国经济学的成长——中国经济学社研究》。马寅初不仅是中国首屈一指的人口学家，更是中国近现代的首席经济学家。他是现代经济学进入中国的主要播火者之一，更通过理论联系实际的长时间求索，领导中国经济学社初步构建了中国市场经济的理论框架和法规体系。这个框架和体系，支持了民国时期市场体制的发育，也成为改革开放之后市场经济体制生长的一个理论源头。

这样一位经济学泰斗的再度亮相，让人们的敬仰之情更添一分。2001年，有人在一篇题为《知识分子的良心——马寅初》的文章中写道："马寅初的胆识和学识是一座高峰，除了让后人叹为观止外，更应让同时代的人为之汗颜。在一个假设的前提下，马寅初所能起到的作用将是无限大。""马寅初胸怀之宽广也不失为全体知识分子之楷模。相对于许多不堪忍受而自缢的知识分子，马寅初在被打倒的岁月中表现出难得的豁达开朗。

这大概就是一个硬气汉子的本色。”

在马寅初生活的时代里，文化巨匠、学界名流、社会贤达，群星璀璨，光彩夺目，然而，随着历史的推移，时光的流逝，他们百年之后对后世的影响明显深浅不一。至今仍为人时常说起，能够为塑造民族精神发挥作用的，不过数人：鲁迅、胡适、蔡元培、陈寅恪、梁漱溟，当然少不了马寅初。他们都有着共同的精神特质，一生信奉科学，追求正义、公平，独立思考，坚持批评，“苟利国家生死以，岂因福祸趋避之”。人们至今忘不了他们，敬佩他们，正因为他们奉献一生所守望的，乃是超越时空的普世价值，不因时代变迁而褪色，至今仍是国民精神中的稀缺元素。

不过，马寅初与其他几位比起来，现代文明的色彩更为凸显。学成回国后，他不仅在口头上讲，而且以自己的行动，自觉地示范着一种“新国民人格”。他曾说，我“总想以行动教育学生，我总希望北大的一万零四百名学生在他们求学的时候和将来在实际工作中要知难而进，不要一遇到困难就低头”。一位北大的校友说，这句“校长的至理名言，我记了一辈子”。马寅初开朗、透明、开诚布公地向公众展示自己，善于与公众沟通对话。他一生坎坷，不灰心、不消沉，积极乐观，喜好运动，热衷健身，以著作等身的辛劳和两番落难的阅历，竟活过百岁之龄，笑到最后。

这些，都是今天的中国人特别喜爱马寅初的地方，他是中华民族走向现代文明的先行者。一位“80后”青年的感言，颇能反映马寅初精神的生命力：

> 马寅初，一个值得铭记的名字。他永远年轻，永远不会苍老。不管岁月在脸上留下多少沧桑，不管脚步是沉重，还是轻快，他的心始终保持着与生俱来的对真理的执着，永不迷失。不管面对的是怎样的荣辱，他终究以一种飞翔的姿态投入地去经历，在这种飞翔的理智与情感中，从不逃避。他的人生，永远坚持巍峨的信念，纯净的心田容不下一丝浊风，一片乌云。
>
> 令生命跳动的最强音并非金钱，而是精神的成长。在你无助软弱的时候，在你沮丧落魄的时候，走进这位老人吧！他的精神会命令你坚强，并陪伴在你左右。[①]

一个民族精神世界的塑造，不能没有这样的感动、这样的营养、这样的传承。

---

① 于佳:《开放在春天的雏菊》,《马寅初纪念馆专刊》2006年4月。

马寅初大事年表

1882年（清光绪八年）　1岁

6月24日，出生于浙江省绍兴府嵊县浦口镇，父亲马棣生，母亲王氏夫人。祖上为绍兴县小皋埠马家。清同治年间，马棣生迁至浦口。

1888年（光绪十四年）　7岁

在家中启蒙识字，读《百家姓》《千字文》《三字经》等。

1889年（光绪十五年）　8岁

入浦口前岗村私塾，随俞桂轩先生学习国学。

1894年（光绪二十年）　13岁

到绍兴城里外婆家读新式小学。

1898年（光绪二十四年）　17岁

随义父张绛声赴上海，进教会学校中西书院学习。

1900年（光绪二十六年）　19岁

与张桂君结婚。

1904年（光绪三十年）　23岁

以优异成绩考入天津北洋大学，学习采矿专业。

1907年（光绪三十三年）　26岁

由北洋大学保送赴美留学，进耶鲁大学，改学经济学专业。

1910年（宣统二年）　29岁

获经济学学士学位。考入哥伦比亚大学，攻读财政、金融硕士学位。

1911年（宣统三年）　30岁

获哥伦比亚大学硕士学位。考入萨里格曼教授门下，攻读博士学位。

1914年（民国3年）　33岁

完成博士学位论文《纽约市的财政》，取得经济学博士学位和哲学博士学位。论文由哥伦比亚大学政治学院出版，被列为经济系一年级本科生教材。年底回国，入民国政府财政部任职员。

1916年（民国5年）　35岁

应聘北京大学任法科经济门（系）教授，主讲应用经济学，开设银行学、货币学、交易理论、汇兑论等课程。

1917年（民国6年）　36岁

与王仲贞结婚。10月，被推为北大教授评议会评议委员。11月，当选北大编译会评议员。

1918年（民国7年）　37岁

3月，任北京大学法科经济门研究所主任，兼经济、商学门主任。6月，参加蔡元培所发起的进德会，为甲种会员。11月，庆祝第一次世界大战结束，与蔡元培、李大钊一道在天安门广场发表演讲。

1919年（民国8年）　38岁

3月，母亲病亡，回乡治丧。4月，被北大教授评议会推选为北大首任教务长。

1920年（民国9年）　39岁

1月，辞去北大教务长，专任教授。4月，于《新青年》发表《计算人口的数学》。6月，请假一年，赴上海、杭州等地考察经济情况、讲学，并应上海东南大学校长之邀，创办东南大学商学院。

1921年（民国10年）　40岁

任浙江兴业银行顾问。9月28日上海商科大学开学，任教务主任。

1922年（民国11年）　41岁

任中国银行顾问兼总司券（总发行）。

1923年（民国12年）　42岁

1月，《中国关税问题》由商务印书馆出版。9月，《马寅初演讲集》（第一集）由商务印书馆出版。

1924年（民国13年）　43岁

3月，加盟中国经济学社。

1925年（民国14年）　44岁

3月，《马寅初演讲集》（第二集）由商务印书馆出版。5月，当选中国经济学社副社长。12月，《中国国外汇兑》由商务印书馆出版。

1926年（民国15年）　45岁

3月，《马寅初演讲集》（第三集）由北京晨报社出版。

1927年（民国16年）　46岁

7月，应聘任中国银行总司券。离开北大，任浙江省政府委员、省财政委员会主任。积极推动浙江省禁毒工作。兼任上海浙江兴业银行总稽核。11月，于中国经济学社第四届年会上当选社长。

1928年（民国17年）　47岁

8月，《马寅初演讲集》（第四集）由商务印书馆出版。12月，当选国民政府立法院立法委员。

1929年（民国18年）　48岁

任国民政府立法院财政、经济两委员会委员兼委员长，南京中央大学经济系教授兼系主任。7月，《中华银行论》由商务印书馆出版。

1932年（民国21年）　51岁

任上海交通大学教授并主持交通大学研究所工作。12月，《马寅初经济论文集》（第一集）由商务印书馆出版。

1935年（民国24年）　54岁

1月，当选第四届国民政府立法院立法委员，兼任财政委员会委员长。《中国经济改造》由商务印书馆出版。

1937年（民国26年）　56岁

7月，《中国之新金融政策》由商务印书馆出版。抗日战争全面爆发，赴庐山参加抗日谈话会，并为抗战训练班讲授“战时经济”。冬，自庐山经武汉转赴重庆。

1938年（民国27年）　57岁

2月，于《四川经济月刊》第9卷第1、2期合刊发表《二十六年暑期庐山谈话会讨论战时财政问题》。应聘为重庆大学商学院院长兼教授。11月，于《经济动员》第8期发表《论战时过份利得税》。

1940年（民国29年）　59岁

7月，于《时事类编特刊》第54期发表《提议对发国难财者开办临时财产税以充战后之复兴经费》。12月，被国民党宪兵拘押，随后送入贵州息烽集中营特监部。

1941年（民国30年）　60岁

3月，重庆各界人士贺马寅初六十大寿。来宾捐款修建“寅初亭”。8月，被押往江西上饶第三战区执监部。

1942年（民国31年）　61岁

8月，出狱后软禁于重庆歌乐山木鱼堡家中。

1943年（民国32年）　62岁

1月，《经济学概论》由商务印书馆出版。任教于私立重庆北碚立信会计学校。

1944年（民国33年）　63岁

6月，《通货新论》由商务印书馆出版。12月，发表出狱后首次演讲《中国工业化与民主是不可分割的》。

1945年（民国34年）　64岁

8月，抗日战争胜利，恢复人身自由。9月，应邀参加中苏友好协会招待会，与毛泽东和周恩来会面。继续执教重庆大学商学院。11月，《马寅初战时经济论文集》由作家书屋出版。

1946年（民国35年）　65岁

2月，较场口庆祝政治协商会议成功大会上，与郭沫若、李公朴等知名人士一起被殴。4月，离开重庆回到杭州。6月，在杭州大中学校集会上发表演讲。会后与学生一起冒雨游行。9月，上海经济团体联谊会成立，被推举为名誉会长。12月，上海《联合晚报》发表《二马对谈》。

1947年（民国36年）　66岁

5月，参加上海学生“反饥饿、反内战、反迫害”示威游行。10月，于《经济评论》第2卷第1期发表《中国经济问题决于政治》。

1948年（民国37年）　67岁

1月，当选中央研究院第一届院士。8月，《财政学与中国财政——理论与现实》由商务印书馆出版。12月，由共产党安排离沪赴港。

1949年　68岁

2月，与陈叔通等民主人士乘海轮北上，经天津、大连，于3月18日抵达北平。3月，当选出席世界和平大会代表团副团长，与团长郭沫若、副团长刘宁一一行赴布拉格参会。5月，代表团回到北平，在天安门群众欢迎会上讲话。6月，参加全国政协筹备工作，参与起草《共同纲领》。8月，出任新中国浙江大学第一任校长。9月，出席中国人民政治协商会议第一次全体会议，当选中央人民政府委员。10月，参加中华人民共和国开国大典。就任中央人民政府政务院财政经济委员会副主任。12月，出任华东军政委员会副主席。

1950年　69岁

4月，于《展望》发表《新中国现阶段统一财经工作的轮廓》。7月，于《展望》发表《新民主主义的经济》。11月，赴华沙出席第二届世界和平大会，当选为世界和平理事会常务理事。

1951年　70岁

6月，就任北京大学校长。10月，于《人民日报》发表《北京大学教员的政治学习运动》。

1952年　71岁

自学俄文，发奋数年，达到用俄语自如交谈，阅读苏联原版报纸、书籍的程度。领导完成北大知识分子思想改造运动及院系调整工作。

1953年　72岁

6月，新中国第一次全国人口普查结果公布，开始深入调查人口问题。

1954年　73岁

春，当选浙江省全国人民代表大会代表。首次回家乡嵊县，注意到中国人口问题的严重性。5月，出席世界和平理事会柏林特别会议，发表演讲。9月，在第一届全国人民代表大会第一次会议上当选全国人民代表大会常务委员会委员。

1955年　74岁

1月，完成《我国资本主义经济的社会主义改造》。4月，完成《我国资本主义工业的社会主义改造》。5月，视察浙江省温州地区，撰写《浙江省温州区视察报告》。6月，当选中国科学院哲学社会学部学部委员。7月，参加一届人大二次会议。在浙江小组提出关于控制人口与科学研究问题，遭遇多数代表反对，暂撤回发言。

1956年　75岁

6月，赴上海、浙江等地视察，在一届人大三次会议上作《视察中的八个印象》发言。12月，于《人民日报》发表《联系中国实际来谈谈综合平衡理论和按比例发展规律》。

1957年　76岁

3月，在最高国务会议上就“控制人口问题”发言，得到与会中央领导肯定。4月，《文汇报》发表《马寅初谈人口问题》访问记。在北京大学发表人口问题演讲。5月，于《人民日报》发表《联系中国实际来再谈谈综合平衡理论和按比例发展规律》。6月，于《人民日报》发表《我对储安平、葛佩琦等的言论发表些意见》。7月，参加一届人大四次会议，作《新人口论》书面发言。《人民日报》全文发表《新人口论》。9月，于《北京大学学报》第3期发表《我国资本主义工业的社会主义改造》。

1958年　77岁

2月，参加一届人大五次会议，作《有计划地生育和文化技术下乡》发言。《我的经济理论、哲学思想和政治立场》一书由中国财政出版社出版。5月，北京大学庆祝建校60周年大会上，陈伯达突然发难："马老您要作检讨"。5月9日，于《光明日报》发表《再谈我的平衡论中的"团团转"理论》。《光明日报》加编者按语，开辟批判马寅初专栏。7月，康生在北大作报告，指责马寅初"是马尔萨斯的马"，批马活动升级。8—12月，赴浙江、江西、广东、海南岛等地视察，调研人口、经济发展、技术进步等事宜。

1959年　78岁

3月，《北京大学学报》第1期发表《两个请求转载的理由》。4月，参加二届人大一次会议，被选为全国人民代表大会常务委员会委员。11月，于《新建设》第11期发表《我的哲学思想和经济理论》，声明"学术的尊严不能不维护"。12月，约见《新建设》杂志编辑，要求1960年第1期登载《重申我的请求》。康生指示对马寅初进行"彻底批判"。

1960年　79岁

1月，向教育部递交辞去北京大学校长职务的书面报告。连续参加校内批判会，身心俱疲，住医院治疗。表示对此种批判不服。《新建设》第1期刊登《重申我的请求》。3月，辞去北大校长职务报告经国务院批准，离开北京大学。3月到10月，参加政协北京市东城区小组学习会10多次，继续阐述控制人口观点。

1961年　80岁

就人口理论、防止个人崇拜、干部特殊化等问题上书中央，坦率陈词。

1962年　81岁

1月，赴嵊县调查“包产到户，管理到队”情况。中途患病住院，身体元气大伤。

1963年　82岁

被免去第二届全国人民代表大会常务委员会委员职务。

1963—1965年　82—84岁

在家中研究中国农业经济问题，撰写《农书》，完成初稿100万字。

1966年　85岁

“文化大革命”动乱骤起，周恩来指示有关部门对马寅初作特殊保护。

1972年　91岁

4月，患直肠癌。周恩来亲笔批示手术方案。5月，第一次手术，效果良好。6月，第二次手术，获得成功。

1975年　94岁

春节，周恩来派专人到家中探望。

1976年　95岁

1月，抱病参加周恩来遗体告别仪式。10月，“四人帮”垮台，乘车随着人群到天安门前参加游行。

1977年　96岁

5月，乘手推车到中山公园，与首都人民一起欢度劳动节。

1979年　98岁

6月，邓小平、陈云、胡耀邦等中央领导分别在有关文件上批示，为马寅初平反。7月，中央统战部副部长李贵受党中央委托，登门传达平反意见。9月，党中央正式批准北京大学党委《关于为马寅初先生平反的决定》。北大党委开会为马寅初彻底平反，恢复名誉。教育部任命马寅初先生为北京大学名誉校长。11月，《新人口论》由北京出版社出版。

1980年　99岁

8月，增选为第五届全国人民代表大会常务委员会委员。

1981年　100岁

2月，被推举为中国人口学会名誉会长。5月，浙江大学、杭州大学、浙江农业大学、浙江医科大学联合在浙大举行“马寅初先生百岁寿辰庆祝会”。6月，重庆大学集会庆祝马寅初先生百岁寿辰。北京大学举行马寅初先生任教65周年和百岁寿辰庆祝会。《马寅初经济论文选集》（上、下册）由北京大学出版社出版。

1982年　101岁

5月10日，在北京医院逝世。5月22日，党和国家领导人乌兰夫、彭冲、习仲勋、胡乔木、许德珩、杨尚昆、薄一波等及首都各界代表400余人参加遗体告别仪式。

参考文献

马寅初著，田雪原主编：《马寅初全集》（共15卷），浙江人民出版社1999年版。

马寅初著，田雪原主编：《新人口论》，北京出版社1979年版。

马寅初著：《马寅初经济论文选集》（上、下册），北京大学出版社1981年版。

孙大权、马大成编注：《马寅初全集补编》，上海三联书店2007年版。

《百年大寿——马寅初先生百岁寿辰庆祝会文集》，浙江大学1981年编。

杨勋、徐汤莘、朱正直著：《马寅初传》，北京出版社1986年版。

杨建业著：《马寅初传》，中国青年出版社1986年版。

邓加荣著：《马寅初传》，上海文艺出版社1986年版。

竺可桢著：《竺可桢日记》，科学出版社1990年版。

诸天寅著:《陈云与马寅初》，华文出版社1999年版。

嵊州市人民政府编:《马寅初》，浙江人民出版社1999年版。

彭华著:《马寅初的最后33年》，中国文史出版社2005年版。

钟叔河、朱纯编:《过去的大学》，长江文艺出版社2005年版。

李正宏、黄团元著:《民族瑰宝——马寅初传》，湖北人民出版社2006年版。

马玉淳著:《马寅初的故事》，浙江古籍出版社2006年版。

《马寅初纪念馆专刊》，2004—2007年。

《建国以来毛泽东文稿》，中央文献出版社1988年版。

中共中央文献研究室编:《周恩来年谱》（一九四九——一九七六），中央文献出版社1997年版。

彭珮云主编:《中国计划生育全书》，中国人口出版社1997年版。

金冲及主编:《周恩来传》，中央文献出版社1998年版。

胡适著，季羡林编:《胡适全集》，安徽教育出版社2003年版。

宋云彬著:《红尘冷眼——一个文化名人笔下的中国三十年》，山西人民出版社2002年版。

逄先知、金冲及主编:《毛泽东传》（1949—1976），中央文献出版社2003年版。

金冲及、陈群主编:《陈云传》，中央文献出版社2005年版。

蔡元培著：《蔡孑民先生言行录》，广西师范大学出版社2005年版。

孙大权著：《中国经济学的成长——中国经济学社研究》，上海师范大学出版社2006年版。

孙大权：《“马寅初面斥孔祥熙”辨析》，《四川大学学报》（哲学社会科学版）2003年第5期。

孙大权：《〈马寅初全集〉补正》，《社会科学研究》2004年第3期。

孙大权：《抗战时期“马寅初被捕案”有关几个问题的辨析》，《求索》2004年第8期。

孙大权：《1927—1937年中国经济学社与工商界的合作与互动》，《四川师范大学学报》（社会科学版）2006年第1期。

孙大权：《中国经济学社的兴衰及其影响》，《经济学家》2006年第4期。

孙大权：《马寅初生平几个重要史实的考证》，《四川师范大学学报》（社会科学版）2007年第4期。

陈大斌：《马寅初与“包产到户”的一段情缘》，《炎黄春秋》2006年第12期。

马大成：《〈新人口论〉五十年祭》，《炎黄春秋》2007年第10期。

后　记

这本书的写作，让我感受到“缘分”的神奇。半年以前，马老“直道而行”的风范，虽令人景仰，但因专修的关系，于他老人家一生的事迹，仅知乎大概。眼下，一部20多万字的《天地良知：马寅初传》竟从笔端流出。写作如此顺畅，若非阅读、思考中生命潜能的激活，又岂敢想象。

2007年8月，《旷古书圣：王羲之传》问世后，“浙江文化名人传记丛书”编委会和浙江人民出版社与我商量，希望我能接着承担《马寅初传》的项目。犹豫之间，我寻来《马寅初全集》和已出的几本传记，了解资料情况。阅读中，沉睡的记忆、深埋的感情此起彼伏，产生了欲罢不能的冲动。不少朋友闻讯后，都好心地劝我注意休息，身体第一。我感谢他们，但内心的呼唤还是占了上风。

1953年11月25日，我出生于北京东华门外北河沿国家计委大院中。不久，全家随计委机关迁往三里河新居。懂事后，父母告知，北河沿的出生地就是当年的北大三院。1988年12月，我赴京参加“纪念党的十一届三中全会召开十周年理论讨论会”期间，曾前往位于北河沿的民政部探望挚友李汀，他指着办公室说，这里原来是北大三院。我旋即跑到院中，东走西瞧，思物寻根。当我获知“五四”前后马老在北大的任教处即北大三院时，心里蓦然一震：不才天生该写此传。

马本初在马老洗冤过程中说过一句不客气的话：“近二十年来，马寅初不是早被人们遗忘了吗?”这又勾起我尘封已久的一段往事。1977年初，“文化大革命”刚结束，我还在新华社甘肃分社工作。一天，突然看到政文组老记者宋政厚办公桌的玻璃板下新换了一帧周恩来接见青年学生的老照片，身边立着一位笑容可掬的老者。我问老者是谁，老宋系北大法律系20世纪50年代的毕业生，他自豪地说：“我们的老校长马寅初呀!”我喃喃自语：“马寅初? 好像没听说过。”老宋瞪大眼睛：“你连马寅初都不知道?”当时，我算是一众年轻人中小有名气的知识广博者，但对马寅初却闻所未闻，可见马老被“遗忘”之深。由此，我对马老冷宫岁月的孤寂颇有感悟，脑子里蹦出了这一段的基调——寂寞黄昏。

1985年，我进入浙江省社科院。是时，岳父夏公然着手为沙孟海出版大型画册——《翰墨生涯》。他身体很差，只能在家中慢慢拍照。沙老的作品、图章，件件国宝，经手他人不能放心。于是，这件工作就由年长于他、已逾古稀的沙老女婿张令杭承担。数年之久，张老每星期都要来家里几趟，办完事后，总爱与我聊聊，话语投机，便说结了“忘年交”，称我

“小弟弟”。马老是他永恒的话题，他说，此生最大的幸事，即是在马老身边当秘书主任。言及于此，每每泣不成声。这泪水，包含了几十年的辛酸。他给我看了马老的亲笔信，浙大为马老祝寿的集子《百年大寿——马寅初先生百岁寿辰庆祝会文集》也赠过我一本。读完我发表的论文和报告文学，张老更多地谈起马老的过往，似有让我代笔记录的意思。怪我当时懵懂，未能领会老人的厚意。这段经历，不时地映现于脑海，在切身体验到什么叫作“患难之交”“道义之交”的同时，一步步走进老一辈知识分子的感情世界：他们的宽容，他们的善良，他们的苦难，他们的无奈……有所知情的我若不承担实录的责任，再隔一代，这把“辛酸泪”，只怕会被视作“满纸荒唐言”了。

在“浙江文化名人传记丛书”中，我写了两位古代贤哲：王充和王羲之。他俩都活动于宁绍平原，剡溪两岸。王充屏居下游章镇，王羲之的归隐之所则在支流黄泽江畔。马寅初的故乡嵊县浦口，恰恰位于黄泽江与剡溪的汇合处，距章镇、金庭各不过二三十里，地理环境、文化背景、风土人情一脉相承。2003年春赴金庭途中，我特地到浦口马寅初故居参观，在院里盘桓许久。那一刻，我留恋不舍，浮想联翩，感慨良多，觉得自己与马老贴得很近，似触摸到他律动的脉搏。

种种“缘分”牵着我迅速进入写作状态，然四个月就要完稿，实在是太紧了。我只有勉力为之，把《马寅初全集》带在身边，得空便翻，不少开会时间也派作写稿改稿了。无有闲暇的日子又持续了一个学期，但在与马老的神交中，收益远比付出多。马老给我的感动，大大超越了以往“爱国”“诤友”之类的颂扬。

如期交稿了。聊可自慰者，这算得上一本在前人研究基础上，以今天的视角解读马寅初的传记。但毕竟仓促，段落结构，遣词造句，均不免潦草，性格的锤炼与展示亦欠火候，这又给我留下无以释怀的遗憾。

浙江省马寅初人口福利基金会会长、马寅初纪念馆馆长徐爱光女士，对本书的写作给予了大力支持。纪念馆办公室主任、马老的侄孙马大成先生，充当了我的顾问和“活字典”，他把自己积累多年的资料毫无保留地拿出来。每一章的进展，我都与之沟通、商量，碰到吃不准的地方，随时咨询，常常一日数问，疑难无不迎刃而解。最后，他又负起了审稿责任。可以说，这部书稿通篇渗透着大成的心血。受惠如此，岂是“感谢”二字可以担待。

人文学院的同人们，在这个学期里给了我特别的关照，大量行政方面的事务各有分担，平时则于我“避而远之”，大家笑曰“徐老师消失了”。正是这个“消失”，为我换来专注写作的心境。

我的老师、新华社记者田恒江先生，退休后在杭州师范大学任教。看我连续著书，他适时鼓励、安慰，更尽自己所知为我搜索资料。书稿杀青，田老师已返兰州，令人好不思念。

这是夫人夏小梅四年内敲打的第四部书稿了，致谢的话说了多遍，再说，便有江郎“词”尽之叹，还是一切皆在不言中吧。

徐　斌

草于2008年除夕夜